图书在版编目（CIP）数据

乡村振兴如何开新局：理论创新、战略重点和关键路径 / 黄承伟著 . —广州：广东人民出版社，2023.2
ISBN 978-7-218-15906-5

Ⅰ. ①乡… Ⅱ. ①黄… Ⅲ. ①农村—社会主义建设—研究—中国 Ⅳ. ①F320.3

中国版本图书馆CIP数据核字（2022）第140388号

XIANGCUN ZHENXING RUHE KAI XINJU——LILUN CHUANGXIN、ZHANLUE ZHONGDIAN HE GUANJIAN LUJING
乡村振兴如何开新局——理论创新、战略重点和关键路径
黄承伟　著　　　　　　　　　　　　　　　　　　版权所有　翻印必究

出 版 人：肖风华

选题策划：钟永宁
出版统筹：卢雪华
责任编辑：曾玉寒　廖智聪　伍茗欣
责任校对：林　俏
装帧设计：河马设计
责任技编：吴彦斌　周星奎

出版发行：广东人民出版社
地　　址：广州市越秀区大沙头四马路10号（邮政编码：510199）
电　　话：（020）85716809（总编室）
传　　真：（020）83289585
网　　址：http://www.gdpph.com
印　　刷：恒美印务（广州）有限公司
开　　本：787mm×1092mm　1/16
印　　张：17.25　　字　数：220千
版　　次：2023年2月第1版
印　　次：2023年2月第1次印刷
定　　价：78.00元

如发现印装质量问题，影响阅读，请与出版社（020-85716849）联系调换。
售书热线：020-85716833

导 读

2021年2月3日至5日，习近平总书记赴贵州视察工作并看望慰问各族干部群众时提出，贵州要"在乡村振兴上开新局"。这一重要指示，既是对贵州提出的新目标新要求，更是为全国立足新发展阶段、贯彻新发展理念、构建新发展格局，高质量推进乡村振兴、促进共同富裕指明了方向。全面实施乡村振兴战略的深度、广度、难度都不亚于脱贫攻坚，必须加强顶层设计，以更有力的举措、汇聚更强大的力量来推进。全书以习近平总书记关于乡村振兴重要指示为主线，以《中华人民共和国乡村振兴促进法》、《乡村振兴战略规划（2018—2022年）》等中央和各部委各省（区、市）有关文件为依据，基于党的十九大以来乡村振兴战略实施的生动实践，全面总结各地各部门贯彻落实习近平总书记"在乡村振兴上开新局"重要指示的实践及成效，从理论创新、战略重点、关键路径三个维度对全面推进乡村振兴进行了学理阐释和实践总结。希望本书既能为乡村振兴有关干部培训提供一本理论与实践有机结合、思想性与实操性融为一体的参考教材，又能为广大关心、支持和积极参与乡村振兴的社会各界人士提供一本系统、权威、鲜活的通俗理论读物。

全书分九章，围绕如何实现习近平总书记"在乡村振兴上开新局"的重要指示展开。

第一章为理论指引开新局，系统阐述了中国特色反贫困理论、习近平总书记关于乡村振兴重要指示的丰富内涵及这两套理论体系对于全面推进乡村振兴的指导意义。

第二章为完善设计开新局。党的十九大提出实施乡村振兴战略以来，国家颁布《中华人民共和国乡村振兴促进法》（2021年6月1日生效），中央连续以乡村振兴为主题印发五个一号文件（2018—2022年），还有《中共中央、国务院关于实现巩固拓展脱贫攻坚成果同乡村振兴有效衔接的意见》及相关配套政策、《中国共产党农村工作条例》、《乡村振兴战略规划（2018—2022年）》等，共同构成实施乡村振兴战略的"四梁八柱"，这一系列法律、条例、规划、政策文件的不断付诸实施，奠定了乡村振兴开新局的制度基础。本章以习近平总书记关于乡村振兴的重要指示为指引，对乡村振兴的顶层设计进行全面解读。

第三章为巩固拓展开新局。乡村振兴是在脱贫攻坚目标任务完成的基础上进行的另一场伟大社会革命。乡村振兴开新局，必然以巩固拓展脱贫攻坚成果为前提。本章首先全面总结了脱贫攻坚成就，这是巩固拓展脱贫攻坚成果的基础和起点；其次，阐述了乡村振兴的首要任务就是巩固拓展脱贫攻坚成果；第三，基于巩固拓展是一个历史过程，脱贫攻坚成果需要以拓展的办法进行巩固，巩固拓展之间不可分割的整体判断，系统提出了乡村振兴在政策设计和实践推动上需要采取的战略和策略。

第四章为有效衔接开新局。脱贫摘帽不是终点，而是新生活、新奋斗的起点。扎实推进巩固拓展脱贫攻坚成果同乡村振兴有效衔接工作，推动乡村振兴开新局，需要深刻领会党中央关于实现巩固拓展脱贫攻坚成果同乡村振兴有效衔接的决策部署，需要系统理解有效衔接的战略演进逻辑，需要准确把握统筹推进有效衔接各项工作的政策安排。本章对"决策部署""战略演进逻辑""政策安排"进行了详细阐述。

第五章为"五个振兴"开新局。乡村振兴是包括产业振兴、人才振兴、文化振兴、生态振兴、组织振兴的全面振兴，是"五位一体"总体布局、"四个全面"战略布局在"三农"工作的体现。本章分别对"五个振兴"进行系统总结分析，每一个"振兴"都包括如何学习领会习近平总书记的重要论述、如何理解中央的决策部署、在实践中面临什么问题困难、下一步采取怎样的对策等内容。全章旨在回答如何坚持系统理念统筹推进"五个振兴"，实现在乡村振兴上开新局。

第六章为融合发展开新局。本章深入阐述了城乡融合发展的理论实践逻辑，全面阐述了农村产业融合发展、城乡融合发展与全面推进乡村振兴的关系，系统分析了融合发展实践中存在的问题与挑战，精准提出了相应对策建议，并以浙江湖州推进城乡融合发展实践为例，全面展示了湖州城乡融合发展做法的经验及启示。

第七章为示范创建开新局。在阐述开展乡村振兴示范创建活动客观必然性的基础上，本章重点阐述了乡村振兴示范村、现代农业示范园两类最常见的示范创建的目标、内容和推进要求。最后从符合《创建示范活动管理办法（试行）》要求，落实乡村振兴示范创建管理基本原则，强化乡村振兴示范创建活动全过程管理，建立示范创建活动日常监测机制等四个方面阐述了如何加强乡村振兴示范创建全过程管理。

第八章为改革创新开新局。全面推进乡村振兴，必须用好改革这一法宝。[①] 本章以习近平总书记关于深化农村改革重要论述

[①] 习近平：《坚持把解决好"三农"问题作为全党工作重中之重 举全党全社会之力推动乡村振兴》，《求是》2022年第7期。

为指引，梳理了深化农村改革的根本遵循和政策部署，分析了深化农村改革的理论和实践议题，在总结新时代深化农村改革存在问题的基础上，提出了推进农村改革、推进乡村振兴开新局的对策建议。

  第九章为党建引领开新局。本章全面总结了中国共产党领导脱贫攻坚取得全面胜利形成的六个方面历史经验，系统阐述了习近平总书记关于党建引领乡村振兴重要论述的思想内涵和实践要求。在习近平总书记关于党建引领重要论述的指引下，在继承发扬党建引领脱贫攻坚经验的基础上，在巩固拓展脱贫攻坚成果同乡村振兴有效衔接、推动乡村振兴和共同富裕的进程中，切实加强党建引领乡村振兴工作，需要从强化理论武装、强化班子建设、强化基层基础、强化人才作用、强化完善治理、强化责任落实等六个方面的发展方向精准发力。

目录
CONTENTS

第一章　理论指引开新局 ⋯⋯⋯⋯⋯⋯⋯⋯⋯⋯⋯⋯⋯⋯⋯ 1

一、中国特色反贫困理论 ⋯⋯⋯⋯⋯⋯⋯⋯⋯⋯⋯⋯⋯ 2

二、习近平总书记关于乡村振兴的重要指示 ⋯⋯⋯⋯⋯ 15

·链接·

中国乡村振兴战略

——《乡村振兴战略规划（2018—2022年）》的重点任务⋯ 25

第二章　完善设计开新局 ⋯⋯⋯⋯⋯⋯⋯⋯⋯⋯⋯⋯⋯⋯⋯ 33

一、《中华人民共和国乡村振兴促进法》 ⋯⋯⋯⋯⋯⋯ 34

二、全面推进乡村振兴整体设计 ⋯⋯⋯⋯⋯⋯⋯⋯⋯⋯ 38

三、乡村振兴的政策框架 ⋯⋯⋯⋯⋯⋯⋯⋯⋯⋯⋯⋯⋯ 43

四、乡村振兴的组织保障 ⋯⋯⋯⋯⋯⋯⋯⋯⋯⋯⋯⋯⋯ 49

·案例·

贵州省推动乡村振兴开新局的实践 ⋯⋯⋯⋯⋯⋯⋯⋯⋯ 56

第三章　巩固拓展开新局 ⋯⋯⋯⋯⋯⋯⋯⋯⋯⋯⋯⋯⋯⋯⋯ 63

一、巩固拓展的基础 ⋯⋯⋯⋯⋯⋯⋯⋯⋯⋯⋯⋯⋯⋯⋯ 64

二、乡村振兴的首要任务 ⋯⋯⋯⋯⋯⋯⋯⋯⋯⋯⋯⋯⋯ 81

三、巩固拓展开新局的战略及策略 …………………… 84

  ·案例·

  建立精准防贫机制　巩固脱贫攻坚成果

　　——河北省巨鹿县"1+3+1"防返贫监测帮扶机制………… 88

第四章　有效衔接开新局 …………………………………… 95

一、有效衔接的决策部署 ………………………………… 96
二、有效衔接的战略演进逻辑 …………………………… 98
三、统筹推进有效衔接的各项工作 ……………………… 107

  ·案例·

  实现巩固拓展脱贫攻坚成果同乡村振兴有效衔接

　　——河南省开封市兰考县的探索实践 ………………… 110

第五章　"五个振兴"开新局 ……………………………… 119

一、产业振兴 ……………………………………………… 120
二、人才振兴 ……………………………………………… 123
三、文化振兴 ……………………………………………… 127
四、生态振兴 ……………………………………………… 130
五、组织振兴 ……………………………………………… 133

  ·案例1·

  加速绿色产业新发展　描绘乡村振兴新图景

　　——吉林省双辽市王奔镇巨兴村探寻春小麦的产业振兴

　　　之路 ……………………………………………………… 137

  ·案例2·

  四川省凉山彝族自治州越西县探索易地扶贫搬迁安置点社区

　　治理新模式 ……………………………………………… 144

第六章　融合发展开新局 ········· 151

一、城乡融合发展的理论实践逻辑 ········· 152
二、农村产业融合发展与全面推进乡村振兴 ········· 155
三、城乡融合发展与全面推进乡村振兴 ········· 158

·案例·

浙江省湖州市：要素流动与城乡融合发展 ········· 163

第七章　示范创建开新局 ········· 175

一、乡村振兴示范创建的客观必然性 ········· 176
二、扎实推进乡村振兴示范创建 ········· 180
三、加强乡村振兴示范创建管理 ········· 190

·链接·

创建示范活动管理办法（试行）

（2022年4月20日中共中央批准　2022年4月20日中共中央
办公厅、国务院办公厅发布） ········· 197

第八章　改革创新开新局 ········· 205

一、深化农村改革的根本遵循与政策部署 ········· 206
二、乡村振兴领域改革创新的理论实践议题 ········· 214
三、深化改革推进乡村振兴 ········· 218

·案例·

贵州省遵义市湄潭县的农村改革试验 ········· 223

第九章　党建引领开新局 ········· 231

一、党建引领脱贫攻坚全面胜利的基本经验 ········· 233

二、党建引领乡村振兴的根本遵循 ………………………… 235
三、党建引领乡村振兴的工作重点 ………………………… 238

·案例1·

山东省青岛市西海岸新区宝山镇：

  支部领办"德育银行"　群众争当"文明储户" ………… 245

·案例2·

党支部引领产业发展案例

  ——江西省吉安市吉安县永阳镇江南村的实践与启示 …… 254

后　记 ……………………………………………………… 261

第一章
理论指引开新局

在习近平总书记关于扶贫工作重要论述的指引下,新时代脱贫攻坚取得全面胜利,形成了中国特色反贫困理论,这一科学理论对于巩固拓展脱贫攻坚成果、全面推进乡村振兴同样有重要指导意义。习近平总书记关于乡村振兴的重要指示,为乡村振兴开新局提供了根本遵循和行动指南。本章阐述了中国特色反贫困理论、习近平总书记关于乡村振兴重要论述的丰富内涵及其对于全面推进乡村振兴的指导意义。

脱贫攻坚任务完成后，要全面推进乡村振兴，这是"三农"工作重心的历史性转移。全面实施乡村振兴战略的深度、广度、难度都不亚于脱贫攻坚。中国共产党的历史经验证明，只有坚持科学理论指导，党的事业才能不断从胜利走向胜利。乡村振兴开新局必须有科学理论指引。

一、中国特色反贫困理论

习近平反贫困理论是我国新时代脱贫攻坚战取得全面胜利的科学指南。这一科学理论，系统回答了脱贫攻坚的政治保证、价值取向、实践路径、发展指向、制度支撑、动力源泉、作风保障等一系列重大问题，形成了思想深邃、内涵丰富、逻辑严密的思想体系，是马克思主义基本原理同中国具体实际相结合的理论结晶，是马克思主义反贫困理论中国化的最新成果，是习近平新时代中国特色社会主义思想的重要组成部分，为中国打赢脱贫攻坚战提供了根本遵循和行动指南，为全人类反贫困事业贡献了中国智慧和中国方案。

（一）中国特色反贫困理论的丰富内涵

中国特色反贫困理论聚焦我国脱贫攻坚政策体系、工作体系、制度体系，聚焦扶贫领导论、目标论、方法论、道路论、制度论、动力论、作风论、发展论，有着鲜明的理论逻辑、实践逻辑和创新逻辑。

1. 坚持党对脱贫攻坚的集中统一领导

脱贫攻坚，加强党的领导是根本。中国共产党的领导，是中国特色社会主义最本质的特征，是中国特色社会主义制度的最大优势，是中国能够打赢脱贫攻坚战的最根本制度保证。"火车跑得快，全靠车头带"。马克思、恩格斯在《共产党宣言》中指出："共产党人是各国工人政党中最坚决的、始终起推动作用的部分","他们没有任何同整个无产阶级的利益不同的利益"。①中国扶贫工作进入攻坚阶段,必须坚持党对脱贫攻坚的集中统一领导,才能发挥政治优势,确保脱贫攻坚工作取得实效。

习近平总书记反复强调党对脱贫攻坚的领导。他指出:"越是进行脱贫攻坚战,越是要加强和改善党的领导。"②"解决深度贫困问题,加强组织领导是保证……各级党委和政府要坚决落实党中央决策部署,坚定不移做好脱贫攻坚工作。"③"加强领导是根本,发挥各级党委领导作用,建立并落实脱贫攻坚一把手负责制,实行省市县乡村五级书记一起抓,为脱贫攻坚提供坚强政治保障。"④做到"举国同心,合力攻坚,党政军民学劲往一处使,东西南北中拧成一股绳"。

在脱贫攻坚实践中全面加强党的领导。习近平总书记亲自指挥、亲自部署、亲自督战,出席中央扶贫开发工作会议,7次主持召开中央扶贫工作座谈会,50多次调研扶贫工作,连续5年审定脱贫攻坚成效考核结果,连续7年在全国扶贫日期间出席重要活动或作出重要指示,连续7年在新年贺词中强调脱贫攻坚,每年在全国两会期间下团组同代表委员共商脱贫攻坚大计,多次回信勉励基层干部群众投身减贫事业。习近平总书记走遍全国14个集中连片特困地区,考察了20多个贫困村,深入贫困家庭访贫问苦,倾听贫困群众意见建议,了解扶贫脱贫需求,极大鼓舞了贫困群众脱贫致富的信心和决心。党中央把减贫摆在治国理政的突出位置,加强顶层设计,强化资源配置,出台了大量文件,明确了目标、

---

① 马克思、恩格斯:《共产党宣言》,人民出版社2014年版,第41页。
② 中共中央党史和文献研究院编:《习近平扶贫论述摘编》,中央文献出版社2018年版,第39页。
③ 中共中央党史和文献研究院编:《习近平扶贫论述摘编》,中央文献出版社2018年版,第46-47页。
④ 中共中央党史和文献研究院编:《习近平扶贫论述摘编》,中央文献出版社2018年版,第44页。

路径、支撑政策等。各地各部门增强政治意识、大局意识、核心意识、看齐意识，坚决维护习近平总书记党中央的核心、全党的核心地位，坚决维护党中央权威和集中统一领导，勇于担当作为，以求真务实作风把党中央决策部署落到实处。

坚持党对脱贫攻坚的集中统一领导，在扶贫领导理论上实现了创新。国外减贫理论，往往强调通过个人或者社会组织来推动减贫。在继承马克思、恩格斯关于共产党人领导无产阶级运动和阶级斗争思想的基础上，中国特色反贫困理论强调党中央对脱贫攻坚的集中统一领导，推动了扶贫领导理论的创新。正是因为坚持党对脱贫攻坚的集中统一领导，我们才形成五级书记抓扶贫、全党动员促攻坚的生动局面；才有效统一思想认识，形成一致行动，推动全党全社会关心贫困群众，为支持贫困地区摆脱贫困提供坚强的政治保证。

2. 坚持以人民为中心的发展思想

扶贫的最终目的是让人民过上好日子。"消除贫困、改善民生、逐步实现共同富裕，是社会主义的本质要求，是我们党的重要使命。"[①]我们党成立以来，团结带领人民进行革命、建设和改革，就是要让中华民族站起来、富起来、强起来。党团结带领人民打响脱贫攻坚战，就是要让人民群众过上好日子，实现自由全面发展。马克思指出："在这个必然王国的彼岸，作为目的本身的人类能力的发展，真正的自由王国，就开始了。"[②]马克思关于"人是目的"的思想认为，人类能力的发展是社会的最终目的，并且这个目的只有在自由全面发展的人的联合体中才能实现。"在那里，每个人的自由发展是一切人的自由发展的条件。"[③]

[①] 中共中央党史和文献研究院编：《习近平扶贫论述摘编》，中央文献出版社2018年版，第13页。

[②] 马克思、恩格斯：《马克思恩格斯全集》（第二十五卷），人民出版社1974年版，第927页。

[③] 马克思、恩格斯：《共产党宣言》，人民出版社2014年版，第51页。

习近平总书记多次强调脱贫攻坚要"不负人民"。他指出，必须始终坚定人民立场，坚定不移走共同富裕道路，做到发展为了人民、发展依靠人民、发展成果由人民共享，使全体人民在共建共享发展中有更多获得感。他多次提出要"把实现好、维护好、发展好最广大人民根本利益作为一切工作的出发点和落脚点，更加自觉地使改革发展成果更多更公平惠及全体人民"①。习近平总书记始终强调扶贫工作要永远坚守住人民发展这一根本目的，既体现了我们党坚持全心全意为人民服务的根本宗旨，更体现了习近平总书记"以人民为中心""不负人民"的发展思想。

脱贫攻坚实践彰显了以人民为中心的发展思想。一是坚持扶贫工作的人民立场。通过带领人民"脱贫困，奔小康"，全面改善贫困群众的生活现状，使人民的获得感、幸福感、安全感更有保障。二是坚持扶贫工作的人民导向。脱贫攻坚工作既要解决人民之忧，实现"两不愁三保障"，也要满足人民群众对美好生活的向往，实现人的自由全面发展。三是坚持扶贫成果的人民共享。一切工作都为消除贫困群众致贫因素而精准谋划，为满足贫困群众脱贫需求而精准帮扶，为全体人民共享改革发展成果而精准施策。四是坚持脱贫成效由人民检验。始终把群众满意度作为衡量脱贫成效的重要尺度，集中力量解决贫困群众基本民生需求。

坚持以人民为中心的发展思想，在扶贫目标论上实现了创新。国外减贫理论，往往把经济的增长作为减贫的目标。在继承马克思、恩格斯"人的解放"思想的基础上，中国特色反贫困理论坚持把"人的发展"作为脱贫攻坚的目的，把"人民对美好生活的向往"作为奋斗目标，在扶贫目标论上实现了创新。正是因为坚持以人民为中心的发展思想，党的十八大以来，贫困人口收入水平显著提高，"两不愁三保障"全部实现，贫困地区发展步伐显著加快，脱贫群众精神风貌焕然一新，人民群众获得感、幸福感、安全感显著增强，全体人民在共同富裕道路上向前迈进了一大步。

---

① 习近平：《论"三农"工作》，中央文献出版社2022年版，第317页。

3. 坚持精准扶贫方略

脱贫攻坚需要具体问题具体分析。在我国扶贫工作进入攻坚阶段后，大水漫灌式的扶贫方式已经无法适应形势的要求，必须坚持精准扶贫方略，抓住脱贫攻坚的主要矛盾和关键问题，才能找到"贫根"，对症下药、靶向治疗。唯物辩证法认为，矛盾既具有普遍性，也具有特殊性，不同事物的矛盾或者同一事物的矛盾各不相同。毛泽东认为，"各种物质运动形式中的矛盾，都带特殊性"①。"研究任何过程，如果是存在着两个以上矛盾的复杂过程的话，就要用全力找出它的主要矛盾。捉住了这个主要矛盾，一切问题就迎刃而解了。"②这种特殊性要求我们必须坚持"一切从实际出发"，"具体问题具体分析"，"一把钥匙开一把锁"，这样才能更好地推动脱贫攻坚向前发展。

习近平总书记首次提出精准扶贫方略。习近平总书记指出，"扶贫开发推进到今天这样的程度，贵在精准，重在精准，成败之举在于精准。"③"要对扶贫对象实行精细化管理，对扶贫资源实行精确化配置，对扶贫对象实行精准化扶持，确保扶贫资源真正用在扶贫对象身上、真正用在贫困地区。"④"因村因户因人施策，因贫困原因施策，因贫困类型施策，对症下药、精准滴灌、靶向治疗，真正发挥拔穷根的作用……下足绣花功夫，扶贫扶到点上、扶到根上、扶到家庭，防止平均数掩盖大多数。"⑤精准扶贫基本方略，是习近平反贫困理论的基本方法，是我们党坚决贯彻实事求是思想路线的必然要求。

---

① 《毛泽东选集》（第1卷），人民出版社1991年版，第308页。
② 《毛泽东选集》（第1卷），人民出版社1991年版，第322页。
③ 中共中央党史和文献研究院，《习近平扶贫论述摘编》，中央文献出版社2018年版，第58页。
④ 中共中央党史和文献研究院，《习近平扶贫论述摘编》，中央文献出版社2018年版，第58页。
⑤ 习近平：《论"三农"工作》，中央文献出版社2022年版，第318页。

脱贫攻坚实践彰显了精准方法论。在脱贫攻坚伟大实践中，我们坚持精准的科学方法、落实精准的工作要求，推动脱贫攻坚不断取得显著成绩。坚持做到"六个精准"，即扶贫对象精准、措施到户精准、项目安排精准、资金使用精准、因村派人（第一书记）精准、脱贫成效精准，为脱贫攻坚实践提供了具体向导。实施"五个一批"，即发展生产脱贫一批、易地搬迁脱贫一批、生态补偿脱贫一批、发展教育脱贫一批、社会保障兜底一批，为贫困地区脱贫致富指明了有针对性、具可操作性的路径。解决好"扶持谁、谁来扶、怎么扶、如何退、如何稳"等五个问题，要求打出政策组合拳，真正确保脱贫工作务实、脱贫过程扎实、脱贫结果真实。

坚持精准扶贫方略，在扶贫方法论上实现了创新。国外减贫理论，往往强调以扩大机会、推动赋权和增强安全为支柱的减贫战略，缺乏扶贫的瞄准机制。中国特色反贫困理论，继承发展了马克思主义"具体问题具体分析"的方法论原则，提出了精准扶贫方略，在扶贫方法论上实现了创新。思路决定出路，方法决定效率。正是因为坚持精准扶贫方略，党的十八大以来，我国近2000万人次进村入户，开展精准识别和建档立卡"回头看"工作，全国贫困识别准确率达到98%以上；平均每年1000多万人脱贫，相当于一个中等国家的人口。事实证明，精准扶贫是打赢脱贫攻坚战的制胜法宝。

4. 坚持发展式扶贫与保障式扶贫并重

脱贫攻坚既要"输血"又要"造血"。扶贫与治病一样，单靠"输血"达不到良好效果，需要"造血输血"协同，发挥两种方式的综合脱贫效应。马克思关于"生产力与生产关系"的思想认为，生产力是最革命、最活跃的因素，只有社会生产力得到充分发展，才能为打赢脱贫攻坚战奠定深厚的经济基础和物质条件。我国扶贫工作，先后经历了救济式扶贫、体制改革推进式扶贫、开发式扶贫、整村推进式扶贫以及精准扶贫等阶段。进入新时代，坚持发展式扶贫与保障式扶贫相结合，是增进人民福祉、促进人的全面发展的必然要求，是解决人民日益增长的美好生活需要和不平衡不充分的发展之间矛盾的重要途径。

习近平总书记多次强调脱贫攻坚要坚持发展的观点。他指出，"发展是甩掉贫困帽子的总办法"①。"坚持把发展作为解决贫困的根本途径"②，"用发展的办法解决发展不平衡不充分问题，就一定能够为经济社会发展和民生改善提供科学路径和持久动力！"③习近平总书记反复强调脱贫攻坚要坚持发展的办法，积极引导和支持所有有劳动能力的贫困人口自力更生、艰苦奋斗，在我国经济正处于高质量发展的时代，依靠自己的双手创造幸福美好的生活。

在脱贫攻坚实践中用发展的方法消除贫困。在脱贫攻坚伟大实践中，我们坚持把发展作为解决贫困的根本途径。对贫困地区，想尽一切办法改善发展的条件。通过加大对贫困地区水、电、路、气、网等基础设施建设和教育、医疗、卫生等公共服务建设的投入力度，改善贫困地区群众的基本生产生活条件。对有劳动能力的贫困人口，想尽一切办法增强其发展能力。通过产业带动，增强贫困群众的发展能力，帮助他们实现稳定可持续脱贫。对丧失劳动能力的贫困人口和劳动力不足的贫困户，实行政策性兜底保障。这项扶贫政策的基本目标是确保他们不愁吃、不愁穿，有效保障贫困人口的基本生活。事实证明，开发式扶贫方针是中国特色减贫道路的鲜明特征。

坚持发展式扶贫与保障式扶贫并重，在扶贫道路论上实现了创新。国外减贫理论，往往强调福利的、救济的减贫方式。在继承马克思关于"生产力与生产关系"思想的基础上，中国特色反贫困理论既关注保障式扶贫，更注重发展式扶贫，坚持用发展的道路、发展的方法解决贫困问题，在扶贫道路论上实现了创新。正是因为坚持发展式扶贫与保障式

---

① 《习近平在湖南考察时强调 深化改革开放推进创新驱动 实现全年经济社会发展目标》，《人民日报》2013年11月6日。

② 习近平：《论"三农"工作》，中央文献出版社2022年版，第319页。

③ 习近平：《论"三农"工作》，中央文献出版社2022年版，第319页。

扶贫并重的方针，贫困群众才告别了溜索桥、天堑变成了通途，告别了苦咸水、喝上了清洁水，告别了四面漏风的泥草屋、住上了宽敞明亮的砖瓦房。事实充分证明，发展是消除贫困、走向富裕最有效的办法，也是创造幸福生活最稳定、最可持续的根本之道。

5. 坚持构建大扶贫格局

脱贫攻坚战需要社会各方力量的参与。人心齐，泰山移。扶贫减贫是一项艰巨而复杂的系统工程，不仅仅是贫困地区的事，也是全社会的事，需要动员社会力量的广泛参与，形成扶贫工作的强大合力。中华传统美德强调每个人能够"扶危济困"从而营造良好的社会氛围，凝聚全社会的力量。马克思在分析资本主义贫困问题时也指出，无产阶级只有摆脱资本主义制度的束缚，实行与资本主义制度相反的、以公有制和人民当家作主为基本要素的社会主义制度，才能从源头上摆脱贫困，实现人的解放、社会的共同富裕。社会主义具有集中力量办大事的制度优势，是我们抵御风险挑战、聚力攻坚克难的根本制度保证。只要我们充分发挥社会主义集中力量办大事的制度优势，坚持弘扬"扶危济困"的传统美德，把党员干部、贫困群众及全社会的力量团结起来，就一定能啃下脱贫攻坚的"硬骨头"。

习近平总书记多次强调扶贫工作要发挥制度优势。他指出，"坚持发挥我国社会主义制度能够集中力量办大事的政治优势，形成脱贫攻坚的共同意志、共同行动"[1]。在脱贫攻坚中，"必须坚持充分发挥政府和社会两方面力量作用，构建专项扶贫、行业扶贫、社会扶贫互为补充的大扶贫格局，调动各方面积极性，引领市场、社会协同发力，形成全社会广泛参与脱贫攻坚格局。"[2]习近平总书记多次强调脱贫攻坚要发挥社会主义制度强大的整合能力和动员能力，通过充分调动市场、社会力量

---

[1] 习近平：《论"三农"工作》，中央文献出版社2022年版，第317页。
[2] 习近平：《在打好精准脱贫攻坚战座谈会上的讲话》（2018年2月12日），《求是》2020年第9期。

广泛参与，为脱贫攻坚提供制度保障。

脱贫攻坚实践彰显了制度优势。通过强化中央统筹、省负总责、市县抓落实的工作机制和脱贫攻坚一把手负责制，要求中西部22个省份党政主要负责同志向中央签署脱贫攻坚责任书、立下"军令状"，压实领导责任。通过抓好以村党组织为核心的村级组织配套建设，建强村党支部，派驻村干部，加强基层基础，把基层建设成为带领群众脱贫致富的坚强战斗堡垒。通过构建政府、社会、市场协同推进，专项扶贫、行业扶贫、社会扶贫互为补充的"三位一体"大扶贫格局，形成跨地区、跨部门、跨单位、全社会共同参与的多元主体式的社会扶贫体系，汇聚全社会合力攻坚的磅礴力量。通过完善社会动员机制，搭建社会参与平台，创新社会帮扶方式，形成人人愿为、人人可为、人人能为的社会帮扶格局。

坚持构建大扶贫格局，在扶贫制度论上实现了创新。国外减贫理论，往往强调个人或者市场对减贫的作用，忽略了制度在减贫中的重要作用。习近平反贫困理论继承发展了马克思主义的"制度论"，提出坚持和发展中国特色社会主义制度，充分发挥社会主义集中力量办大事的制度优势，形成了有效的扶贫管理体制和制度体系，在扶贫制度论上实现了创新。脱贫攻坚战打响以来，中国东部9个省、14个市对口帮扶陕西等14个中西部经济欠发达地区，307家中央单位定点扶贫592个国家重点贫困县，军队定点帮扶4100个贫困村，12.7万家民营企业结对帮扶7.32万个贫困村，切实推进减贫工作取得成效。

6. 坚持激发贫困群众内生动力

脱贫攻坚要发挥贫困群众主体作用。只要有信心，黄土变成金。贫困群众既是脱贫攻坚的对象，更是脱贫致富的主体。注重发挥贫困群众主体作用，将贫困地区和贫困群众的主观能动性激发出来，是打赢脱贫攻坚战的前提。辩证唯物主义认为，事物的发展，内因是关键，外因是条件，外因要通过内因才能发挥作用。历史唯物主义认为，人民群众是历史的创造者,是社会物质财富和精神财富的创造者,是社会变革的决定力量。只有重视贫困群众主体地位,激发贫困群众内生动力,鼓舞贫困群众脱贫斗志,才能形成脱贫攻坚可持续发展的活力。

习近平总书记多次强调扶贫要"志智双扶"。他提出,"贫困地区发展要靠内生动力"①。"坚持调动广大贫困群众积极性、主动性、创造性,激发脱贫内生动力。"②"人民是真正的英雄,激励人民群众自力更生、艰苦奋斗的内生动力,对人民群众创造自己的美好生活至关重要。"③习近平总书记强调,摆脱贫困首先不是摆脱物质上的贫困,而是要摆脱思想和意识上的贫困。激发人民群众的内生动力是脱贫攻坚的关键,必须始终坚持为了人民、依靠人民,尊重人民群众的主体地位和首创精神,把蕴藏在人民群众中的智慧和力量激发出来,才能形成促进贫困地区稳定脱贫的内在动力。

脱贫攻坚实践充分激发了贫困群众的内生动力。一是坚持群众主体地位,增强脱贫攻坚的第一动力。通过强化贫困群众的主体意识,让贫困群众在脱贫项目选择、设计、实施、管理、监督、验收、后续管理全过程中的每一个环节都发挥作用,增强贫困群众参与感和获得感,为脱贫攻坚注入强大驱动力。二是坚持"志智双扶"思路,激发脱贫攻坚的内生动力。通过扶贫与扶"志"相结合,培育贫困群众自力更生、艰苦奋斗的意识和观念;扶贫与扶"智"相结合,改善贫困地区的办学条件,阻断贫困的代际传递。三是坚持尊重"人民首创"精神,提高脱贫攻坚的创新动力。困在何处、难在哪里、因何而贫、怎么脱贫,贫困群众心里最清楚。脱贫攻坚支持贫困群众自主创新脱贫方式方法,帮助贫困群众主动转变观念,敢闯敢试、敢为人先,想方设法增收致富,为打

---

① 中共中央党史和文献研究院:《习近平扶贫论述摘编》,中央文献出版社2018年版,第131页。

② 习近平:《论"三农"工作》,中央文献出版社2022年版,第319页。

③ 习近平:《论"三农"工作》,中央文献出版社2022年版,第320页。

赢脱贫攻坚战注入不竭动力。

坚持激发贫困群众内生动力，在扶贫动力论上实现了创新。国外减贫理论，往往片面强调贫困人口的收入增长。中国特色反贫困理论，继承发展了马克思主义的"内因外因理论"和"群众史观"，既关注物质层面的脱贫，也注重解决人民群众精神层面的贫困，充分尊重人民主体地位，调动人民群众的积极性、主动性和创造性，在扶贫动力论上实现创新。正是因为坚持激发贫困群众的内生动力，我们才有效调动贫困群众的脱贫积极性、阻断贫困的代际传递。事实充分证明，人民是真正的英雄，激发人民群众自力更生、艰苦奋斗的内生动力，对人民群众创造自己的美好生活至关重要。

7. 坚持求真务实较真碰硬的作风

脱贫攻坚必须做到真扶贫、扶真贫、脱真贫。脱贫攻坚，从严从实是要领。必须要有科学态度，不能搞"形象工程"，不能做与不做一个样、做多做少一个样。与其宣布脱贫后心里不踏实，不如在打基础、谋长远、见成效上下足功夫，扎扎实实打好基础，踏踏实实脱贫。唯物辩证法的根本要求就是坚持一切从实际出发、实事求是，这是我们认识世界和改造世界的根本方法。毛泽东在坚持马克思主义认识论的基础上，对"实事求是"的内涵作了进一步的概括。"实事"是客观存在着的一切事物；"是"是客观事物的内部联系，即规律性；"求"就是我们去研究。实事求是、求真务实，是我们党的优良传统和共产党人必须具备的政治品格。

习近平总书记坚持对脱贫攻坚从严要求。他指出，"扶贫工作必须务实，脱贫过程必须扎实，脱贫结果必须真实"[①]。"攻坚战就是要用攻坚战的办法打，关键在准、实两个字。只有打得准，发出的力才能到位；只有

---

① 中共中央党史和文献研究院：《习近平扶贫论述摘编》，中央文献出版社2018年版，第121—122页。

干得实，打得准才能有力有效。"①他强调，"我们突出实的导向、严的规矩，不搞花拳绣腿，不搞繁文缛节，不做表面文章，坚决反对大而化之、撒胡椒面，坚决反对搞不符合实际的'面子工程'，坚决反对形式主义、官僚主义，把一切工作都落实到为贫困群众解决实际问题上。"②要"拿出抓铁有痕、踏石留印的劲头，把脱贫攻坚一抓到底"③。习近平总书记坚持要从严要求、真抓实干，确保脱贫攻坚见成效，不断提高脱贫质量。

脱贫攻坚实践彰显了求真务实较真碰硬的作风。在脱贫攻坚实践中，我们坚持从严要求、真抓实干，把全面从严治党要求贯穿于脱贫攻坚全过程和各环节。坚持中央组织对脱贫攻坚开展巡视，建立监督、督导机制。通过经常性的督查巡查，开展扶贫领域腐败和作风问题专项治理，集中力量解决脱贫领域"四个意识"不强、责任落实不到位、工作措施不精准、资金管理使用不规范、工作作风不扎实等突出问题。坚持实行最严格的考核评估制度，提高脱贫实效。通过国家部门考核、省际交叉考核、第三方考核评估等多种方式，杜绝虚假脱贫、数字脱贫、"算账式"脱贫、"游走式"脱贫等现象。对脱贫领域存在的不严不实等问题，严肃问责，倒逼工作落实，确保脱贫结果真实。

坚持求真务实较真碰硬的作风，在扶贫作风论上实现了创新。国外减贫理论，很少关注扶贫工作人员的作风问题。中国特色反贫困理论，强调建立全程式、立体化、全方位监督管理体系，做到真扶贫、扶真贫、脱真贫，真正让脱贫成效经得起历史和人民检验，在扶贫作风论上实现了创新。事实充分证明，一分部署、九分落实，真抓实干、埋头苦干保证了脱贫攻坚战打得赢、打得好。只要我们坚持实干兴邦、实干惠民，就一定能够把全面建设社会主义现代化国家的宏伟蓝图一步步变成现实。

---

① 中共中央党史和文献研究院：《习近平扶贫论述摘编》，中央文献出版社2018年版，第113页。

② 习近平：《论"三农"工作》，中央文献出版社2022年版，第321页。

③ 习近平：《论"三农"工作》，中央文献出版社2022年版，第320页。

（二）中国特色反贫困理论对全面推进乡村振兴和加快农业农村现代化具有重要指导作用

中国特色反贫困理论立足于新中国成立以来波澜壮阔的农业农村发展历程，科学把握中国农村问题的本质规律，及时回应如何解决新时代人民日益增长的美好生活需要和不平衡不充分的发展之间的矛盾，并在脱贫攻坚实践中形成了一套科学有效的工作方式方法和领导体制机制。全面建成小康社会后农村工作的主题和特征等都发生了变化，但中国特色反贫困理论具有超越时代的属性，不会因时而废。这一理论契合乡村振兴的发展需要和农业农村现代化发展的客观实际，具有很强的思想性、指导性、针对性，为我国接续推进乡村振兴、加快农业农村现代化提供了经验借鉴和方法论。

1. 精准方略为全面推进乡村振兴和加快农业农村现代化提供了基本工作方法

"精准"是中国特色反贫困理论的重大创新和核心要义，是被历史和实践检验正确的、有效的工作方法，帮助中华民族在摆脱贫困道路上实现了亘古未有的历史性跨越。2020年后农村工作的任务、对象、特点等方面都发生了变化，但"精准"必须一以贯之，精准识别问题根源、精准施策、精准管理的方法必须始终坚持。将"精准"方法和理念贯穿于治国理政的全过程、多方面，既是中国扶贫开发领域的行动指南，也是全面推进乡村振兴和加快农业农村现代化的重要方法论。

2. "中央统筹、省负总责、市县抓落实"为全面推进乡村振兴和加快农业农村现代化提供了有效工作机制

在中国特色反贫困理论指引下，全面加强党对扶贫工作的领导，制定了"中央统筹、省负总责、市县抓落实"的工作机制，形成了五级书记抓扶贫、全党动员促攻坚的局面，缩短了政策安排与政策需求之间的决策执行链条，大大提高了政策执行能力。推进乡村振兴和加快农业农村现代

化必须继续坚持这一工作机制，确保政策的有效执行和工作的高效开展。

3. 脱贫攻坚中体现的现代化治理为全面推进乡村振兴和加快农业农村现代化提供了科学理念

现代化治理是中国特色反贫困理论的基本特征，坚持由物质帮扶向"志智双扶"转变，治理视角由单一视角向多维视角转变，治理格局由政府包揽向协同发力转变，治理路径由单一路径向系统布局转变，焕发出更加强大的生命力，彰显出巨大优越性，为全面推进乡村振兴和加快农业农村现代化提供了科学理念。

二、习近平总书记关于乡村振兴的重要指示

党的十八大以来，习近平总书记围绕"三农"工作发表了一系列重要讲话，提出了一系列新理念、新思想和新战略，形成了思想深邃、内涵丰富的新时代"三农"工作重要论述。这些论述是我们党关于"三农"工作的最新理论成果，是习近平新时代中国特色社会主义思想的重要组成部分，为促进农业农村现代化发展提供了基本遵循。习近平总书记在十九大报告中提出了实施乡村振兴战略作为国家的七大战略之一，随后又在不同场合深刻阐述了什么是乡村振兴、为什么要实施乡村振兴、我们需要怎样的乡村振兴、如何推进乡村全面振兴等一系列重大理论实践问题，客观上形成了关于乡村振兴的重要论述。由于中央对于习近平总书记的思想形成发展以及命名有严格要求，中央农办专门发文明确习近平总书记关于"三农"领域的论述统一规范称为"习近平总书记关于'三农'工作的重要论述"。乡村振兴是新时代"三农"工作的总抓手。本书重点从乡村振兴的维度学习领会"习近平总书记关于'三农'工作的重要论述"中关于乡村振兴工作的重要指示，这些重要指示的精神为全面推进乡村振兴提供了科学指引和行动纲领。理解习近平总书记关于乡村振兴的重要指示，需要在理论化、系统化的基础上，重点理解和把握习近平总书记关于乡村振兴重

要指示的丰富内涵及其时代价值。

（一）习近平总书记关于乡村振兴重要指示的丰富内涵

习近平总书记自党的十八大以来关于乡村振兴领域的重要讲话、重要论述、重要指示批示的体系性、系统性和理论性，可以从11个方面进行理解。

1. 关于实施乡村振兴战略是决胜全面建成小康社会、全面建设社会主义现代化国家的重大历史任务

这是习近平总书记关于乡村振兴重要指示的首要论断。习近平总书记在多个场合对此论断进行了阐述。他指出，实施乡村振兴战略是党的十九大作出的重大决策部署，是决胜全面建成小康社会、全面建设社会主义现代化国家的重大历史任务，是新时代做好"三农"工作的总抓手。他强调，乡村振兴是实现中华民族伟大复兴的一项重大任务。习近平总书记关于这方面的一系列重要论述，实际上是阐述了乡村振兴的战略定位，即乡村振兴是党的十九大提出的一项重大战略，是关系党和国家团结性、长远性、历史性的关键任务。习近平总书记站在全面建设社会主义现代化国家的战略高度，把乡村振兴放在了党和国家发展的突出位置。学习习近平总书记关于乡村振兴的重要指示，首先要把握好乡村振兴新的历史方位和脱贫攻坚不一样的特征。一是发生的历史性阶段不一样。脱贫攻坚是在决战决胜全面小康的最关键阶段，为如期兑现党对人民的庄严承诺而发起的民生福祉改善攻坚战；乡村振兴则是在我们国家进入了建设社会主义现代化国家新征程初期实施的一项事关全局的重大发展战略，两者发生的时间节点不一样。二是长期性不一样。脱贫攻坚有明确的时限，从2012年开始到2020年结束，共八年时间；乡村振兴则将伴随着我们国家的现代化建设进程。现在，中央对乡村振兴的战略设计是到2050年，所以乡村振兴战略的实施在2050年前都要全面推进，直至乡村全面振兴。尽管乡村振兴和脱贫攻坚存在以上两点差异，但是有一点是相通的，就是

我们要在历史进程中把握好乡村振兴的战略定位和历史方位。

2. 关于加强党对乡村振兴工作的领导

习近平总书记指出，党管农村工作是我们的传统，这个传统不能丢，各级党委要加强对"三农"工作的领导，各级领导干部更要重视"三农"工作，多到农村去走一走，多到农家去看一看。办好农村的事情关键在党，要加强党对"三农"工作的全面领导，各级党委要扛起政治责任，落实农业农村优先发展的方针，以更大力度推动乡村振兴。习近平总书记这些论断阐述了乡村振兴的根本保障，就是在深入实施乡村振兴战略中，必须加强和改善党对"三农"工作的集中统一领导，充分发挥党在把方向、谋大局、定政策、促改革等方面的主心骨作用，还要提高党全面领导新时代"三农"工作的能力和水平，这种能力和水平具体体现为广大各级领导干部、一般干部、驻村帮扶工作队、村干部等领导乡村振兴、推动"三农"工作的能力和水平，体现在党对乡村振兴工作的领导上。

3. 关于加快推进农业现代化

习近平总书记指出，要抓住实施乡村振兴战略的重大机遇，坚持农业农村优先发展，夯实农业基础地位，深化农村改革。要加快高标准农田建设，强化农业科技和装备支撑，深化农业供给侧结构性改革，加快发展绿色农业，推进农村三产融合。同时，农业现代化，种子是基础，必须把民族种业搞上去，把种源安全提升到关系国家安全的战略高度。这些重要论述体现了习近平总书记对于乡村振兴特别是加快推进农业现代化方面诸多重要论断的含义，阐述了乡村振兴的实现路径，即没有农业现代化、没有农村繁荣富强，就没有农民安居乐业，国家的现代化也将因此不完整、不全面、不牢固。可见，农业现代化就是乡村振兴的重要任务和目标。习近平总书记这方面的重要论述，为从多个方面解决农业问题、走出一条中国特色农业现代化道路提供了指引和遵循。

4. 关于发展壮大乡村产业

习近平总书记指出，推动乡村产业振兴，要紧紧围绕发展现代农业，围绕农村一二三产业融合发展，构建乡村产业体系，实现产业兴旺，把产业发展落到促进农民增收上来，全力以赴消除农村贫困，推动乡村生活富裕。依托丰富的红色文化资源和绿色生态资源发展乡村旅游，搞活了农村经济，是振兴乡村的好做法。习近平总书记的这一系列重要论述为加快发展绿色农业、发展乡村特色产业、推动乡村产业融合、构建现代乡村产业体系指明了前进方向，提供了行动指南。我们要从中深刻领会，发展壮大乡村产业是乡村发展的核心，只有整个乡村产业发展、兴旺，乡村才能真正实现发展。

5. 关于强化乡村振兴人才支撑

习近平总书记指出，要强化乡村振兴的人才支撑。要培养造就一支懂农业、爱农村、爱农民的"三农"工作队伍。要积极培养本土人才，鼓励外出能人返乡创业，鼓励大学生村官扎根基层，为乡村振兴提供人才保障。人才振兴是乡村振兴的基础，要创新乡村人才工作体制机制，充分激发乡村现有人才活力，把更多城市人才引向乡村创新创业。习近平总书记这一系列的重要论述，明确了人才振兴在乡村振兴整体布局中的关键地位，要通过培养人才队伍、创新乡村人才工作体制机制等，为乡村振兴奠定坚实的人才基础和保障。可以说，没有人才振兴，乡村振兴就无从谈起。同时，如果留在农村的人口都是没有劳动能力、文化素质偏低的群体，也同样谈不上乡村振兴。乡村振兴，最终还是要靠有知识、有文化、懂农业、爱农业、能创业、能发展的人才队伍提供支撑。

6. 关于走乡村文化兴盛之路，焕发乡村文明新气象

中华民族有5000多年的农耕文明传承，是全球唯一一个没有中断过的文明，其中所蕴含的许多优秀传统文化是文明得以传承的重要原因。乡村正是我国农耕文明的主要载体。因此，乡村振兴从某种程度上讲，也是文化的振兴和复兴。习近平总书记指出，农村精神文明建设很重要，物质变精神、精神变物质是辩证法的观点，实施乡村振兴战略要物质文明和精神文明一起抓，特别要注重提升农民精神风貌。乡村振兴，

既要塑形，也要铸魂，要形成文明乡风、良好家风、淳朴民风，焕发文明新气象。要推动乡村文化振兴，加强农村思想道德建设和公共文化建设，以社会主义核心价值观为引领，深入挖掘优秀传统农耕文化蕴含的思想观念、人文精神、道德规范。乡风文明是乡村振兴的总要求之一。围绕着乡村文化振兴，习近平总书记多次强调要加强农村思想道德建设和公共文化建设，培育文明、传承乡风、发扬好传统文化，进而提高乡村社会的文明程度，焕发乡村文明的新气象。

7. 关于建设生态宜居的美丽乡村

生态文明思想贯穿于习近平新时代中国特色社会主义思想，是其重要组成部分。在至今以习近平总书记命名的五大思想（强军思想、外交思想、经济思想、生态文明思想和法治思想）中，生态文明思想是其中之一。生态文明思想在乡村的实践就是在乡村振兴中要建设美丽和生态宜居的乡村。习近平总书记指出，推动乡村生态振兴，要坚持绿色发展，加强农村突出环境问题综合治理，扎实实施农村人居环境整治三年行动计划，推进农村"厕所革命"，完善农村生活设施，打造农民安居乐业的美丽家园，让良好生态成为乡村振兴支撑点。要以实施乡村建设行动为抓手，改善农村人居环境，建设宜居宜业美丽乡村。习近平总书记这一系列论述，主要强调生态宜居是乡村振兴的内在要求，即"环境美，则乡村美；生态兴，则乡村兴"，同时包含了要开展农村人居环境整治行动、完善农村公共基础设施、解决农村突出生态环境问题等要求，为如何建设生态宜居的美丽乡村提供了根本遵循和目标方向。

8. 关于加强农村基层党组织建设

习近平总书记指出，要推动乡村组织振兴，打造千千万万个坚强的农村基层党组织，培养千千万万名优秀的农村基层党组织书记，深化村民自治实践，发展农民合作经济组织。基层党组织和党员干部既要当好乡村产业项目的组织者、推动者，又要当好群众利益的维护者。要加强和改进党对农村基层工作的全面领导，提高农村基层组织建设质量，为乡村全面振兴提供坚强政治和组织保证。习近平总书记这一系列的重要指示，明确了乡村治理中基层党组织是核心，是实施乡村振兴战略的"主心骨"。这也就是党的十八大以来以习近平同志为核心的党中央始终坚持不断加强和改善党对"三农"工作的领导，特别是着力加强农村基层党组织建设的原因，其主要目的就是为乡村振兴提供坚强的政治和组织保障。

9. 关于健全乡村治理体系，加快推进乡村治理体系和治理能力现代化

习近平总书记指出，建立健全党委领导、政府负责、社会协同、公众参与、法治保障的现代乡村社会治理体制，确保乡村社会充满活力、安定有序。要在实行自治和法治的同时，注重发挥好德治的作用，推动礼仪之邦、优秀传统文化和法治社会建设相辅相成。加强法治乡村建设是实施乡村振兴战略、推进全面依法治国的基础性工作。党的十九大报告明确要求，加强农村基层基础工作，健全自治、法治、德治相结合的乡村治理体系，这充分体现了习近平总书记的相关重要指示要求，为我国乡村治理指明了方向，提供了根本遵循。乡村振兴要实现"治理有效"的目标，就必须坚持法治为纲、德治为魂、自治为本，不断推进乡村治理能力和水平现代化。

10. 关于保障和改善农村民生

习近平总书记指出，重视农村"三留守"问题，搞好农村民生保障和改善工作。农业农村工作，说一千、道一万，增加农民收入是关键。要加快构建促进农民持续较快增收的长效政策机制，让广大农民都尽快富裕起来。完善城乡居民基本养老保险制度和基本医疗保险、大病保险制度，完善最低生活保障制度，完善农村留守儿童、妇女、老年人关爱服务体系。习近平总书记这一系列围绕着保障和改善农村民生的重要指示，阐述了人民群众是社会历史主体这个基本原理。乡村振兴就是要实现广大农民对美好生活的向往。为此，习近平总书记多次强调，要通过增加农民收入，加强农村基础设施建设，完善农村医疗社会保障制度，不断搞好农村民生保障和改善工作。乡村振兴到底怎么去振兴，其最重

要的底线和任务就是要保障和改善农村的民生。

11. 关于建立健全城乡融合发展体制机制和政策体系

习近平总书记指出，要把乡村振兴战略这篇大文章做好，必须走城乡融合发展之路。我们一开始就没有提城市化，而是提城镇化，目的就是促进城乡融合。要向改革要动力，加快建立健全城乡融合发展体制机制和政策体系。要构建新型城乡关系，促进城乡协调发展、融合发展。习近平总书记的重要指示指明了改革创新对于乡村振兴的重要作用。城镇和乡村是互促互进、共生共存的。能否处理好城乡关系，关乎社会主义现代化建设全局。推进乡村振兴战略、构建新型城乡关系，缩小城乡差距、实现城乡一体化发展，要求必须建立健全城乡融合发展体制机制和政策体系。我们理解乡村振兴，不仅要深刻理解"五大振兴"的目标要求，也要同时理解"建立健全城乡融合发展体制机制和政策体系"的重要论断。事实上，"五大振兴"加上"城乡融合发展"，才能完整地体现乡村振兴战略的总要求和推进路径。

习近平总书记关于"三农"工作的重要论述，是对马克思主义城乡发展思想的创造性继承和创新性发展，是推进马克思主义城乡发展思想中国化的最新理论成果，闪耀着马克思主义的真理光芒。这些重要论述发展了马克思主义经典作家关于乡村建设的思想，发展了中国共产党百年来关于乡村建设的思想，发展转化了中华优秀传统农耕文化的内涵意蕴，超越了西方乡村建设的相关理论。

（二）习近平总书记关于乡村振兴重要指示的时代价值

1. 指引巩固拓展脱贫攻坚成果同乡村振兴有效衔接

第一，通过有机衔接坚决守住不发生规模性返贫的底线。习近平总书记关于乡村振兴的重要指示要求，在脱贫攻坚与乡村振兴之间设立5年过渡期，对易返贫致贫人口要加强监测，做到早发现、早干预、早帮扶，持续守稳脱贫攻坚的历史成果。通过"四个不摘"保持主要帮扶政策总体稳定。通过建立健全防止返贫长效机制，为进一步推进乡村振兴夯实脱贫基础。

第二，促进脱贫攻坚基础更加稳固和脱贫成效持续发展。习近平总书记强调："乡村振兴的前提是巩固脱贫攻坚成果，要持续抓紧抓好，让脱贫群众生活更上一层楼。"①新时代"三农"工作把防止返贫和继续攻坚放在同等重要的位置上，对已经摘帽的贫困县、贫困村和贫困户要继续巩固，对脱贫地区的产业进行长期培育和支持，不断增强"造血"功能，保持农业稳定和农民收入持续增长。

第三，在巩固脱贫攻坚成果的基础上推进乡村全面振兴。习近平总书记指出："巩固和拓展脱贫攻坚成果，全面推进乡村振兴，加快农业农村现代化，是需要全党高度重视的一个关系大局的重大问题。"②新时代"三农"工作，坚持农业农村优先发展，走中国特色社会主义乡村振兴道路，持续缩小城乡区域发展差距，让低收入人口和欠发达地区共享发展成果，在现代化进程中不掉队、赶上来。

2. 指引全面推动乡村振兴工作取得实效

第一，为乡村振兴提供了正确的理论指导。这一论述创新性地回答了新发展阶段全面推进乡村振兴的目标定位、发展方向、理论内涵、价值指向、方法遵循以及治理导向等一系列重大理论和现实问题，形成了一个思想深邃、内涵丰富、逻辑严密的理论体系，为乡村振兴战略的实施提供了顶层设计和理论指导。

第二，为乡村振兴提供了科学的方法遵循。习近平总书记多次强调，实施乡村振兴战略，要按照规律办事，科学规划、注重质量、从容建设，不追求速度，更不能刮风搞运动。要处理好长期目标和短期目标

---

① 《中央农村工作会议在京召开》，《人民日报》2021年12月27日。

② 《习近平在中央农村工作会议上强调　坚持把解决好"三农"问题作为全党工作重中之重　促进农业高质高效乡村宜居宜业农民富裕富足》，《人民日报》2020年12月30日。

的关系，顶层设计与基层探索的关系，充分发挥市场决定性作用和更好发挥政府作用的关系，增强群众获得感和适应发展阶段的关系，这些都为乡村振兴提供了方法的指导。

第三，为乡村全面振兴指明了路径和方向。习近平总书记强调，要推进乡村产业、人才、文化、生态和组织全面振兴。新时代"三农"工作要按照产业兴旺、生态宜居、乡风文明、治理有效、生活富裕的总要求，统筹推进农村经济建设、政治建设、文化建设、社会建设、生态文明建设和党的建设，加快推进乡村治理体系和治理能力现代化。

3. 指引扎实推进共同富裕

第一，新时代乡村振兴正是通过巩固和完善农村基本经营制度，发展壮大社会主义公有制经济的重要形式——农村集体经济，引领农民走上共同富裕的道路。习近平总书记明确指出："巩固和完善农村基本经营制度，走共同富裕之路。"① "壮大农村集体经济，是引领农民实现共同富裕的重要途径。"②

第二，乡村振兴通过发展农村生产力为共同富裕奠定了物质基础。马克思主义认为，生产力的高度发展是实现共同富裕的前提和基础。如果生产力发展不起来，"那就只会有贫穷、极端贫困的普遍化"③。新时代乡村振兴的关键，就是要不断解放和发展农村社会生产力，激发农村内部的经济活力。通过发展壮大乡村产业，让农民更多分享产业增值收益，促进全体农民共同富裕。

第三，乡村振兴通过缩小城乡差距为共同富裕提供了必要条件。"促进共同富裕，最艰巨最繁重的任务仍然在农村。"④ 新时代乡村振兴，坚

---

① 习近平：《论坚持全面深化改革》，中央文献出版社2018年版，第397页。
② 中共中央党史和文献研究院编：《习近平关于"三农"工作论述摘编》，中央文献出版社2019年版，第149页。
③ 《马克思恩格斯选集》（第1卷），人民出版社2012年版，第166页。
④ 习近平：《扎实推动共同富裕》，《求是》2021年第20期。

持农业农村优先发展，不再将农村置于依附于城市发展的从属地位，而是加大对欠发达地区和农村地区的扶持力度。通过促进工业化、信息化、城镇化、农业现代化同步发展，推动城乡发展一体化，从根本上改变农业是"四化同步"短腿的现象，确保农业农村农民在共同富裕路上不掉队。

4. 为世界乡村发展贡献中国智慧和中国方案

习近平总书记关于"三农"工作的重要论述，在遵循城乡发展规律的基础上，探索出适合中国国情的乡村振兴新模式，并进一步提出："实施乡村振兴战略也是为全球解决乡村问题贡献中国智慧和中国方案。"①一方面，为世界正确处理城乡关系提供了思路。在现代化的过程中，"发达国家大多数走的是剥夺农民土地，通过实现工业化、城市化来带动农村市场化发展，进而实现农业现代化的道路"②。这种模式导致乡村因发展步伐跟不上城市而走向衰落和凋敝，城市因农产品供应不足而陷入困境。新时代乡村振兴坚持推动"工业反哺农业、城市支持乡村"，促进农业农村现代化与工业化、城镇化、信息化同步发展，城乡区域共同繁荣，走出了一条有别于欧美发达国家的农业现代化道路。另一方面，为世界解决乡村发展难题提供了方案。发达国家在快速推进工业化和城市化的过程中，往往忽视了农民的利益，不能够有效吸纳农村的劳动力，导致大量的失业农民涌向城市的贫民窟。"乡村衰退导致的'乡村病'、城市贫民窟是一个全球共同面临的挑战。"③习近平总书记关于"三农"工作的重要论述，高度重视维护农民的利益，让农民作为主体参与现代化乡村建设过程，共享乡村现代化的发展成果，促进了农民的全面发展和全社会的共同富裕。

---

① 中共中央党史和文献研究院编：《习近平关于"三农"工作论述摘编》，中央文献出版社2019年版，第13页。

② 习近平：《农村市场化：加快农村经济发展的关键环节》，《人民日报》2002年4月28日。

③ 中共中央党史和文献研究院编：《习近平关于"三农"工作论述摘编》，中央文献出版社2019年版，第13—14页。

> **链接**

中国乡村振兴战略
——《乡村振兴战略规划（2018—2022年）》的重点任务

2018年9月，中共中央、国务院印发《乡村振兴战略规划（2018—2022年）》（简称《五年规划》）。《五年规划》以习近平总书记关于"三农"工作的重要论述为指导，按照产业兴旺、生态宜居、乡风文明、治理有效、生活富裕的总要求，对实施乡村振兴战略作出阶段性谋划，分别明确至2020年全面建成小康社会和2022年召开党的二十大时的目标任务。

一、《乡村振兴战略规划（2018—2022年）》框架

《五年规划》包括十一篇、三十七章。总体结构如下：

第一篇，规划背景：重大意义、振兴基础、发展态势。

第二篇，总体要求：指导思想和基本原则、发展目标、远景谋划。

第三篇，构建乡村振兴新格局：统筹城乡发展空间、优化乡村发展布局、分类推进乡村发展、坚决打好精准脱贫攻坚战。

第四篇，加快农业现代化步伐：夯实农业生产能力基础、加快农业转型升级、建立现代农业经营体系、强化农业科技支撑、完善农业支持保护制度。

第五篇，发展壮大乡村产业：推动农村产业深度融合、完善紧密型利益联结机制、激发农村创新创业活力。

第六篇，建设生态宜居的美丽乡村：推进农业绿色发展、持续改善农村人居环境、加强乡村生态保护与修复。

第七篇，繁荣发展乡村文化：加强农村思想道德建设、弘扬中华优秀传统文化、丰富乡村文化生活。

第八篇，健全现代乡村治理体系：加强农村基层党组织对乡村振兴的全面领导、促进自治法治德治有机结合、夯实基层政权。

第九篇，保障和改善农村民生：加强农村基础设施建设、提升农村劳动力就业质量、增加农村公共服务供给。

第十篇，完善城乡融合发展政策体系：加快农业转移人口市民化、强化乡村振兴人才支撑、加强乡村振兴用地保障、健全多元投入保障机制、加大金融支农力度。

第十一篇，规划实施：加强组织领导、有序实现乡村振兴。

二、《乡村振兴战略规划（2018—2022年）》确定的重点任务

《五年规划》通过16个专栏，对重点任务进行了安排。

专栏一　乡村振兴战略规划主要指标

分类	序号	指标名称	指标解释	单位	2016年基期值	2020年目标值	2022年目标值	2022年比2016年增加[累计提高百分比]	属性
产业兴旺	1	粮食综合生产能力	在一定时期的一定地区，在一定的经济技术条件下，由各生产要素综合投入所形成的，可以稳定地达到一定产量的粮食生产能力	亿吨	>6	>6	>6	——	约束性
	2	农业科技进步贡献率	农业科技进步对农业总生产值增长率的贡献份额	%	56.7	60	61.5	[4.8]	预期性
	3	农业劳动生产率	劳动力在一定时期内创造的劳动成果与其相适应的劳动消耗量的比值	万元/人	3.1	4.7	5.5	2.4	预期性

（续上表）

分类	序号	指标名称	指标解释	单位	2016年基期值	2020年目标值	2022年目标值	2022年比2016年增加[累计提高百分比]	属性
产业兴旺	4	农产品加工产值与农业总产值比	—	—	2.2	2.4	2.5	0.3	预期性
	5	休闲农业和乡村旅游接待人次	—	亿人次	21	28	32	11	预期性
生态宜居	6	畜禽粪污综合利用率	规模化畜禽养殖场综合利用的畜禽粪便量占畜禽粪便产生总量的比例	%	60	75	78	[18]	约束性
	7	村庄绿化覆盖率	绿化率是指绿化垂直投影面积之和与总面积的比例	%	20	30	32	[12]	预期性
	8	对生活垃圾进行处理的村占比	—	%	65	90	>90	[>25]	预期性
	9	农村卫生厕所普及率	卫生厕所是指具有粪便无害化处理设施、按规范进行使用管理的厕所	%	80.3	85	>85	[>4.7]	预期性
乡风文明	10	村综合性文化服务中心覆盖率	—	%	—	95	98	—	预期性
	11	县级及以上文明村和乡镇占比	—	%	21.2	50	>50	[>28.8]	预期性

（续上表）

分类	序号	指标名称	指标解释	单位	2016年基期值	2020年目标值	2022年目标值	2022年比2016年增加[累计提高百分比]	属性
乡风文明	12	农村义务教育学校专任教师本科以上学历比例	—	%	55.9	65	68	[12.1]	预期性
	13	农村居民教育文化娱乐支出占比	—	%	10.6	12.6	13.6	[3]	预期性
治理有效	14	村庄规划管理覆盖率	—	%	—	80	90	—	预期性
	15	建有综合服务站的村占比	—	%	14.3	50	53	[38.7]	预期性
	16	村党组织书记兼任村委会主任的村占比	—	%	30	35	50	[20]	预期性
	17	有村规民约的村占比	—	%	98	100	100	[2]	预期性
	18	集体经济强村比重	—	%	5.3	8	9	[3.7]	预期性
生活富裕	19	农村居民恩格尔系数	—	%	32.2	30.2	29.2	[-3]	预期性
	20	城乡居民收入比	—	—	2.72	2.69	2.67	[-0.05]	预期性

（续上表）

分类	序号	指标名称	指标解释	单位	2016年基期值	2020年目标值	2022年目标值	2022年比2016年增加[累计提高百分比]	属性
生活富裕	21	农村自来水普及率	—	%	79	83	85	[6]	预期性
生活富裕	22	具备条件的建制村通硬化路比例	—	%	96.7	100	100	[3.3]	约束性

专栏二　农业综合生产能力提升重大工程

（一）"两区"建管护。

（二）高标准农田建设。

（三）主要农作物生产全程机械化。

（四）数字农业农村和智慧农业。

（五）粮食安全保障调控和应急。

专栏三　质量兴农重大工程

（一）特色农产品优势区创建。

（二）动植物保护能力提升。

（三）农业品牌提升。

（四）特色优势农产品出口提升行动。

（五）产业兴村强县行动。

（六）优质粮食工程。

专栏四　现代农业经营体系培育工程

（一）新型农业经营主体培育。

（二）农垦国有经济培育壮大。

（三）供销合作社培育壮大。

（四）新型农村集体经济振兴计划。

专栏五　农业科技创新支撑重大工程

（一）农业科技创新水平提升。

（二）现代种业自主创新能力提升。

（三）农业科技园区建设。

专栏六　构建乡村产业体系重大工程

（一）电子商务进农村综合示范。

（二）农商互联。

（三）休闲农业和乡村旅游精品工程。

（四）国家农村一二三产业融合发展示范园创建计划。

（五）农业循环经济试点示范。

（六）农产品加工业提升行动。

（七）农村"星创天地"。

（八）返乡下乡创业行动。

专栏七　农业绿色发展行动

（一）国家农业节水行动。

（二）水生生物保护行动。

（三）农业环境突出问题治理。

（四）农业废弃物资源化利用。

（五）农业绿色生产行动。

专栏八　农村人居环境整治行动

（一）农村垃圾治理。

（二）农村生活污水处理。

（三）厕所革命。

（四）乡村绿化行动。

（五）乡村水环境治理。

（六）宜居宜业美丽乡村建设。

专栏九　乡村生态保护与修复重大工程

（一）国家生态安全屏障保护与修复。

（二）大规模国土绿化。

（三）草原保护与修复。

（四）湿地保护与修复。

（五）重点流域环境综合治理。

（六）荒漠化、石漠化、水土流失综合治理。

（七）农村土地综合整治。

（八）重大地质灾害隐患治理。

（九）生物多样性保护。

（十）近岸海域综合治理。

（十一）兴林富民行动。

专栏十　乡村文化繁荣兴盛重大工程

（一）农耕文化保护传承。

（二）戏曲进乡村。

（三）贫困地区村综合文化服务中心建设。

（四）中国民间文化艺术之乡。

（五）古村落、古民居保护利用。

（六）少数民族特色村寨保护与发展。

（七）乡村传统工艺振兴。

（八）乡村经济社会变迁物证征藏。

专栏十一　乡村治理体系构建计划

（一）乡村便民服务体系建设。

（二）"法律进乡村"宣传教育。

（三）"民主法治示范村"创建。

（四）农村社会治安防控体系建设。

（五）乡村基层组织运转经费保障。

专栏十二　农村基础设施建设重大工程

　　（一）农村公路建设。
　　（二）农村交通物流基础设施网络建设。
　　（三）农村水利基础设施网络建设。
　　（四）农村能源基础设施建设。
　　（五）农村新一代信息网络建设。

专栏十三　乡村就业促进行动

　　（一）农村就业岗位开发。
　　（二）农村劳动力职业技能培训。
　　（三）城乡职业技能公共实训基地建设。
　　（四）乡村公共就业服务体系建设。

专栏十四　农村公共服务提升计划

　　（一）乡村教育质量提升。
　　（二）健康乡村计划。
　　（三）全民参保计划。
　　（四）农村养老计划。

专栏十五　乡村振兴人才支撑计划

　　（一）农业科研杰出人才计划和杰出青年农业科学家项目。
　　（二）乡土人才培育计划。
　　（三）乡村财会管理"双基"提升计划。
　　（四）"三区"人才支持计划。

专栏十六　乡村振兴金融支撑重大工程

　　（一）金融服务机构覆盖面提升。
　　（二）农村金融服务"村村通"。
　　（三）农村金融产品创新。
　　（四）农村信用体系建设。

第二章
完善设计开新局

党的十九大提出实施乡村振兴战略以来，国家颁布《中华人民共和国乡村振兴促进法》（2021年6月1日生效），中央连续以乡村振兴为主题印发五个一号文件（2018—2022年），还有《中共中央、国务院关于实现巩固拓展脱贫攻坚成果同乡村振兴有效衔接的意见》及相关配套政策、《中国共产党农村工作条例》、《乡村振兴战略规划（2018—2022年）》等，共同构成实施乡村振兴战略的"四梁八柱"。这一系列法律、条例、规划、政策文件的不断付诸实施，奠定了乡村振兴开新局的制度基础。本章以习近平总书记关于乡村振兴的重要指示为指引，对乡村振兴的顶层设计进行全面解读。

习近平总书记强调指出，全面实施乡村振兴战略的深度、广度、难度都不亚于脱贫攻坚，必须加强顶层设计，以更有力的举措、汇聚更强大的力量来推进。①2020年底，党中央决定将扶贫工作机构重组为乡村振兴部门，至2021年6月，全国乡村振兴工作机构体系组建基本完成。同年6月1日，我国第一部以"乡村振兴"命名的基础性、综合性法律——《中华人民共和国乡村振兴促进法》生效，与2018年以来五个中央一号文件、《乡村振兴战略规划（2018—2022年）》、《中国共产党农村工作条例》，共同构成实施乡村振兴战略的"四梁八柱"。随着《中共中央、国务院关于实现巩固拓展脱贫攻坚成果同乡村振兴有效衔接的意见》及各部门相关配套政策的相继印发，从脱贫攻坚到乡村振兴的历史性转移全面启动，乡村振兴战略的实施进入了新阶段。

一、《中华人民共和国乡村振兴促进法》

《中华人民共和国乡村振兴促进法》（以下称《乡村振兴促进法》）由中华人民共和国第十三届全国人民代表大会常务委员会第二十八次会议于2021年4月29日通过并公布，自2021年6月1日起施行。《乡村振兴促进法》由10章组成，分别是总则、产业发展、人才支撑、文化繁荣、生态保护、组织建设、城乡融合、扶持措施、监督检查和附则，共74条。《乡村振兴促进法》立足新发展阶段，全面总结了这些年来我国"三农"工作的法治实践，是我国第一部直接以"乡村振兴"命名的"三农"领域的基础性、综合性法律，填补了我国乡村振兴领域的立法空白，标志着乡

---

① 《习近平在中央农村工作会议上强调　坚持把解决好"三农"问题作为全党工作重中之重　促进农业高质高效乡村宜居宜业农民富裕富足》，《人民日报》2020年12月30日。

村振兴战略迈入有法可依、依法实施的新阶段。

（一）把握《乡村振兴促进法》的特征和意义

从特征特色看，《乡村振兴促进法》突出体现在三个方面：一是《乡村振兴促进法》是以增加农民收入、提高农民生活水平、提升农村文明程度为核心的振兴法，不只是促进经济发展，而是要推动农业全面升级、农村全面进步、农民全面发展。二是这部法律要解决好农业农村承担的保障好农产品供给安全、保护好农村生态屏障安全、传承好中国农村优秀传统文化等历史任务，明确农业农村发展在国家发展中的战略定位。三是全面加强农村社会主义精神文明建设，坚持农民主体地位，全面提升新时代农民素质，培养一代又一代高素质的新型农民。

从法律出台的意义看，集中体现在三个方面：第一，《乡村振兴促进法》是实施乡村振兴战略的法治基石。《乡村振兴促进法》与2018—2022年的中央一号文件、《乡村振兴战略规划（2018—2022年）》、《中国共产党农村工作条例》，共同构成实施乡村振兴战略的"四梁八柱"，而且是"顶梁柱"。第二，《乡村振兴促进法》是实施乡村振兴战略的法治保障。《乡村振兴促进法》将党中央、国务院关于乡村振兴的重大决策部署和各地行之有效的实践经验法定化、制度化，对产业发展、人才支撑、文化繁荣、生态保护、组织建设等乡村振兴重点任务作出了全方位的规定，既指明了鼓励倡导的方向路径，又划出了禁止限制的底线红线。第三，《乡村振兴促进法》是实施乡村振兴战略的法治利器。《乡村振兴促进法》强化了各级政府及有关部门推进乡村振兴的职责和任务，并对建立考核评价、年度报告、监督检查等制度规定了具体要求，为推动乡村振兴提供了有力抓手。

（二）理解《乡村振兴促进法》的重点内容

以法律实施促进乡村产业、人才、文化、生态、组织"五大振兴"。乡村振兴是兴旺的产业、良好的设施、繁荣的文化、优美的环境、文明的乡风,是农业高质高效、乡村宜居宜业、农民富裕富足的全面振兴。《乡村振兴促进法》按照"五大振兴"的布局安排,用5章38条对乡村产业、人才、文化、生态、组织等的振兴作出具体规定,把农业强、农村美、农民富的目标要求用法律制度固定下来,而且是法律的主体部分。

以法律实施促进农业多种功能拓展、乡村多元价值提升。"三农"工作的基础性、战略性、重要性,根植于农业的多种功能,源自乡村的多元价值。《乡村振兴促进法》对发挥乡村特有功能作出明确规定,一是保障农产品供给安全。农产品是人们基本生活资料的主要来源,农产品保供保的是生命安全、生存安全,是最根本、最基础的安全。法律规定要坚持藏粮于地、藏粮于技,重点解决好种子和耕地两个要害问题,建设旱涝保收、稳产高产的高标准农田,完善农业支持保护制度,实行粮食安全党政同责,确保粮食产量保持在1.3万亿斤以上。二是保护农村生态屏障安全。我国乡村占国土面积的97%以上,承担着为国家、为城市提供生态屏障和生态产品的重要功能。法律规定要加强农村生态环境保护,持续推进农业面源污染防治,统筹山水林田湖草沙系统治理,推行绿色发展方式和生活方式,再现山清水秀、天蓝地绿、村美人和的美丽画卷。三是传承中国农村优秀传统文化。我国农耕文化源远流长,是维系中华民族文化基因的重要纽带。法律规定要传承发扬农村优秀传统文化,加大农业文化遗产和非物质文化遗产保护力度,加强历史文化名镇名村、传统村落和乡村风貌保护,引导发展特色鲜明、优势突出的乡村文化产业。

以法律实施促进高素质新型农民培育、保障维护农民合法权益。一是加强农村社会主义精神文明建设。农村现代化既包括"物"的现代化,也包括"人"的现代化。乡村振兴,农民群众是主体,必须坚持扶志与扶智相结合,着力提振新征程上农民的精气神,全面提升新时代农民整体素质。二是坚持农民主体地位这个关键。坚持农民主体地位、充分尊重农民意愿、保障农民民主权利和其他合法权益，是贯穿《乡村振兴促进法》始终的一条主线和根本原则。三是对农村思想政治、道德文化、社会文明等建设提出明确要求。

（三）实施《乡村振兴促进法》

法律的生命力在于实施。

广泛宣传《乡村振兴促进法》，让各级干部特别是农村基层干部，以及广大农民群众充分认识这部法律的重要意义，了解法律确立的政策措施和制度，是法律有效贯彻实施的重要前提。

实施《乡村振兴促进法》有以下这些要点：

因地制宜促进乡村产业发展，促进农村一二三产业融合发展，确保粮食安全，因地制宜促进乡村产业发展，破解用地难、贷款难等难题，提升乡村产业链供应链现代化水平，健全完善产业联农带农机制，让农民更多分享产业增值收益，进一步增加农民收入、提高农民生活水平。

培养造就新型职业农民队伍，广泛依靠农民、教育引导农民、组织带动农民，投身乡村振兴、建设美好家园。健全乡村人才工作体制机制，大力培养本土人才，引导城市人才下乡，推动专业人才服务乡村，吸引各类人才在乡村振兴中建功立业。

推进城乡公共文化服务体系一体建设，增加农村公共文化服务总量供给，提高农村公共文化服务的便利性、可及性。传承好农村优秀传统文化，倡导科学健康的生产生活方式，引导特色鲜明、优势突出的乡村文化产业发展。

实施乡村建设行动，完善乡村水电路气房讯等基础设施，稳妥有序推进农村改厕、生活垃圾处理和污水治理。加强农村生态环境保护，推行绿色发展方式和生活方式，加强农业面源污染防治，持续改善农村人居环境。

加强农村基层政权建设，建立健全党领导下自治、法治、德治相结合的乡村社会治理体系，建设充满活力、和谐有序的善治乡村，巩固和确保党长期执政的基层基础。

保障好维护好农民的合法权益，解决好农民群众关心关切的利益问题，让农民吃上长效"定心丸"。

二、全面推进乡村振兴整体设计

党的十九届五中全会提出，优先发展农业农村，全面推进乡村振兴。要求坚持把解决好"三农"问题作为全党工作重中之重，走中国特色社会主义乡村振兴道路，全面实施乡村振兴战略，强化以工补农、以城带乡，推动形成工农互促、城乡互补、协调发展、共同繁荣的新型工农城乡关系，加快农业农村现代化。

（一）乡村振兴的历史方位

实施乡村振兴战略是解决我国社会主要矛盾的时代要求。我国发展最大的不平衡是城乡发展不平衡，最大的不充分是农村发展不充分。从"三农"工作本身看，当前农业基础还比较薄弱，农民年龄知识结构不合理，而农村社会建设和乡村治理方面存在的问题则更为突出。从城乡关系层面看，同快速推进的工业化、城镇化相比，我国农业农村发展步伐还跟不上。如果只顾一头，不顾另一头，一边是越来越现代化的城市，一边却是越来越萧条的农村，那也不能算是实现了中华民族伟大复兴。

实施乡村振兴战略是我们党践行初心使命的历史选择。中国共产党人的初心和使命，就是为中国人民谋幸福，为中华民族谋复兴。我们党成立以后就一直把依靠农民、为亿万农民谋幸福作为重要使命。新中国成立后，我们自力更生，依靠农业农村支持，建立起比较完整的工业体系和国民经济体系。改革开放以来，我们依靠农村劳动力、土地、资源等要素，快速推进工业化、城镇化，城镇面貌发生了翻天覆地的变化。党的十八大以来，我们全面深化农村改革，加快推进农业现代化，加快建设美丽宜居乡村，深入推进城乡发展一体化，农业农村发展取得了有目共睹的成就，广大农民得到了实实在在的收益。党的十九大提出，必须始终让改革成果更多更公平惠及全体人民。我们要牢记亿万农民对革命、建设、改革作出的巨大贡献，把乡村建设好，让亿万农民有更多获得感。展望2035年，人民生活更加美好，人的全面发展、全体人民共同富裕取得更为明显的实质性进展，这里也不能少了广大农民。

实施乡村振兴战略是全面建设社会主义现代化国家的全局性任务。在现代化进程中，如何处理好工农关系、城乡关系，在一定程度上决定着现代化的成败。农业强不强、农村美不美、农民富不富，决定着亿万农民的获得感和幸福感，决定着我国全面小康社会的成色和社会主义现代化的质量。这些年我国农业农村现代化水平虽有很大提高，但远远滞后于迅速推进的工业化、城镇化进程，与发达国家相比差距就更大。一个国家不管城市建设得多好，如果农业落后、农民贫困、农村凋敝，都不能算是现代化国家。

实施乡村振兴战略是构建新发展格局的有力支撑。如期实现第一个百年奋斗目标并向第二个百年奋斗目标迈进，最艰巨最繁重的任务在农村，最广泛最深厚的基础在农村，最大的潜力和后劲也在农村。党的十八大以来，以习近平同志为核心的党中央团结带领全党全国各族人民，组织实施了人类历史上规模最大、力度最强的脱贫攻坚战，如期完成了新时代脱贫攻坚目标任务，促使贫困群众收入水平显著提高，贫困地区基础设施显著改善、公共服务水平明显提升、经济社会加快发展。农业农村发展取得的历史性成就、发生的历史性变革，为促进经济社会持续健康发展奠定了坚实基础，为党和国家事业开创新局面提供了有力支撑。近几年，随着全球政治经济环境变化，逆全球化趋势加剧，有的国家大搞单边主义、保护主义，传统国际循环明显弱化。在这种情况下，必须把发展立足点放在国内，更多依靠国内市场实现经济发展。因此，中央作出"加快构建以国内大循环为主体、国内国际双循环相互促进的新发展格局"的重大决策。实施乡村振兴战略，促进农业发展、农民增收，完善农村基础设施和公共服务，既能增加消费需求，又能扩大有效投资，还能依托农村丰富的资源要素培育大量新产业、新业态、新模式，从而为更好推动农村供给侧结构性改革注入新活力，为宏观经济、社会发展提供新动力，有力推动新发展格局形成。

实施乡村振兴战略是实现国家治理体系和治理能力现代化的内在要求。没有农业农村现代化，就没有整个国家现代化。农村现代化既包括"物"的现代化，也包括"人"的现代化，还包括乡村治理体系和治理能力的现代化。实施乡村振兴战略，加强农村基层基础工作，健全乡村治理体系，确保广大农民安居乐业、农村社会安定有序，有利于打造共建共治共享的现代社会治理格局，推进国家治理体系和治理能力现代化。

实施乡村振兴战略也是为全球解决乡村问题贡献中国智慧和中国方案。乡村衰退导致的"乡村病"、城市贫民窟是一个全球共同面临的挑战。从世界各国看，在现代化过程中，乡村必然要经历一场痛苦的蜕变和重生。迄今为止，还没有哪个发展中大国能够解决好农业农村农民现代化问题。我国干好乡村振兴事业，本身就是对全球的重大贡献。

（二）乡村振兴的发展方向

一项事业发展的指导思想和目标任务决定了该项事业的发展方向。《乡村振兴战略规划（2018—2022年）》明确了乡村振兴的指导思想，就是深入贯彻习近平新时代中国特色社会主义思想，深入贯彻党的十九大和十九届二中、三中全会精神，加强党对"三农"工作的全面领导，坚持稳中求进工作总基调，牢固树立新发展理念，落实高质量发展要求，紧紧围绕统筹推进"五位一体"总体布局和协调推进"四个全面"战略布局，坚持把解决好"三农"问题作为全党工作重中之重，坚持农业农村优先发展，按照产业兴旺、生态宜居、乡风文明、治理有效、生活富裕的总要求，建立健全城乡融合发展体制机制和政策体系，统筹推进农村经济建设、政治建设、文化建设、社会建设、生态文明建设和党的建设，加快推进乡村治理体系和治理能力现代化，加快推进农业农村现代化，走中国特色社会主义乡村振兴道路，让农业成为有奔头的产业，让农民成为有吸引力的职业，让农村成为安居乐业的美丽家园。

按照到2020年实现全面建成小康社会和分两个阶段实现第二个百年奋斗目标的战略部署，2018年至2022年这五年间，既要在农村实现全面小康，又要为基本实现农业农村现代化开好局、起好步、打好基础。到2022年，乡村振兴的制度框架和政策体系初步健全。国家粮食安全保障水平进一步提高，现代农业体系初步构建，农业绿色发展全面推进；农村一二三产业融合发展格局初步形成，乡村产业加快发展，农民收入水平进一步提高，脱贫攻坚成果得到进一步巩固；农村基础设施条件持续改善，城乡统一的社会保障制度体系基本建立；农村人居环境显著改善，生态宜居的美丽乡村建设扎实推进；城乡融合发展体制机制初步建立，农村基本公共服务水平进一步提升；乡村优秀传统文化得以传承和发展，农民精神文化生活需求基本得到满足；以党组织为核心的农村基层组织建设明显加强，乡村治理能力进一步提升，现代乡村治理体系初步构建。探索形成一批各具特色的乡村振兴模式和经验，乡村振兴取得阶段性成果。到2035年，乡村振兴取得决定性进展，农业农村现代化基本实现。到2050年，乡村全面振兴，农业强、农村美、农民富全面实现。

（三）实施乡村振兴战略的基本原则

主要包括坚持党管农村工作，坚持农业农村优先发展，坚持农民主体地位，坚持乡村全面振兴，坚持城乡融合发展，坚持人与自然和谐共生，坚持因地制宜、循序渐进，坚持改革创新、激发活力。

（四）乡村振兴的重点内容

乡村振兴是包括产业振兴、人才振兴、文化振兴、生态振兴、组织振兴的全面振兴，是"五位一体"总体布局、"四个全面"战略布局在"三农"工作中的体现。我们要统筹推进农村经济建设、政治建设、文化建设、社会建设、生态文明建设和党的建设，促进农业全面升级、农村全面进步、农民全面发展。

乡村振兴，产业兴旺是重点。乡村产业是根植于乡村，以农业农村资源为依托，以农民为主体，以一二三产业融合发展为核心，彰显地域特色、体现乡村气息、承载乡村价值、适应现代需要的产业。乡村产业既包括农产品的种养、加工和流通，也包括传统农村手工业，还包括农村小商业、小集市，以及乡村旅游、休闲农业等。发展乡村产业是促进乡村振兴的根本所在。只有实现产业兴旺，才能让农业经营有效益、成为有奔头的产业，才能让农民就近增收致富、成为有吸引力的职业，才能让农村留得住人、成为安居乐业的美丽家园。

乡村振兴，生态宜居是关键。实施乡村振兴战略，统筹山水林田湖草沙系统治理，加快推行乡村绿色发展方式，加强农村人居环境整治，有利于构建人与自然和谐共生的乡村发展新格局，实现百姓富、生态美的统一。乡村建设是促进乡村振兴的重要基础性工作和综合性举措。乡村建设不仅有利于改善乡村发展面貌，对推进乡村产业、人才、文化、生态、组织"五个振兴"也都具有重要作用。必须像抓城镇建设那样下大力气推进乡村建设，加快补上这块突出短板，为推进乡村全面振兴奠定坚实基础。

乡村振兴，乡风文明是保障。乡村振兴是传承中华优秀传统文化的有效途径。中华文明根植于农耕文化，乡村是中华文明的基本载体。实施乡村振兴战略，深入挖掘农耕文化蕴含的优秀思想观念、人文精神、道德规范，结合时代要求在保护传承的基础上创造性转化、创新性发展，有利于在新时代焕发出乡风文明的新气象，进一步丰富和传承中华优秀传统文化。

乡村振兴，治理有效是基础。乡村处在贯彻执行党的路线方针的末端，是我们党执政大厦的地基。加强乡村治理是夯实党在农村执政根基的固本之策。要从战略和全局出发，以充分发挥基层党组织核心作用为基础，加强和创新乡村治理，巩固党在农村的执政基础。

乡村振兴，生活富裕是根本。农业农村工作，说一千、道一万，增加农民收入是关键。增加农民收入是"三农"工作的中心任务。农民的钱袋子鼓起来了没有，是检验农业供给侧结构性改革成效、乡村振兴效果的重要尺度。要广辟农民增收致富门路，防止农民增收势头出现逆转。到2050年把我国建成富强民主文明和谐美丽的社会主义现代化强国，基础在"三农"，必须让亿万农民在共同富裕的道路上赶上来。在全面建设社会主义现代化国家新征程中，必须始终让改革发展成果更多更公平惠及全体人民，朝着实现共同富裕不断迈进。

三、乡村振兴的政策框架

2017年12月习近平总书记在中央农村工作会议上强调，"走中国特色社会主义乡村振兴道路"。提出"重塑城乡关系，走城乡融合发展之路"，"巩固和完善农村基本经营制度，走共同富裕之路"，"深化农业供给侧结构性改革，走质量兴农之路"，"坚持人与自然和谐共生，走乡村绿色发展之路"，"传承发展提升农耕文明，走乡村文化兴盛之路"，"创新乡村治理体系，走乡村善治之路"，"打好精准脱贫攻坚战，走中国特色减贫之路"。[1]这七条"之路"为乡村振兴政策框架的顶层设计和各项具体政策出台提供了遵循和指引。

---

[1] 参见习近平：《论"三农"工作》，中央文献出版社2022年版，第241—260页。

（一）产业就业政策体系

守住国家粮食安全底线。中国人的饭碗要牢牢端在自己手上，饭碗主要装中国粮。一是健全粮食安全保障机制。二是加强耕地保护和建设。三是提升农业装备和信息化水平。

壮大优势特色产业。走质量兴农之路，要突出农业绿色化、优质化、特色化、品牌化。一是加快培育优势特色农业。二是保障农产品绿色安全。三是培育提升农业品牌。

大力推动农村一二三产业融合发展。发掘乡村新功能新价值，深入推进农业产业化，大力发展服务"三农"的乡村服务业。积极发展新产业新业态新模式，如大力推进农业与旅游休闲、农耕体验、文化传承、健康养生等深度融合，把现代信息技术引入农业产加销各个环节，发展农村电商等，积极培育特色消费、现代供应链、共享经济、体验服务等新增长点。鼓励在乡村地区兴办环境友好型企业，实现乡村经济多元化。提高农村电子商务发展水平。创新产业组织方式，做好组织保障。

在产业融合中扭住利益联结机制。通过保底分红、股份合作、利润返还等多种形式，让农民合理分享全产业链增值收益。

促进农村劳动力就业。坚持就业优先战略和积极就业政策，健全城乡均等的公共就业服务体系，不断提升农村劳动者素质，拓展农民外出就业和就地就近就业空间，实现更高质量和更充分就业。一是实施乡村就业创业促进行动。二是拓宽转移就业渠道。三是强化乡村就业服务。四是完善制度保障体系。

（二）生态环保政策体系

牢固树立和践行"绿水青山就是金山银山"的理念，坚持尊重自然、顺应自然、保护自然，统筹山水林田湖草沙系统治理，加快转变生产生活方式。建设生活环境整洁优美、生态系统稳定健康、人与自然和谐共生的生态宜居美丽乡村。推动形成与资源环境承载力相匹配、生产生活生态相协调的农业农村可持续发展新格局。

推进农业绿色发展。以生态环境友好和资源永续利用为导向，推动形成农业绿色生产方式，实现投入品减量化、生产清洁化、废弃物资源化、产业模式生态化，提高农业可持续发展能力。在政策上，要强化节水、节地、节动植物资源，推进农业清洁生产，集中治理农业环境突出问题，打造乡村生态产业链。

改善农村生活环境。实施好《农村人居环境整治三年行动方案》，明确目标、落实责任，聚焦农村生活垃圾处理、生活污水处理、村容村貌整治，梯次推动乡村山水林田路房整体改善。在政策设计和落实中，要因地制宜、分类指导，示范先行、有序推进，注重保护、留住乡愁，以村民为主体，激发动力，建管并重、长效运行，落实责任、形成合力。

加强生态保护修复。政策着力点主要是实施重要生态系统保护和修复重大工程，健全重要生态系统保护制度，健全生态保护补偿机制。

（三）精神文明建设政策体系

乡村振兴，既要塑形，也要铸魂。

加强农村思想道德建设。要弘扬和践行社会主义核心价值观，巩固农村思想文化阵地，倡导诚信道德规范。

弘扬中华优秀传统文化。一要保护利用乡村传统文化，二要重塑乡村文化生态，三要发展乡村特色文化产业。

实施乡风文明培育行动。弘扬崇德向善、扶危济困、扶弱助残等传统美德，培育淳朴民风。开展好家风建设，传承传播优良家训。全面推行移风易俗，整治农村婚丧大操大办、高额彩礼、铺张浪费、厚葬薄养等不良习俗。破除丧葬陋习，树立殡葬新风，推广与保护耕地相适应、与现代文明相协调的殡葬习俗。加强村规民约建设，强化党组织领导和把关，实现行政村村规民约全覆盖。

（四）乡村治理政策体系

到2035年，乡村公共服务、公共管理、公共安全保障水平显著提高，党组织领导的自治、法治、德治相结合的乡村治理体系更加完善，乡村社会治理有效、充满活力、和谐有序，乡村治理体系和治理能力基本实现现代化。

加强党组织领导。重点是完善村党组织领导乡村治理的体制机制，规范村级组织工作事务，全面实施村级事务阳光工程，提升乡镇和村为农服务能力，支持多方主体参与乡村治理。

加强自治。主要是增强村民自治组织能力，丰富村民议事协商形式。

加强德治。在实行自治和法治的同时，注重发挥好德治的作用，推动礼仪之邦、优秀传统文化和法治社会建设相辅相成。深入实施公民道德建设工程，加强社会公德、职业道德、家庭美德和个人品德教育。大力开展文明村镇、农村文明家庭、星级文明户、五好家庭等创建活动，广泛开展农村道德模范、最美邻里、身边好人、新时代好少年、寻找最美家庭等选树活动，开展乡风评议，弘扬道德新风。

加强法治。推进乡村法治建设，建设平安乡村，健全乡村矛盾纠纷调处化解机制。

（五）城乡融合政策体系

要把乡村振兴战略这篇大文章做好，必须走城乡融合发展之路。

推动农村基础设施建设提档升级。重点是改善农村交通物流设施条件，加强农村水利基础设施网络建设，构建农村现代能源体系，夯实乡村信息化基础。

优先发展农村教育事业。重点包括：提升农村各阶段各类型教育的质量，建立城乡教育资源均衡配置机制，积极发展"互联网+教育"。

推进健康乡村建设。主要是健全农村基层医疗卫生服务体系，加强乡村医疗卫生人才队伍建设，加强医疗帮扶。

加强农村社会保障体系建设。按照兜底线、织密网、建机制的要求，全面建成覆盖全民、城乡统筹、权责清晰、保障适度、可持续的多层次社会保障体系。持续推动完善城乡统一的社会保险制度，建立健全统筹城乡社会的救助体系。

健全城乡公共文化服务体系。统筹城乡公共文化设施布局、服务提供、队伍建设，推动文化资源重点向乡村倾斜，提高服务的覆盖面和适用性。

（六）农村基本经营制度政策体系

农村基本经营制度是乡村振兴的制度基础。要坚持农村土地集体所有，坚持家庭经营基础性地位，坚持稳定土地承包关系，完善农村产权制度，健全农村要素市场化配置机制，实现小农户和现代农业发展有机衔接。

完善农村承包地"三权分置"制度。要改革完善农村承包地制度，在依法保护集体所有权和农户承包权的前提下，平等保护并进一步放活土地经营权。建立农村产权交易平台，健全土地流转规范管理制度，强化规模经营管理服务，允许土地经营权入股从事农业产业化经营。加强农用地用途管制。完善集体林权制度，鼓励发展家庭林场、股份合作林场。

发展复合型农业经营体系。在创新农业经营体系方面，广大农民在实践中创造了多种多样的新形式，如专业大户、家庭农场、专业合作、股份合作、农业产业化经营等。从各地实践看，各种经营主体、各种经营形式，各有特色、各具优势，在不同地区、不同产业、不同环节都有各自的适应性和发展空间，不能只追求一个模式、一个标准。要根据各地实际，根据不同农产品生产特点，让农民自主选择他们满意的经营形式。不断探索农村土地集体所有制的有效实现形式，落实集体所有权、稳定农户承包权、放活土地经营权，加快构建以农户家庭经营为基础、合作与联合为纽带、社会化服务为支撑的立体式复合型现代农业经营体系。

着力培育新型农业经营主体。发展多种形式适度规模经营，培育新型农业经营主体，是建设现代化农业的前进方向和必由之路。实施新型农业经营主体培育工程，鼓励通过多种形式开展适度规模经营，构建家庭经营、集体经营、合作经营、企业经营等共同发展的新型农业经营体系。

促进小农户和现代农业发展有机衔接。充分认识"大国小农"基本国情农情，扶持小农户发展生产，支持小农户提升生产经营组织化程度，注重发挥新型农业经营主体带动作用，通过农业社会化生产性服务业实现小农户和现代农业发展相联结。

（七）中国特色扶贫开发政策体系

党的十八大以来，以习近平同志为核心的党中央把脱贫攻坚作为实现第一个百年奋斗目标的标志性指标和全面建成小康社会必须完成的硬任务，打好精准脱贫攻坚战，走中国特色减贫之路。在精准扶贫方略指引下，全党全国各族人民团结奋斗、攻坚克难，如期完成新时代脱贫攻坚目标任务，历史性解决了困扰中华民族几千年的绝对贫困问题，为全球减贫事业贡献了中国智慧和中国方案，在人类减贫史上展现了中国担当、作出了中国贡献。习近平总书记强调："脱贫摘帽不是终点，而是新生活、新奋斗的起点。"①"2020年全面建成小康社会之后，我们将消除绝对贫困，但相对贫困仍将长期存在。到那时，现在针对绝对贫困的脱贫攻坚举措要逐步调整为针对相对贫困的日常性帮扶措施，并纳入乡村振兴战略架构下统筹安排。这个问题要及早谋划、早作打算。"②

---

① 习近平：《论"三农"工作》，中央文献出版社2022年版，第322页。
② 习近平：《论"三农"工作》，中央文献出版社2022年版，第280页。

四、乡村振兴的组织保障

（一）坚持党的全面统一领导

办好农村的事情，实现乡村振兴，关键在党。必须提高党把方向、谋大局、定政策、促改革的能力和定力，确保党始终总揽全局、协调各方，提高新时代党全面领导农村工作的能力和水平。

1. 完善党领导"三农"工作体制机制

各级党委和政府要坚持工业农业一起抓、坚持城市农村一起抓，并把农业农村优先发展的要求落到实处，在干部配备上优先考虑，在要素配置上优先满足，在资金投入上优先保障，在公共服务上优先安排。要健全党委全面统一领导、政府负责、党委农村工作部门统筹协调的农村工作领导体制。按照《中国共产党工作机关条例（试行）》有关规定，做好党的农村工作机构设置和人员配置工作，充分发挥决策参谋、统筹协调、政策指导、推动落实、督导检查等职能。

2. 建立实施乡村振兴战略领导责任制

实行中央统筹、省负总责、市县抓落实的工作机制。县委书记要把主要精力放在抓"三农"工作上，当好乡村振兴"一线总指挥"。各级党委和政府主要领导要切实负担起实施乡村振兴战略的领导责任，健全有关领导体制，把党管农村工作的要求落到实处。

3. 强化各级党委和政府责任

各级党委和政府要切实按照党中央、国务院的要求，以强有力的组织领导和政策举措，确保乡村振兴各项任务落实落地。省级党委和政府要对本地乡村振兴负总责，抓好目标确定、项目下达、资金投放、组织动员等工作；县级党委和政府要负起抓落实责任，抓好项目落地、资金使用、推进实施等具体工作。

4. 明确国家层面专责部门

《乡村振兴促进法》明确，国务院农业农村主管部门负责全国乡村振兴促进工作的统筹协调、宏观指导和监督检查。

5. 落实各级相关部门责任

各级党委农村工作部门要切实履行好牵头抓总职责，加强对实施乡村振兴战略的统筹协调。

6. 开展表彰奖励

对在乡村振兴促进工作中做出显著成绩的单位和个人，按照国家有关规定给予表彰和奖励。

（二）建立考核报告制度

1. 完善考核制度

《乡村振兴促进法》提出目标责任制和四层考核制度。国家实行乡村振兴战略实施目标责任制和考核评价制度。上级人民政府应当对下级人民政府实施乡村振兴战略的目标完成情况等进行考核，考核结果作为领导班子和领导干部综合考核评价的重要内容，还要把巩固拓展脱贫攻坚成果纳入乡村振兴考核范围。脱贫攻坚任务完成后，脱贫地区开展乡村振兴考核时要把巩固拓展脱贫攻坚成果纳入市县党政领导班子和领导干部推进乡村振兴战略实绩考核范围。要与高质量发展综合绩效评价做好衔接，科学设置考核指标，切实减轻基层负担。强化考核结果运用，将考核结果作为干部选拔任用、评先奖优、问责追责的重要参考。

2. 完善评估制度

因地制宜建立客观反映乡村振兴进展的指标和统计体系。县级以上地方人民政府应当对本行政区域内乡村振兴战略实施情况进行评估。

3. 完善报告制度

《乡村振兴促进法》明确，省、自治区、直辖市人民政府每年向国务院报告乡村振兴战略实施情况，省级以下各级人民政府每年向上级人民政府报告乡村振兴战略实施情况。县级以上各级人民政府应当向本级人民代表大会或者其常务委员会报告乡村振兴促进工作进展情况。乡镇人民政府应当向本级人民代表大会报告乡村振兴促进工作进展情况。

（三）健全多元投入保障机制

1. 继续坚持财政优先保障

一是各级财政要持续增加投入。要建立健全实施乡村振兴战略财政投入保障制度，明确和强化各级政府"三农"投入责任，公共财政更大力度向"三农"倾斜，确保财政投入与乡村振兴目标任务相适应。县级以上人民政府应当优先保障用于乡村振兴的财政投入，确保投入力度不断增强，总量持续增加，与乡村振兴目标任务相适应。二是加快建立涉农资金统筹整合长效机制。要解决支农项目支离破碎的问题，就要加快建立涉农资金统筹整合长效机制，加强资金绩效管理。要优化财政供给结构，推进行业内资金整合与行业间资金统筹相互衔接配合，增加地方自主统筹空间。创新资金使用方式，采用以奖代补、先建后补等方式，提高资金使用效能。探索撬动更多社会资金的有效方式，撬动金融和社会资本更多投向乡村振兴，切实提高国家财政支农资金使用效益。三是支持地方政府扩宽融资渠道。加大政府投资对农业绿色生产、可持续发展、农村人居环境、基本公共服务等重点领域和薄弱环节支持力度，充分发挥投资对优化供给结构的关键性作用。

2. 加大金融重点倾斜力度

坚持农村金融改革发展的正确方向，健全适合农业农村特点的农村金融体系，完善真正适合农业农村特点的农村金融机构、金融产品、金融服务和激励约束相关政策，推动农村金融机构回归本源，把更多金融资源配置到农村经济社会发展的重点领域和薄弱环节，更好满足乡村振兴多样化金融需求。一是健全金融支农组织体系。深入推进银行业金融机构专业化体制机制建设，形成多样化农村金融服务主体。深入推进商业银行普惠金融事业部建设，加强专业化"三农"金融服务供给，依法合规加大对乡村振兴信贷支持。指导大型商业银行立足普惠金融事业部等专营机制建设,完善专业化的"三农"金融服务供给机制。国有大型商业银行要把普惠金融的重点放在农村。完善中国农业银行、中国邮政储蓄银行"三农"金融事业部运营体系,加大"三农"金融事业部对乡村振兴支持力度。明确国家开发银行、中国农业发展银行在乡村振兴中的职责定位,加大对乡村振兴信贷支持。支持中小型银行优化网点渠道建设,下沉服务重心。推动农村信用社省联社改革,保持农村信用社县域法人地位和数量总体稳定,完善村镇银行准入条件,提高农村金融服务的覆盖率、渗透度和便捷性。引导农民合作金融健康有序发展。鼓励证券、保险、担保、基金、期货、租赁、信托等金融资源聚焦服务乡村振兴。推进多层次、普惠性农业保险体系建设,提高农业大灾保险保障水平,完善农业保险再保险体系。二是创新金融支农产品和服务。加快农村金融产品和服务方式创新,防止脱实向虚倾向,严格管控风险,真正提高金融服务乡村振兴的能力和水平。稳妥有序推进农村承包土地经营权、农民住房财产权、集体经营性建设用地使用权抵押贷款试点。探索县级土地储备公司参与农村承包土地经营权和农民住房财产权"两权"抵押试点工作。充分发挥全国信用信息共享平台和金融信用信息基础数据库的作用,探索开发新型信用类金融支农产品和服务。结合农村集体产权制度改革,探索利用量化的农村集体资产股权的融资方式。提高直接融资比重,支持农业企业依托多层次资本市场发展壮大。创新服务模式,引导持牌金融机构通过互联网和移动终端提供普惠金融服务,促进金融科技与农村金融规范发展。三是完善金融支农激励政策。继续通过奖励、补贴、税收优惠等政策工具支持"三农"金融服务。落实县域金融机构涉农贷款增量奖励政策,完善涉农贴息贷款政策,降低农户和新型农业经营主体的融资成本。健全农村金融风险缓释机制,加快完善"三农"融资担保体系。充分发挥好国家融资担保基金的作用,强化担保融资增信功能,引导更多金融资源支持乡村振兴。

3. 加强土地支持政策

积极探索乡村振兴资金筹措新机制。一是调整完善土地出让收入使用范围，二是提高土地出让收益用于农业农村比例，三是完善农村新增用地保障机制，四是盘活农村存量建设用地，五是建立集体经营性建设用地入市制度。

4. 吸收促进社会资本投向乡村

一方面要优化环境，稳定政策预期，引导好、服务好、保护好工商资本下乡的积极性。另一方面，要设立必要的"防火墙"，防止跑马圈地、把农民挤出去，防止打擦边球、玩障眼法、钻政策和管理的空子，防止侵害农村集体产权、侵犯农民利益。要充分吸引社会资本投向农村，设计出好的投资项目和公益产品，广泛吸引民营企业、先富群体等各方面力量，引导工商资本下乡支持农业、带动农民，发展农产品加工营销、农业科技服务、休闲旅游等光靠农民做不了、做不好的产业，与农民建立契约型、股权型等利益联结机制，促进农民专业化生产。建立工商资本下乡促进机制，加快制定鼓励引导工商资本参与乡村振兴的指导意见，落实和完善融资贷款、配套设施建设补助、税费减免、用地等扶持政策，明确政策边界，保护好农民利益。

（四）强化人才支撑

着力抓好招才引智工作，实行更加积极、更加开放、更加有效的人才政策，促进各路人才"上山下乡"投身乡村振兴，推动乡村人才振兴，让各类人才在乡村大施所能、大展才华、大显身手。

1. 实施新型职业农民培育工程

特别是要让一部分年轻人热爱农村农业，培养造就一支新型职业农民队伍，优化农业从业者结构，改善农村人口结构。培育新型经营主体、发展适度规模经营，需要有一支宏大的爱农业、懂技术、善经营的新型职业农民队伍。培养新型职业农民队伍，解决好"谁来种地"问题，必须把立足点放在农村。全面建立职业农民制度，培养新一代爱农业、懂技术、善经营的新型职业农民，培育形成一批家庭农场、专业大户、农民合作社等建设现代农业的生力军。实施新型职业农民培育工程，加强对新型职业农民的教育培训。农业职业教育应面向乡村发展实际需求，加强专业和课程设置。创新培训组织形式，探索田间课堂、网络教室等培训方式，支持农民专业合作社、专业技术协会、龙头企业等主体承担培训任务。大力开展乡土人才示范培训，加快培育一批"土专家""田秀才"和产业发展带头人、农村电商人才，扶持一批农业职业经理人。

2. 实施引才回乡工程

想方设法创造条件，让农村的机会吸引人、让农村的环境留住人。建立健全激励机制，研究制定完善相关政策措施和管理办法，鼓励社会人才投身乡村建设。鼓励从农村出来的各类人才返乡创业。实施引才回乡工程，完善返乡创业支持保障体系，落实好减税降费政策，加快解决用地、信贷等困难，优化农村创业环境。

3. 合理引导城市各类人才下乡

城市各类人才和工商资本下乡，能为乡村带来技术、资金、理念、管理等现代要素，乡村对这些现代要素有需求，各类人才和工商资本发挥作用有空间。建立城市人才下乡激励机制。制定财政、金融、社会保障等激励政策，吸引各类人才返乡下乡创业。鼓励原籍普通高校和职业院校毕业生、外出农民工及经商人员回乡创业兴业。建立选派第一书记工作长效机制。建立城乡人才合作交流机制。继续实施"三区"（边远贫困地区、边疆民族地区和革命老区）人才支持计划。

4. 加强农村专业人才队伍建设

加强农技推广人才队伍建设，探索公益性和经营性农技推广融合发展机制。加强涉农院校和学科专业建设，大力培育农业科技、科普人才，深入实施农业科研杰出人才计划和杰出青年农业科学家项目，深化农业系列职称制度改革。落实好中共中央组织部等六部委《关于向国家乡村振兴重点帮扶县选派科技特派团的通知》，强化对160个重点县的科技和人才支撑。

（五）深化农村改革、城乡改革

改革是乡村振兴的重要法宝。坚决破除妨碍城乡要素自由流动和平等交换的体制机制壁垒，促进各类要素更多向乡村流动，在乡村形成人才、土地、资金、产业、信息汇聚的良性循环，让农村资源要素活跃起来，让广大农民的积极性和创造性迸发出来，让全社会支农助农兴农力量汇聚起来，为乡村振兴注入新动能。

1. 坚持扩面、提速、集成相结合

深化农村改革，一要扩面，不能就农村论农村，而要紧扣城乡关系重塑，对城乡改革作出统筹谋划，加快构建城乡融合发展体制机制和政策体系。二要提速，已经部署的农村改革要全面发力，看准了的要一抓到底，鼓励地方创新、尊重基层创造，可复制可推广的要加快在全国推开。三要集成，抓紧梳理各项改革措施，打出"组合拳"，形成整体"打法套路"，注意总结先进典型，发挥其对推动乡村振兴的示范作用。

2. 健全农业转移人口市民化机制

有力有序有效深化户籍制度改革，放开放宽除个别超大城市外的城市落户限制。加快实现城镇基本公共服务常住人口全覆盖。建立健全由政府、企业、个人共同参与的农业转移人口市民化成本分担机制，全面落实支持农业转移人口市民化的财政政策、城镇建设用地增加规模与吸纳农业转移人口落户数量挂钩政策，以及中央预算内投资安排向吸纳农业转移人口落户数量较多的城镇倾斜政策。维护进城落户农民土地承包权、宅基地使用权、集体收益分配权，支持引导其依法自愿有偿转让上述权益。提升城市包容性，推动农民工特别是新生代农民工融入城市。

3. 稳慎改革农村宅基地制度

加快完成房地一体的宅基地使用权确权登记颁证。探索宅基地所有权、资格权、使用权"三权分置"，落实宅基地集体所有权，保障宅基地农户资格权和农民房屋财产权，适度放活宅基地和农民房屋使用权。鼓励农村集体经济组织及其成员盘活利用闲置宅基地和闲置房屋。按照有关规定，允许县级政府优化村庄用地布局，有效利用乡村零星分散存量建设用地。推动各地制定省内统一的宅基地面积标准，探索对增量宅基地实行集约有奖、对存量宅基地实行退出有偿。

4. 建立科技成果入乡转化机制

健全涉农技术创新市场导向机制和产学研用合作机制，鼓励创建技术转移机构和技术服务网络，建立科研人员到乡村兼职和离岗创业制度，探索其在涉农企业技术入股、兼职兼薪机制。建立健全农业科研成果产权制度，赋予科研人员科技成果所有权。发挥政府引导推动作用，建立有利于涉农科研成果转化推广的激励机制与利益分享机制。探索公益性和经营性农业技术推广融合发展机制，允许农业技术人员通过提供增值服务合理取酬。

> **案例**
>
> ### 贵州省推动乡村振兴开新局的实践
>
> 党的十八大以来，贵州省深入贯彻落实习近平总书记关于扶贫工作的重要论述，举全省之力、聚各方之智、尽锐出战、务求精准，66个贫困县全部如期摘帽，923万贫困人口全部如期脱贫，192万人搬迁任务全部如期完成，"两不愁三保障"和饮水安全全面实现，彻底撕掉了千百年来的绝对贫困标签。3800多万贵州人民历史性地与全国人民一道迈入了小康社会、踏上了社会主义现代化国家建设新征程。
>
> 脱贫摘帽不是终点，而是新生活、新奋斗的起点。贵州省坚持把

习近平总书记关于乡村振兴重要指示和视察贵州重要讲话精神作为总遵循、总纲领、总指针，认真学习贯彻《中华人民共和国乡村振兴促进法》，贯彻落实党中央、国务院《关于全面推进乡村振兴加快农业农村现代化的意见》《关于实现巩固拓展脱贫攻坚成果同乡村振兴有效衔接的意见》等重要文件的有关部署，先后召开省委农村工作会议暨全省巩固拓展脱贫攻坚成果同乡村振兴有效衔接工作会议、全省领导干部会议、省委十二届九次全会等，认真学习贯彻、做好统筹部署、强化组织保障，有力有序巩固拓展脱贫攻坚成果，全面推进乡村振兴。

一、制定"1+5"行动方案，总体谋划乡村振兴开新局

"1"是指以全面推进乡村振兴五年行动为统领，"5"是指以巩固拓展脱贫攻坚成果、发展乡村产业、整治提升农村人居环境、推进乡风文明建设、加强乡村治理"五大行动"为支撑。

1. 全面推进乡村振兴五年行动。 旨在推进贵州省乡村全面振兴，提出了"坚持党的领导、农民主体""坚持规划引领、分类推进""坚持问题导向、精准施治""坚持典型引路、示范带动""坚持改革创新、激发活力"五大原则，设立了"一年起好步、三年有形象、五年大变样"的总目标，确立了"1+5"行动方案的重点支撑关系，明确了层层编制实施行动方案、建立长效机制和注重发挥市场作用三大要求，并将在组织、资金、改革、考评和宣传五个方面强化保障。

2. 巩固拓展脱贫攻坚成果五年行动。 旨在巩固脱贫成果、完善长效机制，重点实施巩固拓展产业扶贫成果、就业扶贫成果、"3+1"（即教育、医疗、住房和饮水）保障成果、易地扶贫搬迁成果、东西部协作和定点帮扶及社会力量帮扶成果等五类16项主要任务。

3. 发展乡村产业五年行动。 旨在以乡村产业振兴引领乡村全面振兴，聚焦标准化、规模化、品牌化、市场化目标，重点实施保障粮

油有效供给、促进一二三产业融合发展、深化农村改革、发展壮大市场经营体系等四类11项主要任务。

4. **整治提升农村人居环境五年行动。**旨在打造绿色生态宜居美丽乡村、持续改善提升农村人居环境，重点实施推进农村"厕所革命"、农村生活垃圾治理、农村生活污水治理、推进村容村貌提升、完善建设和管护机制等五类16项主要任务。

5. **推进乡风文明建设五年行动。**旨在培育形成农村地区文明乡风、良好家风、淳朴民风，重点实施加强农村思想政治和道德建设、深入开展文明村镇创建、加大农民科学教育和技术培训等三类7项主要任务。

6. **加强乡村治理五年行动。**旨在促进乡村治理体系和治理能力现代化，聚焦建设充满活力、和谐有序的乡村社会，重点实施突出农村基层党组织领导作用、增强村民自治能力、提升乡村德治水平、推进法治乡村建设、规范基层权力运行、强化为民服务保障等六类20项主要任务。

上述"1+5"行动方案明确了贵州推进乡村全面振兴的思路、目标、原则、重点和保障。"1+5"行动方案有以下特点：体系完备、重点突出，全面明确了贵州乡村振兴事业的工作任务，有针对性地设计了"五大行动"；目标清晰、任务翔实，每个行动方案都细化目标到2021年、2023年、2025年，目标定性定量结合，任务导向清晰、责任明确；原则一贯、保障有力，主要行动原则贯穿始终，每个行动方案都配备相应的保障力量，有不少"真金白银"的保障举措，有利于思想认识统一、工作重心把握、实施步调协调。"1+5"行动方案是贵州贯彻落实国家乡村振兴顶层设计的重大举措集合，是"十四五"期间贵州乡村振兴的路线图和施工表，为全国实施乡村振兴战略提供了借鉴。

二、推进各项重点工作，着力在实施乡村振兴上开新局

一是构建完善工作体制机制。 成立省委乡村振兴领导小组，省委书记、省长任双组长，省委专职副书记任常务副组长，同时建立省领导乡村振兴联系点制度。先后制发《关于全面推进乡村振兴加快农业农村现代化的实施意见》《关于实现巩固拓展脱贫攻坚成果同乡村振兴有效衔接的实施意见》《关于分类分级推进乡村振兴的指导意见》等重要文件。省市县三级乡村振兴局全部挂牌运行。分类分级确定省级乡村振兴引领示范县36个、重点推进县30个、夯实基础县20个。各市（州）县（区）对村（行政村）作了分类，例如六盘水市确定引领示范型村235个、重点推进型村443个、夯实基础型村294个。

二是持续巩固脱贫攻坚成果。 出台实施《关于健全防止返贫动态监测和帮扶机制的工作方案》，将42.1万脱贫不稳定人员纳入防返贫监测范围，新识别边缘易致贫人口751户3028人。组织发动328.6万脱贫人口务工，动态实现有劳动力户"一户一人"以上稳定就业。深化易地扶贫搬迁安置点基本公共服务、培训和就业服务等"五个体系"建设，将33.6万搬迁困难群众纳入城市低保，帮助90.54万搬迁群众实现就业。争取广东六市财政帮扶资金33.38亿元、40家中央单位投入帮扶资金5.94亿元。新选派驻村第一书记和驻村干部3.2万名，组建工作队1万个。

三是稳步发展乡村特色产业。 2021年上半年，贵州省12个农业特色优势产业发展深入推进，新增农业龙头企业916户、国家级现代农业产业园2个、特色优势产业集群2个，选派科技特派员2256名，第一产业增加值增长7%。着力发展各类休闲农旅产业。推广村党支部领办集体合作社，290余万脱贫群众与市场主体建立利益联结关系。六盘水市水城区着力建设猕猴桃"吨产园"，种植面积达15.26万亩。织金县重点发展皂角套种和精加工产业，种植面积达52.07万亩，并以

智慧农业生态谷建设探索农业现代化发展路子。湄潭县以中国茶城为龙头,壮大贵州针茶交易平台,建成生态茶园60万亩。雷山县以西江千户苗寨5A级景区创建为抓手,景区当地70%以上村民都吃上了"旅游饭",同时配套发展了白岩村、百美村等乡村民宿。

四是积极推进乡村建设行动。 坚持以"两山"理论为指导,把乡村建设和生态保护紧密结合起来,推进美丽宜居乡村和美丽庭院示范创建活动,探索生态振兴。实施村庄基础设施改善工程,健全长效管护机制。加强村庄规划和风貌管控,不断加大对传统特色村落的保护力度,夯实文化振兴基础。推进农村"厕所革命",实施农村生活垃圾治理专项行动。湄潭县全面实施农村人居环境"七改一增两处理"(即改水、改电、改路、改房、改厨、改厕、改圈,增绿,污水处理、垃圾处理)。探索形成"一图一表一说明"工作机制,其中"一图"指统一绘制"一张规划图",把村庄规划和土地利用规划统一绘制在一张规划图上;"一表"指统一编制"一张项目表",把村庄人居环境改善和建设项目整合到一张项目表上;"一说明"指建设要点说明书,用平实的语言概要说明村庄建设管理要求和保障,同时长期在村寨显眼处公示展示规划方案,让百姓广知晓、常监督。

五是持续提升乡村治理水平。 以村级"换届"为契机,选优配强村"两委"班子,实施村党组织带头人整体优化提升行动。积极培养引进一批懂农业、爱农村、爱农民的"三农"工作队伍,大力吸引外出人才回村发展,营造人才振兴良好氛围。积极推广"群众会+""寨管家"乡村治理新模式。大力实施"推进移风易俗、树立文明乡风"专项行动。其中,湄潭县创新"寨管家"模式,将1020个村民小组划分成1112个寨子,建立"3+N"组织模式架构(即乡镇党委选派1名"指导员",村党组织选派1名"包保员",群众从有威望的能人中推选1名寨长担任"管理员",从群众中推选N名保洁员、管水员、护路员、护林员等公益岗位成员担任"管事员"），组建了拥有5438名成员（寨长1112名、管事员4326名）的"寨管家"组织，并明确了"四管"（即管宣传发动、管环境卫生、管公益事业、管综合治理）职责，2021年已排查化解矛盾纠纷1000余件。

六是不断深化农村改革创新和试点示范。 深入实施乡村振兴"十百千"示范工程，推进50个省级特色田园乡村·乡村振兴集成示范试点建设。深入推进宅基地制度、农村集体产权、农村产权流转交易等重点改革，大力推广"三变"改革。其中，湄潭县首创了"确员定股东、确权定资产、确股定归属、确管定经营、平台定市场"的农村集体产权制度改革路径。金花村七彩部落大清沟分社进一步将股份分为资金股、资源股、成员股和集体股四大类并形成了六种分红模式。龙凤村探索采取"收、分、腾、转"方式盘活闲置农村宅基地和农房，已收回宅基地15宗3.6亩。

七是保持财政资金投入总体稳定。 2021年贵州省统筹安排财政衔接推进乡村振兴补助资金223.87亿元（略低于2020年224.58亿元），用于支持健全防止返贫致贫监测帮扶机制、脱贫地区特色产业发展、脱贫劳动力就业增收、易地扶贫搬迁后续扶持等项目，其中对66个脱贫县的8667个项目给予资金支持143.3亿元。

总的来看，贵州在落实推进乡村振兴战略上积极主动、精准有力，高位建立领导架构制度，创新分类分级工作机制，因地制宜发展山地特色农业和休闲农旅产业，全面系统地实施乡村建设行动，不断夯实乡村治理基础，"点面结合"地探索农村改革创新，有力保障资金投入并持续向脱贫地区倾斜，努力守住不发生规模性返贫底线，为乡村振兴开新局奠定了扎实基础、创造了良好条件。

第三章
巩固拓展开新局

乡村振兴的前提是巩固脱贫攻坚成果。脱贫攻坚战促进了脱贫地区的社会性变革，帮助脱贫群众历史性地实现了"两不愁三保障"及饮水安全，实现了摆脱绝对贫困的梦想。脱贫摘帽奠定了新生活、新奋斗的起点。乡村振兴是在脱贫攻坚目标任务完成的基础上进行的另一场伟大社会革命。乡村振兴开新局，必然以巩固拓展脱贫攻坚成果为前提。本章首先全面总结了脱贫攻坚成就，这是巩固拓展脱贫攻坚成果的基础和起点；其次，阐述了乡村振兴的首要任务就是巩固拓展脱贫攻坚成果；最后，基于巩固拓展是一个历史过程，脱贫攻坚成果需要以拓展的办法进行巩固，巩固拓展之间不可分割的整体判断，系统提出了巩固拓展开新局在政策设计和实践推动上需要采取的战略和策略。

在打赢脱贫攻坚战、全面建成小康社会后，进一步巩固拓展脱贫攻坚成果，接续推动脱贫地区发展和乡村全面振兴，是"十四五"期间农村工作特别是脱贫地区农村工作的重点任务。习近平总书记强调，脱贫攻坚目标任务完成后，对摆脱贫困的县，从脱贫之日起设立五年过渡期。过渡期内要保持主要帮扶政策总体稳定。对现有帮扶政策逐项分类优化调整，合理把握调整节奏、力度、时限，逐步实现由集中资源支持脱贫攻坚向全面推进乡村振兴平稳过渡。把脱贫摘帽作为新生活、新奋斗的起点，在巩固拓展脱贫攻坚成果的基础上，切实做好同乡村振兴的有效衔接，接续推进脱贫地区经济社会发展和群众生活改善。乡村振兴的前提是巩固拓展脱贫攻坚成果，要持续抓紧抓好，让脱贫群众生活更上一层楼。要持续推动脱贫成果同乡村振兴战略有机衔接，确保不发生规模性返贫，切实维护和巩固脱贫攻坚战的伟大成就。这些重要论述，为巩固拓展脱贫攻坚成果、促进乡村振兴开新局、稳步实现"让脱贫群众生活更上一层楼"目标指明了方向、提供了根本遵循。

一、巩固拓展的基础

脱贫攻坚为巩固拓展脱贫攻坚成果、全面推进乡村振兴奠定了各项基础，包括理论成就、历史经验、实践成就和脱贫攻坚精神。历时八年、波澜壮阔的脱贫攻坚战，是中国共产党初心使命在新时代的践行，是以人民为中心发展思想的集中体现，彰显了中国共产党领导和中国特色社会主义的制度优势。脱贫攻坚的伟大成就包含了积极丰富的"硬"成果和"软"成果，集中体现在脱贫攻坚中形成的理论成就、历史经验、实践成就和脱贫攻坚精神。

（一）脱贫攻坚形成伟大的理论成就

脱贫攻坚战的全面胜利，首先归功于以习近平同志为核心的党中央坚强领导，习近平总书记亲自谋划、亲自挂帅、亲自督战，形成习近平扶贫论述，为打赢脱贫攻坚战提供了根本遵循。习近平扶贫论述是经过波澜壮阔实践检验、内涵丰富、逻辑严密、科学有效的中国特色扶贫思想体系，连同中国特色减贫道路的丰富发展，成为中国脱贫攻坚的伟大理论成就。

习近平扶贫论述的形成是中国新时代脱贫攻坚最重要的理论成果。党的十八大以来，习近平总书记对脱贫攻坚作出的一系列新决策新部署，提出的一系列新思想新观点，形成了习近平扶贫论述。习近平扶贫论述不仅从根本上回答了中国脱贫攻坚的目的和意义，也为打赢脱贫攻坚战确立了原则，深化了扶贫开发的方法和策略，破解了诸多反贫困道路上的理论与现实难题，为打赢脱贫攻坚战提供了科学指引和根本遵循，成为中国新时代脱贫攻坚最重要的理论成果。

习近平扶贫论述的丰富思想内涵包括以下八个方面：

一是坚持全面小康一个都不能少。习近平总书记深刻指出，进入新时代后中国经济社会发展的主要矛盾发生了变化，需要新的发展方略，2020年前我国经济社会发展的战略目标是全面建成小康社会，战略重点在于补齐短板，扶贫工作则是其中最薄弱的部分。习近平总书记深刻阐释了脱贫攻坚的重大意义：消除贫困、改善民生、实现共同富裕，是社会主义的本质要求，是我们党的重要使命；贫穷不是社会主义。如果贫困地区长期贫困，面貌长期得不到改变，群众生活长期得不到明显提高，那就没有体现我国社会主义制度的优越性，那也不是社会主义。这些论述体现着社会主义的根本价值追求和奋斗理想，是社会主义的题中应有之义。这些论述，是对马克思主义价值观的坚守、捍卫和发展。

二是坚持党对脱贫攻坚的全面领导。习近平总书记把脱贫攻坚纳入

"五位一体"总体布局和"四个全面"战略布局进行部署，不断强调党对脱贫攻坚的全面领导，将党的领导力、组织力和战斗力充分运用于打赢脱贫攻坚战。习近平总书记不仅深刻指出共产党的领导对于脱贫攻坚的重大意义，也为发挥其所具有的政治优势与制度优势指明了方向。这些论述表明，始终坚持党对脱贫攻坚的领导，充分发挥社会主义集中力量办大事的制度优势，是中国减贫最大的政治优势和制度优势，也是改革开放40多年来扶贫开发取得伟大成就的主要经验，是打赢脱贫攻坚战的根本保障。

三是坚持精准扶贫、精准脱贫。习近平总书记针对过去扶贫开发所形成的若干弊端，提出了"精准扶贫"方略，体现了他对于中国过去扶贫开发经验的深刻理解，以及对中国贫困治理状况的深刻认识。精准扶贫、精准脱贫的重要论述，是打赢脱贫攻坚战的基本方略，是开展扶贫脱贫工作总的工作原则，体现的是精准性、实效性标准和要求。实施精准扶贫、精准脱贫，就是要真正把精准理念落到实处，变"大水漫灌"为"精准滴灌"，做到"六个精准"的基本要求，实施"五个一批"的脱贫路径，达到切实解决"扶持谁""谁来扶""怎么扶""如何退"四个问题的根本目的。

四是坚持增加资金投入、强化监管。脱贫攻坚需要制度层面的改革创新，也需要资源方面的倾斜配置，习近平总书记对此作出了重要指示。从扶贫资金的规模和渠道到扶贫资金的效益都作出了科学的部署和安排，为脱贫攻坚的顺利开展奠定了良好基础。关于扩大扶贫资金规模与拓展扶贫资金渠道，习近平总书记要求：各级财政要加大对扶贫开发的支持力度，形成有利于贫困地区和扶贫对象加快发展的扶贫战略和政策体系；在增加财政投入的同时，要加大扶贫资金整合力度；要积极开辟扶贫开发新的资金渠道，多渠道增加扶贫开发资金。关于提高扶贫资金效益和加强扶贫资金管理，习近平总书记强调：必须坚持发挥政府投入的主体和主导作用，增加金融资金对脱贫攻坚的投放，发挥资本市场支持贫困地区发展的作用,吸引社会资金广泛参与脱贫攻坚,形成脱贫攻坚资金多渠道、多样化投入。

五是坚持广泛动员全社会参与脱贫攻坚。习近平总书记多次强调:人心齐,泰山移。脱贫致富不仅仅是贫困地区的事,也是全社会的事;要健全东西部协作、党政机关定点扶贫机制,各部门要积极完成所承担的定点扶贫任务,东部地区要加大对西部地区的帮扶力度,国有企业要承担更多扶贫开发任务;扶贫开发是全党全社会的共同责任,要动员和凝聚全社会力量广泛参与。要坚持专项扶贫、行业扶贫、社会扶贫等多方力量、多种举措有机结合和互为支撑的"三位一体"大扶贫格局,强化举措,扩大成果。要广泛调动社会各界参与扶贫开发的积极性,鼓励、支持、帮助各类非公有制企业、社会组织、个人自愿采取包干方式参与扶贫;要引导社会扶贫重心下沉,促进帮扶资源向贫困村和贫困户流动,实现同精准扶贫有效对接。这些论述,从扶贫是全党全社会的共同责任高度,深入阐述了广泛动员社会力量的重大意义和基本途径。

六是坚持从严要求促进真抓实干。扶贫开发同样是资源配置过程,如何避免形式主义的假扶贫、减少扶贫资源的"跑冒滴漏"一直是一个世界性的难题。一方面,地方政府或其他组织作为扶贫政策的执行主体会造成扶贫资源的浪费;另一方面,政策执行的信息不对称也会造成政策的消极执行。对此,习近平总书记提出了"廉洁扶贫、阳光扶贫"的要求,加大对各级干部扶贫工作的考核力度。他还要求扶贫工作要始终把纪律和规矩挺在前面,不断完善制度、加强监管,坚决惩治和预防扶贫领域违纪违法行为,大力改革财政扶贫资金使用管理机制,完善扶贫资金项目公告公示制度,建立健全贫困群众全程参与脱贫攻坚每一个步骤的机制,发挥媒体监督、交叉考核监督、第三方评估的作用,确保扶贫资金使用、扶贫项目实施、脱贫验收过程公开透明,切实做到阳光化管理。

七是坚持扶贫同扶志扶智有机结合。习近平总书记指出,摆脱贫困并不仅仅是摆脱物质上的贫困,还在于摆脱意识和思路的贫困;扶贫开发最为重要的是,要通过扶志与扶智相结合,调动群众的积极性和主动性,增强群众战胜困难的信心,激发其内生动力,提高其自我发展能力,变"输血"为"造血"。这些论述,深入阐释了激发内生动力的工作方向和重点,充分体现了人民群众是历史的创造者的马克思主义唯物史观。贫困地区的发展、扶贫开发工作必须尊重贫困群众的主体地位和首创精神,把激发扶贫对象的内生动力摆在突出位置,做到扶贫与扶志、扶智结合。

八是坚持共建一个没有贫困、共同发展的人类命运共同体。 从马克思主义的立场看,只有全人类获得了解放,无产阶级才获得真正的解放;只有经济意义上的解放实现了,其他领域的解放才有可能实现。20世纪以来,特别是第二次世界大战结束以后,各国都把消除贫困作为发展的重要任务,但时至今日,世界范围内贫困问题依然普遍存在,不仅是战乱和不安的根源,也为人类发展的前景蒙上了阴影。习近平总书记对此进行了深入的思考并积极应对,不仅积极推动中国参与国际减贫行动,同时也创造性地提出了"没有贫困、共同发展的人类命运共同体"。这些,充分展现了习近平总书记作为大国领袖的全球视野和宽广胸怀,为中国在做好国内扶贫工作的同时,如何开展国际减贫合作,服务于国家外交、援外大局以及"一带一路"倡议等,发挥扶贫软实力在树立大国形象、增强中国在全球治理中的话语权中的特殊作用,明确了目标、指明了方向。

习近平扶贫论述思想深邃、体系完整、逻辑严密、内涵丰富,是习近平新时代中国特色社会主义思想的重要组成部分,丰富发展了马克思主义反贫困理论,创新发展了中国特色扶贫开发道路,为打赢脱贫攻坚战提供了根本遵循和行动指南,为全球贫困治理贡献了中国智慧。这一思想体系充分体现了马克思主义政党的本质特征和社会主义的本质要求,充分体现了中国共产党以人民为中心的发展思想,充分体现了新发展理念对脱贫攻坚的统领，充分体现了当代共产党人和党的领袖的深厚情怀。

（二）脱贫攻坚积累宝贵的历史经验

中国特色减贫道路不断丰富发展是中国新时代脱贫攻坚的重要成果。中华人民共和国70多年扶贫开发的实践探索，走出了一条中国特色减贫道路，这条道路在习近平总书记扶贫论述的科学指引下，在新时代脱贫攻坚战中得到了进一步丰富发展。这条道路的特点及其蕴含的基本经验主要体现在以下方面：

一是始终坚持党的领导和以人民为中心的发展思想，这是中国特色减贫道路的根本特征。 中国共产党的宗旨是全心全意为人民服务。消除贫困、改善民生、实现共同富裕，始终是我们党的重要使命。我国的扶贫实践是中国共产党宗旨的最生动实践。"党的领导是中国特色社会主义的本质特征，党的领导也是脱贫攻坚的根本保障和根本优势。"党的领导对脱贫攻坚意义重大，主要表现在三个方面：第一，党是脱贫攻坚的组织者、领导者和推动者，只有加强党的领导，脱贫攻坚才有强有力的组织保障和政治保障。省向中央立"军令状"，地市向省、县向地市立"军令状"，落实脱贫攻坚一把手负责制，实行"五级书记一起抓"，压力层层传导、责任层层压实，体现党对脱贫攻坚的全面领导。第二，党的领导坚定了全党全社会坚决打赢脱贫攻坚战的信心和决心。党的领导是整合和充分调动全社会资源，凝聚强大合力，聚焦脱贫攻坚主战场，打赢脱贫攻坚战的重要保障。第三，人民群众是脱贫攻坚的根本依靠力量。加强党的领导才能凝聚民心，激发人民的创造力量。坚持中国共产党领导和发挥集中力量办大事的制度优势，必须紧紧依靠和团结全国各族人民，集中力量攻关、万众一心克难，形成无坚不摧的强大力量，使脱贫攻坚目标如期实现。

二是始终坚持扶贫开发领域的改革创新，这是中国特色减贫道路

的核心内容。中华人民共和国成立初期，我国主要通过建立社会主义制度，采取低水平、普惠性的救济式扶贫方式缓解普遍贫困问题。改革开放以后，我国主要通过实行农村土地承包责任制等一系列改革，释放制度变革效益，带动贫困人口摆脱贫困。从1986年开始，我国实施有组织、有计划、大规模的扶贫开发，先后制定和实施《国家八七扶贫攻坚计划（1994—2000年）》《中国农村扶贫开发纲要（2001—2010年）》《中国农村扶贫开发纲要（2011—2020年）》，不断改革扶贫方式，先从区域扶贫、确定重点贫困县到瞄准重点贫困村，再到通过确定集中连片特困地区、贫困县片区县、贫困村相结合瞄准贫困人口，最终发展到精准到人。几十年来扶贫领域的改革，始终体现了"坚持精准"的方向，由粗到细、由大到小，逐步精准。围绕习近平总书记提出的精准扶贫、精准脱贫基本方略，中国持续深化扶贫领域改革创新，着力构建"三位一体"大扶贫格局，推进"五个一批"，实施"十大扶贫工程"等减贫行动，完善东西扶贫协作、对口帮扶等实施路径，建立经常性督查巡查和最严格的考核评估制度，识真贫、扶真贫、真扶贫。真正做到对症下药、精准滴灌、靶向治疗，以集约高效的投入收获最好的产出，以驰而不息的努力实现减贫目标。几十年来，我国通过不断深化推进扶贫领域改革，建立了中国的脱贫攻坚制度体系，为打赢脱贫攻坚战提供了制度保障。

三是始终坚持扶贫同扶志、扶智相结合，这是中国特色减贫道路的重要特色。 习近平总书记指出，贫困群众既是脱贫攻坚的对象，更是脱贫致富的主体。中国减贫策略聚焦贫困个人，把扶贫同扶志、扶智结合，因人施策，激发贫困人口的积极性、主动性和创造性，帮助他们通过自身努力改变命运。习近平总书记反复强调，全面建成小康社会，一个也不能少。这与联合国《变革我们的世界：2030年可持续发展议程》中"绝不让任何一个人掉队"的目标完全契合。中国扶贫开发的重要特征之一，就是从来没有把穷人当负担、把贫困地区当包袱，始终把激发贫困地区、贫困人口的内生动力作为扶贫开发的根本目标。坚持开发式扶贫，就是坚持自然资源开发和人力资源开发并重，坚持把贫困地区贫困人口作为脱贫的主体和动力，坚持把激发和培育内生脱贫动力摆在突出位置。中国开发式扶贫是全方位的开发，既包括自然资源开发、人力资源开发，也包括基础设施、公共服务等生产生活条件开发，还包括生态环境改善、社区自理能力提升。中国坚持开发式扶贫，就是从中国仍处于社会主义初级阶段的国情出发，避免出现"政策养懒汉"的过度福利现象。

四是始终坚持构建大扶贫格局，这是中国特色减贫道路的制度优势的彰显。聚全国之力、汇全民之智、集各方之志，动员全社会力量共同参与扶贫开发，是中国扶贫开发和脱贫攻坚的成功经验，也是中国特色减贫道路的重要特征。习近平总书记指出，扶贫开发是全党全社会的共同责任，要动员和凝聚全社会力量广泛参与。这一重要论述，成为指导我们打赢脱贫攻坚战的重要方法论之一。在党委和政府、市场、社会扶贫互动和专项扶贫、行业扶贫、社会扶贫联动的推动下，大扶贫格局不断完善，营造了我国扶贫济困、共建小康社会的良好氛围。

五是始终坚持扶真贫、真扶贫、真脱贫，这是中国特色减贫道路的本质要求。中国的扶贫开发始终是扶真贫、真扶贫、真脱贫，充分呈现真投入、真干、实干、苦干等鲜明特征。实践证明，脱贫攻坚不仅仅是单纯的贫困治理，而是一场伟大的思想革命，事关党的作风建设、组织建设和社会风气建设。因此，习近平总书记强调，要加强脱贫攻坚领域的作风建设，坚决反对形式主义、官僚主义，减轻基层负担，做好工作、生活、安全等各方面保障。要加强脱贫攻坚干部培训，增强精准扶贫、精准脱贫能力，同时构建起从省、市、县、乡到村的脱贫攻坚五级责任体制，对脱贫攻坚进行阳光化管理，对脱贫攻坚效果进行科学的、实事求是的评估和考核，并建立严格的监督问责和惩处机制，防止脱贫攻坚中出现数字脱贫、虚假式脱贫、算账式脱贫、指标式脱贫、游走式脱贫等各种弄虚作假的形式主义、官僚主义和腐败行为，严守脱贫攻坚的红线和底线。这些重要论述，为建立和完善最严格的考核评估制度提供了指导。在脱贫攻坚实践中，建立严格科学的扶贫成效考核、评估、退出机制，实施扶贫领域腐败和作风专项治理，组织脱贫攻坚干部大轮训，开展脱贫攻坚专项巡视、督查巡查，接受社会监督，确保脱贫成果经得起历史检验、实践检验。

六是始终坚持交流互鉴，促进共建没有贫困、共同发展的人类命运共同体，这是中国特色减贫道路的价值取向。中国的发展离不开世界，中国的脱贫成就同改革开放的历史伟业密不可分。中国扶贫开发从20世纪80年代初开始，就注重引进、学习、借鉴国际上成功的减贫理论和经验。通过与世界银行合作，中国实施了6期世界银行扶贫项目，引进了贫困监测、项目管理、农户参与、综合干预等先进扶贫理念。中国在为全球减贫作出重大贡献的同时，积极参与、推动国际减贫合作。近10年来，中国与非洲、拉丁美洲、东盟及其他"一带一路"沿线国家和地区及区域组织广泛开展扶贫合作，签署了不少扶贫合作协议，重点是通过合作进一步学习借鉴国外经验，把中国取得的经验分享给世界各国。中国不断增加对发展中国家的援助，注重增强发展援助的扶贫效果，助力共建人类命运共同体，受到了国际社会和受援国家的好评。习近平总书记多次强调，中国开放的大门不会关闭，只会越开越大。消除贫困需要秉持开放包容、互学互鉴的精神。中国积极把减贫事业融入经济全球化进程，深入参与国际发展合作，共享机遇，共迎挑战，共创繁荣。

（三）脱贫攻坚取得实践成就

脱贫攻坚取得的伟大成就，历史性地解决了困扰中华民族千百年的绝对贫困问题。贫困治理探索过程中形成的精准扶贫工作机制，为脱贫地区脱贫群众迈向共同富裕奠定了发展基础。

**一是在实践中形成了解决扶贫工作关键问题的机制，为探索建立脱贫群众和低收入人口持续发展长效机制奠定了基础。

第一，坚持精准扶贫、精准脱贫，逐村逐户开展贫困识别，对识别出的贫困村、贫困户建档立卡，实行动态管理，形成了解决好"扶持谁"问题的工作机制。2014年开展贫困识别以来，我国形成了贫困村、贫困户的识别标准、识别程序，基本摸清了我国贫困人口分布、致贫原因、脱贫需求等信息，建立起全国统一的扶贫信息系统。2015—2016年开展"回头看"，提高了识别精准度。2016—2018年开展动态调整，将返贫人口和新发生贫困人口及时纳入帮扶，实现了从不够精准到比较精准的转变。建档立卡使我国贫困数据第一次实现了到村到户到人，为实施精准扶贫政策措施、实行严格考核评估制度和保证脱贫质量打下坚实基础。

第二，选派干部开展驻村帮扶，增强一线扶贫力量，打通了精准扶贫"最后一公里"，形成了解决好"谁来扶"问题的工作机制。2013年，各地启动驻村工作队选派工作，到2016年实现全国12.8万个贫困村驻村工作队全覆盖，全国累计派出驻村工作队20多万个，选派村党支部第一书记和驻村干部300多万名，加上近200万乡镇扶贫干部和数百万村干部，一线扶贫力量明显加强。2017年12月，中共中央办公厅、国务院办公厅印发《关于加强贫困村驻村工作队选派管理工作的指导意见》，对驻村工作队进行规范化管理，确保实现选派精准、帮扶扎实、成效明显、群众满意。2018年后，按照"干什么、学什么、缺什么、补什么"的原则，各地有针对性地开展驻村干部培训，使他们的攻坚能力进一步提升，提高了帮扶实效。

第三，按照精准扶贫思想要求实施"五个一批"工程，坚持因地因人制宜，扶到点上、扶到根上，形成了解决好"怎么扶"问题的工作机制。（1）产业扶贫。大力培育发展贫困地区特色优势产业，有产业基础的做大，有发展潜力的培育，一大批对贫困户增收带动作用明显的特色产业快速发展；创新实施扶贫小额信贷政策，为支持贫困户发展生产，提供"5万元以下、3年以内、免抵押免担保、基准利率放贷、扶贫资金贴息、县建风险基金"的扶贫小额信贷;建立减贫带头人机制,培育贫困村创业致富带头人,组织开展贫困村创业致富带头人培育工作;实施乡村旅游扶贫、光伏扶贫、电商扶贫,形成扶贫产业新业态。(2)就业扶贫。加强劳务协作,组织贫困劳动力转移就业;指导各地新建、改建扶贫车间,主要从事劳动密集型的来料加工业和手工编织、民族手工艺品生产等,帮助贫困弱劳力、半劳力在家门口就业增收;对贫困家庭子女接受职业教育给予补助,组织贫困家庭"两后生"(指初中、高中毕业后未能继续升学的劳动力)接受职业教育,掌握就业技能。(3)易地搬迁扶贫。确定搬迁范围,筹集建设资金,指导各地因地制宜选择搬迁安置方式,强化产业就业帮扶,完善安置区公共服务设施,加强社区融入工作,确保搬得出、稳得住、逐步能致富。(4)教育、健康扶贫。狠抓控辍保学,全面落实义务教育"两免一补"政策,实施农村义务教育学生营养改善计划,实施义务教育薄弱环节改善与能力提升工作,加强乡镇寄宿制学校和乡村小规模学校建设,深入推进乡村教师支持计划,实施贫困地区定向招生专项计划;在健康扶贫方面,落实倾斜性医疗保障政策,城乡居民基本医疗保险基本实现贫困人口全覆盖,实施健康扶贫"三个一批"行动计划,开展三级医院和贫困县医院结对帮扶。(5)解决住房、饮水安全问题。对建档立卡贫困户、低保户、五保户和贫困残疾人家庭四类对象进行危房改造;围绕贫困人口饮水安全达到当地农村饮水安全评价标准的目标,解决了贫困人口饮水安全问题。(6)生态扶贫。设立生态护林员,组建造林扶贫合作社,推进贫困地区退耕还林还草。(7)低保兜底。提高低保补助标准,全国所有县农村低保标准全部达到或超过国家扶贫标准;国务院扶贫办与民政部定期开展建档立卡和低保对象数据比对,实现应保尽保。对未脱贫建档立卡贫困户中靠家庭供养且无法单独立户的重度残疾人、重病患者等完全丧失劳动能力和部分丧失劳动能力的贫困人口,纳入农村低保范围。(8)交通、电力扶贫。全国已实现建制村通硬化路；通电问题已基本解决。

第四，按照设定时间表、留出缓冲期、实行严格评估、实行逐户销号的原则要求，严把贫困退出关，确保脱贫质量，形成了解决好"如何退"问题的工作机制。确定贫困退出标准和程序，统筹考虑贫困发生率和基础设施、基本公共服务、产业发展、集体经济收入等因素；严格退出标准，科学制订脱贫滚动规划和年度计划，实行科学合理有序退出；对脱贫质量开展评估。

二是脱贫攻坚为脱困地区贫困群众摆脱绝对贫困后，继续加快发展、迈向共同富裕奠定了基础。

第一，农村贫困人口全部脱贫，为实现全面建成小康社会目标任务作出了关键性贡献。

党的十八大以来，平均每年1000多万人脱贫，相当于一个中等国家的人口脱贫。贫困地区农村居民人均可支配收入，从2013的6079元增长到2020年的12588元，年均增长11.6%，增长持续快于全国农村平均水平，增速比全国农村平均增速高2.3个百分点。贫困人口工资性收入和经营性收入占比逐年上升，转移性收入占比逐年下降，自主增收脱贫能力稳步提高。

贫困人口收入水平显著提高，全部实现"两不愁三保障"，脱贫群众不愁吃、不愁穿，义务教育、基本医疗、住房安全有保障，饮水安全也都有了保障。脱贫攻坚普查显示，贫困户全面实现不愁吃、不愁穿，平时吃得饱且能适当吃好，一年四季都有应季的换洗衣物和御寒被褥。贫困人口受教育的机会显著增多、水平持续提高，农村贫困家庭子女义务教育阶段辍学问题实现动态清零，2020年贫困县九年义务教育巩固率达到94.8%。持续完善县镇村三级医疗卫生服务体系，把贫困人口全部纳入基本医疗保险、大病保险、医疗救助三重制度保障范围。实施大病集中救治、慢病签约管理、重病兜底保障等措施。99.9%以上的贫困人口参加基本医疗保险，全面实现贫困人口看病有地方、有医生、有医疗保险制度保障，看病难、看病贵问题得到有效解决。实施农村危房改造，贫困人口全面实现住房安全有保障。2013年以来，累计有790万户2568万贫困人口告别破旧的泥草房、土坯房等危房，住上了安全住房。同时，支持1075万户农村低保户、分散供养特困人员、困难残疾人家庭等改造危房。实施农村饮水安全和巩固提升工程。累计解决2889万贫困人口的饮水安全问题，饮用水量和水质全部达标，3.82亿农村人口受益。贫困地区自来水普及率从2015年的70%提高到2020年的83%。2000多万贫困患者得到分类救治，曾经被病魔困扰的家庭挺起了生活的脊梁。近2000万贫困群众享受低保和特困救助供养，2400多万困难和重度残疾人拿到了生活和护理补贴。110多万贫困群众当上护林员，守护绿水青山，换来了金山银山。

第二，脱贫地区经济社会发展大踏步赶上来，整体面貌发生历史性巨变。

贫困地区发展步伐显著加快，经济实力不断增强，基础设施建设突飞猛进，社会事业长足进步，行路难、吃水难、用电难、通信难、上学难、就医难等问题得到历史性解决。

义务教育阶段建档立卡贫困家庭辍学学生实现动态清零。2013年以来，累计改造贫困地区义务教育薄弱学校10.8万所，实现贫困地区适龄儿童都能在所在村上幼儿园和小学。贫困地区公共文化服务水平不断提高，截至2020年底，中西部22个省份基层文化中心建设完成比例达到99.48%，基本实现村级文化设施全覆盖。持续推进文化下乡，贫困群众也有了丰富多彩的业余文化生活。

具备条件的乡镇和建制村全部通硬化路、通客车、通邮路。以建好、管好、护好、运营好农村公路（简称"四好农村路"）为牵引，积极推进贫困地区建设外通内联、通村畅乡、客车到村、安全便捷的交通运输网络。截至2020年底，全国贫困地区新改建公路110万公里、新增铁路里程3.5万公里，贫困地区因路而兴、因路而富。

贫困地区农网供电可靠率达到99%，大电网覆盖范围内贫困村通动力电比例达到100%，贫困村通光纤和4G比例均超过98%。大幅提升贫困地区用电条件，实施无电地区电力建设、农村电网改造升级、骨干电网和输电通道建设等电网专项工程，把电网延伸到更多偏远地区，农村地区基本实现稳定可靠的供电服务全覆盖，供电能力和服务水平明显提升。加强贫困地区通信设施建设，远程教育加快向贫困地区学校推进，远程医疗、电子商务覆盖所有贫困县，贫困地区信息化建设实现跨越式发展。

实施农村危房改造，贫困人口全面实现住房安全有保障。790万户2568万贫困群众的危房得到改造。对生活在自然环境恶劣、生存条件极差、自然灾害频发地区，很难实现就地脱贫的贫困人口，实施易地扶贫搬迁。累计建成集中安置区3.5万个、安置住房266万套，960多万人"挪穷窝"，摆脱了闭塞和落后，搬入了新家园。对搬迁后的旧宅基地实行复垦复绿，改善迁出区生态环境。加强安置点配套设施和产业园区、扶贫车间等建设，积极为搬迁人口创造就业机会，保障他们有稳定的收入，同当地群众享受同等的基本公共服务，确保搬得出、稳得住、逐步能致富。

贫困地区医疗条件显著改善。消除了乡村两级医疗卫生机构和人员"空白点"。98%的贫困县至少有一所二级以上医院。贫困地区县级医院收治病种中位数达到全国县级医院整体水平的90%。贫困人口的常见病、慢性病基本能够就近获得及时诊治。现在越来越多的大病在县域内就可以得到有效救治。

综合保障体系逐步健全。贫困县农村低保标准全部超过国家扶贫标准。1936万贫困人口纳入农村低保或特困救助供养政策。6098万贫困人口参加了城乡居民基本养老保险，基本实现应保尽保。

所有深度贫困地区的最后堡垒被全部攻克。许多乡亲告别溜索桥、天堑变成了通途，告别苦咸水、喝上了清洁水，告别四面漏风的泥草屋、住上了宽敞明亮的砖瓦房。千百万贫困家庭的孩子享受到更公平的教育机会，孩子们告别了天天跋山涉水上学，实现了住学校、吃食堂。28个人口较少民族全部整族脱贫，一些新中国成立后"一步跨千年"进入社会主义社会的"直过民族"，又实现了从贫穷落后到全面小康的第二次历史性跨越。少数民族和民族地区脱贫攻坚成效显著，2016年至2020年，内蒙古自治区、广西壮族自治区、西藏自治区、宁夏回族自治区、新疆维吾尔自治区和贵州、云南、青海三个多民族省份贫困人口累计减少1560万人。

第三，脱贫群众精神风貌焕然一新，增添了自立自强的信心勇气。脱贫攻坚，取得了物质上的累累硕果，也取得了精神上的累累硕果。广大脱贫群众激发了奋发向上的精气神，社会主义核心价值观得到广泛传播，文明新风得到广泛弘扬，艰苦奋斗、苦干实干、用自己的双手创造幸福生活的精神在广大贫困地区蔚然成风。贫困群众的精神世界在脱贫攻坚中得到充实和升华，信心更坚、脑子更活、心气更足，发生了从内而外的深刻改变。如果没有看到这一改变，就没有全面认识脱贫攻坚的伟大成就。

脱贫致富热情高涨。脱贫攻坚不仅使贫困群众拓宽了增收渠道、增加了收入，而且唤起了贫困群众对美好生活的追求，极大提振和重塑了贫困群众自力更生、自强不息、勤劳致富、勤俭持家、创业干事、创优争先的精气神，增强了他们脱贫致富的信心和劲头。"好日子是干出来的"，贫困群众比着把日子往好里过，依靠自己的辛勤劳动摆脱贫困，形成了你追我赶奔小康的浓厚氛围。

主人翁意识显著提升。脱贫攻坚为贫困群众参与集体事务搭建了新的平台，扶贫项目实施、资金使用等村级重大事项决策，实行"四议两公开"，建立健全村务监督机制，推广村民议事会、扶贫理事会等制度，让村民做到"大家的事大家议、大家办"，拓展了贫困群众参与脱贫攻坚的议事管事空间，提高了他们参与集体事务的积极性自觉性，激发了他们建设家乡的热情，乡村发展的凝聚力大大增强。

现代观念不断增强。脱贫攻坚打开了贫困地区通往外部世界的大门，交通基础设施的改善打通了贫困地区与外界的联系，公共文化事业的发展丰富了贫困群众的精神文化生活，网络的普及让贫困群众增长了见识、开阔了视野，贫困群众的开放意识、创新意识、科技意识、规则意识、市场意识等显著增强，脱贫致富的点子越来越多、路子越来越宽。

文明新风广泛弘扬。深化贫困地区文明村镇和文明家庭、"五好"家庭创建，持续推进新时代文明实践中心建设，发挥村规民约作用，推广道德评议会、红白理事会等做法，开展移风易俗行动，开展弘扬好家风、"星级文明户"评选、寻找"最美家庭"等活动，社会主义核心价值观广泛传播，贫困地区文明程度显著提升。俭朴节约、绿色环保、讲究卫生等科学、健康、文明的生活方式成为贫困群众的新追求，婚事新办、丧事简办、孝亲敬老、邻里和睦、扶危济困、扶弱助残等社会风尚广泛弘扬，既有乡土气息又有现代风尚的新时代乡村文明新风逐渐形成。

第四，党群干群关系明显改善，党在农村的执政基础更加牢固。各级党组织和广大共产党员坚决响应党中央号召，以热血赴使命、以行动践诺言，在脱贫攻坚这个没有硝烟的战场上呕心沥血、建功立业。广大扶贫干部舍小家为大家，同贫困群众结对子、认亲戚，常年加班加点、任劳任怨，困难面前豁得出，关键时候顶得上，把心血和汗水洒遍千山万水、千家万户。他们爬过最高的山，走过最险的路，去过最偏远的村寨，住过最穷的人家，哪里有需要，他们就战斗在哪里。基层党组织充分发挥战斗堡垒作用，在抓党建促脱贫中得到锻造，凝聚力、战斗力不断增强，基层治理能力明显提升。贫困地区广大群众听党话、感党恩、跟党走，常把"党员带头上、我们跟着干、脱贫有盼头""我们爱挂国旗，因为国旗最吉祥""吃水不忘挖井人，脱贫不忘共产党"挂在嘴边，党群关系、干群关系得到极大巩固和发展。其间，有1800余名干部为脱贫攻坚这项事业奉献了生命。在和平时期，这种牺牲是很了不起的。

第五，中国减贫实践为全球减贫作出了重大贡献，为全球减贫治理贡献了中国智慧、中国方案。从1981年年底到2015年年底，中国贫困发生率累计下降了87.6个百分点，年均下降约2.6个百分点，同期全球贫困发生率累计下降32.2个百分点，年均下降约0.95个百分点。特别是2013年实施精准扶贫以来，中国平均每年减少贫困人口1300多万，7年减少9300多万。在发展中国家中，只有中国实现了快速发展和大规模减贫同步，贫困人口共享改革发展成果，这是一个了不起的人间奇迹。这一奇迹有力加快了全球减贫进程，为其他发展中国家树立了标杆、提供了榜样，坚定了全世界消除贫困的信心。中国逐步形成和完善了自上而下与自下而上相结合的精准识别机制，对国际减贫瞄准方法的完善具有积极意义。不断完善的精准扶贫、精准脱贫等基本方略落实的工作机制，为解决一系列贫困治理难题提供了方法。此外，精准扶贫、精准脱贫基本方略不仅彰显中国共产党领导的政治优势和社会主义集中力量办大事的制度优势，也强调要发挥脱贫主体的能动性，"智""志"双扶，从而激发脱贫内生动力。精准扶贫、精准脱贫基本方略中包含的内源式扶贫、合力扶贫、制度扶贫等理论及实践，为国际贫困治理理论创新提供了借鉴，对于推动广大发展中国家加快摆脱贫困的进程具有重要作用。联合国秘书长古特雷斯曾高度肯定中国的减贫方略，他指出，精准减贫方略是帮助最贫困人口、实现2030年可持续发展议程宏伟目标的唯一途径。中国已实现数亿人脱贫，中国的经验可以为其他发展中国家提供有益借鉴。习近平扶贫论述和中国特色减贫道路为全球减贫事业贡献了中国智慧和中国方案。

（四）脱贫攻坚中形成脱贫攻坚精神

习近平总书记指出，脱贫攻坚伟大斗争，锻造形成了"上下同心、尽锐出战、精准务实、开拓创新、攻坚克难、不负人民"的脱贫攻坚精神。脱贫攻坚精神，是中国共产党性质宗旨、中国人民意志品质、中华民族精神的生动写照，是爱国主义、集体主义、社会主义思想的集中体现，是中国精神、中国价值、中国力量的充分彰显，赓续传承了伟大民族精神和时代精神。①脱贫攻坚精神具有丰富的文化基因、深厚的理论基础、鲜明的实践价值。脱贫攻坚精神影响的不仅是某个人或者贫困地区，影响的更是整个中华民族，是中国共产党精神谱系的重要组成部分。脱贫攻坚精神形成于深厚的中华民族精神文化基因，其价值源泉来自我们党"不忘初心、牢记使命"的追求和为中国人民谋幸福、为中华民族谋复兴的初心与使命。脱贫攻坚精神的理论基础是共同富裕，实践来源是我国脱贫攻坚战取得的全面胜利。脱贫攻坚精神产生于脱贫攻坚，但不止于脱贫攻坚。伟大事业孕育伟大精神，伟大精神引领伟大事业，脱贫攻坚精神丰富和发展了党的精神谱系，为全面推进乡村振兴、逐步实现全体人民共同富裕提供了精神力量。

二、乡村振兴的首要任务

全面推进乡村振兴的首要任务就是巩固拓展脱贫攻坚成果。从脱贫攻坚与乡村振兴在侧重点、实现路径等方面的差异性看，脱贫攻坚与乡村振兴是战役和战略的关系，前者是为实现第一个百年奋斗目标打基础，后者是为实现第二个百年奋斗目标打基础。脱贫攻坚、乡村振兴同属于迈向共同富裕的两大关键步骤，二者具有内在的逻辑一致性：一方面，脱贫攻坚与乡村振兴共同承载了促进社会公平正义和缩小区域、群体、城乡发展差距的使命，是让改革发展成果更多更公平惠及全体人民的重大战略举措，两者本质上最终都是为了实现共同富裕的目标；另一方面，从脱贫攻坚到乡村振兴是迈向共同富裕的关键步骤，脱贫攻坚是

---

① 习近平：《在全国脱贫攻坚总结表彰大会上的讲话》（2021年2月25日），人民出版社2021年版，第19页。

乡村振兴的基础和前提，乡村振兴是巩固脱贫攻坚成果的重要保障。乡村振兴是脱贫攻坚的接续战略，在脱贫攻坚取得胜利后全面推进乡村振兴，是"三农"工作重心的历史性转移。由此，全面推进乡村振兴必须以巩固拓展脱贫攻坚成果为基础。

（一）巩固拓展脱贫攻坚成果是中国共产党人民至上根本立场的体现

人民对美好生活的向往就是我们的奋斗目标。脱贫攻坚的伟大实践正是我们党坚持人民至上、以人为本理念最生动的实践。打赢脱贫攻坚战，为实现第一个百年奋斗目标、开启全面建设社会主义现代化国家新征程奠定了坚实基础，彻底改变了农村贫困地区的面貌，极大增强了人民群众的获得感、幸福感、安全感。设立过渡期，作出做好巩固拓展脱贫攻坚成果同乡村振兴有效衔接的战略部署，确保工作不留空档、政策不留空白，是应对脱贫地区、脱贫人口返贫风险的有力举措。"绝不能出现这边宣布全面脱贫，那边又出现规模性返贫"的承诺，正是我们党人民至上根本立场的体现。

（二）巩固拓展脱贫攻坚成果是中国共产党对人类发展规律准确把握的体现

贫困是人类发展的共同挑战。新中国成立以来，我们党带领全国人民持续向贫困宣战。不同时期，因应我国贫困特征和致贫原因的变化，我们确立和实施不同的减贫战略，走出了中国特色减贫道路。但是，脱贫攻坚战的胜利果实能否保持住，既是新时代脱贫攻坚质量的重要度量，也是脱贫攻坚制度、政策、体系和精准方略是否科学有效的最终检验。

设立脱贫攻坚过渡期，与"十四五"规划相衔接，从以解决建档立卡贫困人口"两不愁三保障"为重点转向实现乡村产业兴旺、生态宜居、乡风文明、治理有效、生活富裕，从集中资源支持脱贫攻坚转向巩固拓展脱贫攻坚成果和乡村全面振兴有效衔接，正是在摆脱绝对贫困之后，我们党对人类实现更好发展道路的探索。一方面，巩固拓展脱贫攻坚成果为乡村振兴奠定了更坚实的基础；另一方面，乡村全面振兴通过外部支持和激活内生动力，可以为脱贫地区、脱贫群众提供更稳定的发展基础和机会，将进一步有效巩固拓展脱贫攻坚成果。这是中国特色减贫道路的丰富发展，更是我们党对人类如何走向共同富裕发展规律的科学把握。

（三）巩固拓展脱贫攻坚成果是中国共产党治国理政科学方略新发展的体现

解决发展不平衡不充分问题是每个国家治国理政的难题。实现共同富裕是社会主义的本质要求，我们党治国理政就是要不断推进平衡发展、充分发展，逐步实现共同富裕。在脱贫攻坚目标任务完成后，设立过渡期，是我国脱贫攻坚伟大历程中具有原创性、独特性的又一重大创举。过渡期保证了巩固拓展的时间，留够了时间空间余地，能够确保工作不留空档、政策不留空白，牢牢守住守好脱贫攻坚成果。脱贫地区要在建立健全防止返贫监测和帮扶机制，建立农村低收入人口和欠发达地区帮扶机制的基础上，全面推进乡村振兴。在乡村振兴中抓重点、补短板、强弱项，着力解决发展不平衡不充分问题，统筹推动农业全面升级、农村全面进步、农民全面发展，让广大农民在全面脱贫、乡村振兴中有更多获得感、幸福感、安全感，更加充分体现了我们党治国理政思想和方略的丰富发展。

（四）巩固拓展脱贫攻坚成果是中国共产党在新发展阶段贯彻新发展理念、构建新发展格局新要求的体现

脱贫攻坚五年过渡期，从时间上正好同"十四五"规划的工作阶段相重叠，"十四五"规划是从持久战角度着眼制定的一个中长期规划，

又是乘势而上开启全面建设社会主义现代化国家新征程、向第二个百年奋斗目标进军的第一个五年规划，这五年也正是全面推动乡村振兴发展的关键五年。进入新发展阶段，需要更加完整、准确、全面贯彻新发展理念，必须更加注重共同富裕问题。

打赢脱贫攻坚战、推进乡村振兴是实现共同富裕的基础。设立脱贫攻坚过渡期，巩固拓展脱贫攻坚成果，就是把满足人民对美好生活的向往作为发展的出发点和落脚点的具体体现。实现巩固拓展脱贫攻坚成果同乡村振兴有效衔接，正是自觉主动解决地区差距、城乡差距、收入差距等问题的有力行动。巩固拓展脱贫攻坚成果、全面推进乡村振兴，必然要求脱贫地区更加注重在发展中保障和改善民生，更加注重统筹做好就业、收入分配、教育、社保、医疗、住房、养老、扶幼等各方面工作，更加注重向农村、基层、欠发达地区倾斜，向困难群众倾斜，促进社会公平正义，让发展成果更多更公平惠及全体人民。实现巩固拓展脱贫攻坚成果同乡村振兴有效衔接的过程，就是激发脱贫地区、脱贫群众发展活力、消费潜力动力的过程，将有力有效促进以国内大循环为主体、国内国际双循环相互促进的新发展格局的构建。

三、巩固拓展开新局的战略及策略

脱贫攻坚成就多元、立体的特征决定了巩固拓展脱贫攻坚成果的系统性、动态性。巩固、拓展是一个历史过程，脱贫攻坚成果需要以拓展的办法进行巩固，巩固拓展是不可分割的整体，在政策设计和实践推动上需要战略和策略的有机统一。

（一）保持现有帮扶政策总体稳定

围绕脱贫攻坚，从中央到地方，各级政府都制定实施了一系列政策措施，形成了较完整的政策体系。保持政策稳定不是简单地延续，而是要根据新发展阶段的形势新变化和巩固拓展脱贫攻坚成果、全面推进乡村振兴的新要求，对脱贫政策进行全面梳理、科学评估、分类优化。

第一类是继续执行的政策，如基础设施、公共服务、人居环境整治、乡村公益性岗位、控辍保学等政策措施，可以适当调整、完善后转为乡村振兴的常规性政策。

第二类是合并升级的政策，如产业帮扶、就业帮扶车间等政策措施，需要在农业农村发展的大框架内，与现行相关政策合并、升级，作为乡村振兴的政策。对于保障兜底、医疗扶贫等政策措施，主要是通过增强普惠性社会保障体系的特惠功能实现。

第三类是退出的政策，那些临时性或者已经完成历史使命的政策措施，如贫困户危房改造等，不再执行。

此外，中央单位定点帮扶政策需要继续稳定一个时期。在稳定的基础上，还需要出台一批全面推进乡村振兴的政策。

（二）严格落实"四个不摘"要求

摘帽不摘责任、摘帽不摘政策、摘帽不摘帮扶、摘帽不摘监管的要求，是巩固拓展脱贫攻坚成果、防止返贫的基础。除保持现有帮扶政策总体稳定，做到摘帽不摘政策外，过渡期内必须继续充分发挥各级党委总揽全局、协调各方的领导核心作用，坚持脱贫攻坚中层层落实责任、五级书记一起抓的成功做法，加强农村基层组织建设。

保持村第一书记和驻村帮扶机制稳定，做到摘帽不摘帮扶。驻村工作队可以创新帮扶方式，过渡期内重点放在从根本上改变村干部和脱贫户依赖心理上，注重传授村干部和脱贫户自我"造血"的技能，把提升基层组织能力、村级"两委"成员素质、村级自主治理能力同提升脱贫户自我"造血"能力结合起来。

注重继续加强教育引导，加强政策引导，发挥村规民约作用，因地制宜探索有效方式，激励和引导脱贫群众靠自己努力过上更好生活。摘帽不摘监管，主要是把巩固拓展脱贫攻坚成果纳入市县党政领导班子和领导干部推进乡村振兴战略实绩考核范围。

（三）坚持完善好东西部协作机制

这是摘帽不摘责任、摘帽不摘政策、摘帽不摘帮扶的重要体现，也是脱贫攻坚过渡期政策完善优化的重点内容。根据中央部署，主要是调整优化东西部协作结对关系，坚持尊重历史、保持总体稳定，坚持整合力量、优化结对关系，坚持统筹协调、稳定帮扶体系，实现原有帮扶工作平稳过渡。

保持资金投入力度是基础，过渡期内，东西部协作财政援助资金投入规模应该保持一定力度。保持干部人才选派交流力度是重点，继续开展干部双向挂职交流，选派教育、医疗、农技等专业技术人才支援西部。加强劳务协作是关键，东部地区要继续为在当地务工的中西部脱贫劳动力提供稳岗就业服务。中西部地区要主动加强与东部地区工作对接，配合做好稳岗工作。

加强产业协作、消费合作是根本，鼓励支持帮扶双方共建产业园区，鼓励支持东中部劳动密集型产业向西部地区梯度转移。中西部地区加强农特优产品生产管理，东部地区加强支持和采购，继续加强农产品消费合作。

（四）建立健全防止返贫监测和帮扶机制

2020年3月，国务院扶贫开发领导小组印发的《关于建立防止返贫监测和帮扶机制的指导意见》指出，对脱贫不稳定户、边缘易致贫户以及因疫情影响等引发的刚性支出明显超过上年度收入和收入大幅缩减的家庭加强监测，提前采取针对性帮扶措施，防止返贫和产生新的贫困。对脱贫县、脱贫村、脱贫人口实施常态化监测，重点监测收入水平变化和"两不愁三保障"巩固情况，定期核查、动态管理。完善精准帮扶机制，对脱贫地区产业帮扶重点补上技术、设施、营销等短板，促进产业提档升级；对易地搬迁安置点，多渠道促进就业，加强配套基础设施建设和公共服务，搞好社会管理，确保搬迁群众稳得住、有就业、逐步能致富。

健全防止返贫大数据监测平台，加强相关部门、单位数据共享和对接，充分利用先进技术手段提升监测准确性，以国家脱贫攻坚普查结果为依据，进一步完善基础数据库。建立农户主动申请、部门信息比对、基层干部定期跟踪回访相结合的易返贫致贫人口发现和核查机制，实施帮扶对象动态管理。坚持预防性措施和事后帮扶相结合，精准分析返贫致贫原因，采取有针对性的帮扶措施。

（五）突出巩固脱贫攻坚成果的重点难点

巩固"两不愁三保障"成果。要落实行业主管部门工作责任。健全控辍保学工作机制，确保除身体原因不具备学习条件外的脱贫家庭义务教育阶段适龄儿童少年不失学辍学。有效防范因病返贫致贫风险，落实分类资助参保政策，做好脱贫人口参保动员工作。建立农村脱贫人口住房安全动态监测机制，通过农村危房改造等多种方式保障低收入人口基本住房安全。巩固维护好已建农村供水工程成果，不断提升农村供水保障水平。

做好易地扶贫搬迁后续扶持工作。聚焦原深度贫困地区、大型特大型安置区，从就业需要、产业发展和后续配套设施建设提升完善等方面加大扶持力度，完善后续扶持政策体系，持续巩固易地搬迁脱贫成果，确保搬迁群众稳得住、有就业、逐步能致富。提升安置区社区管理服务水平，建立关爱机制，促进搬迁群众的社会融入。

加强扶贫项目资产管理和监督。分类摸清各类扶贫项目形成的资产底数。公益性资产要落实管护主体，明确管护责任，确保继续发挥作用。经营性资产要明晰产权关系，防止资产流失和被侵占，资产收益重点用于项目运行管护、巩固拓展脱贫攻坚成果、村级公益事业等。确权到农户或其他经营主体的扶贫资产，依法维护其财产权利，由其自主管理和运营。

建立精准防贫机制　巩固脱贫攻坚成果
——河北省巨鹿县"1+3+1"防返贫监测帮扶机制

2018年，随着脱贫攻坚不断深入，如何有效防止新的贫困人口产生，破解边脱贫、边返贫，边脱贫、边增贫的现象，从源头上化解返贫致贫问题，巩固拓展脱贫攻坚成果，成为我们面临的新问题。

一、"1+3+1"防返贫监测帮扶机制创建背景

从巨鹿县实际情况看，一是群众有期盼。据分析，全县2017、2018两年共计致贫（返贫）89户198人，其中因病、因残、因意外致贫（返贫）占总数95%以上。这说明个别群众还存在不少困难和问题，必须有针对性地进行帮扶，防止下滑到贫困线以下，形成新的贫困人口。二是政策有指引。习近平总书记强调："全面建成小康社会，一个也不能少"。这就要求我们在精准扶贫的同时，必须高度关注脱贫不稳定户、低收入户等特殊群体，确保他们生活稳定。同时，巨鹿县地处平原，脱贫工作的标准相对比较高。按照上级关于防返贫监测帮扶的指导要求，防止形成新的贫困人口，也要求巨鹿县必须积极调整思路和目标，实现好"三个转变"，由以扶贫为主向扶贫与防返贫并重转变，由消除绝对贫困向治理相对贫困转变，由强化脱贫攻坚向全面实施乡村振兴战略转变，持续提升脱贫攻坚质量。三是实施有基础。防返贫监测帮扶的关键点、难点在于必须动态掌握群众真实生活状态，且要做到"早发现、全覆盖、无遗漏"。要想做到这一点，必须综合运用信息技术、智能化手段。而在这一方面，巨鹿县具备优势和基础，依托建成的智慧巨鹿大数据中心，探索开发了"防贫预警和管理系统"、手机端APP、微信自主申报小程序，全面高效整合扶贫、社保、防贫保险、社会救助等政策资源，实现有效链接、高效运转，从源头上筑起了"截流闸"和"拦水坝"。2021年3月，国家乡村振兴局调研组在巨鹿县调研期间，对该县"1+3+1"防返贫监测帮扶机制工作经验和做法给予高度肯定。

二、"1+3+1"防返贫监测帮扶机制的主要做法

2018年以来，巨鹿县在全国率先探索建立了"1+3+1"防返贫监测帮扶机制（第一个"1"即预警机制，"3"即帮扶+兜底+增收机制，第二个"1"即再评估、再帮扶机制），通过三个阶段（信息预警阶段、防贫措施实施阶段、跟踪评估阶段），持续增强全县防返贫监测帮扶工作的全覆盖预警监测、大数据智能化跟踪管理和综合性广领域帮扶水平。

（一）着力构筑全覆盖预警机制，确保做到第一时间发现、第一时间纳入帮扶范围。动态预警、快速监测、摸准底数是防贫工作的基础，直接决定防贫工作成效。巨鹿县致力不断完善动态监测和响应体系，切实做到早发现、早预防。一是划定重点人群。除脱贫不稳定户、边缘易致贫户外，巨鹿县在全国第一个将因意外致使收入骤减、支出骤增的农户作为重点监测对象。同时，又进一步细分为因病、因灾、因学、因意外、因交通事故、因安全生产事故、因残、因智障、因房、因判刑收监（实刑一年以上）和其他等11类情形，尽全力实现重点对象监测全覆盖。二是开展网络预警。巨鹿县的防贫预警主要有三种方式。（1）网格员走访预警。全县291个行政村每村设立防贫预警网格员，每半月遍访群众，随发现随通过手机端防贫预警软件向村委会推送预警信息。（2）部门筛查预警。县医保、卫健、交警等24个部门设立防贫预警信息员，根据职责定期开展数据筛查，通过大数据比对监测，对触碰预警线的疑似对象，通过巨鹿县防贫预警和管理系统及时发布防贫预警信息，向村委会推送。（3）农户自主申报。农户可通过扫微信二维码，利用微信小程序进行自主预警，或者书面向所在村提出预警申请。对这三方面的信息，村委会当日走访核实预警对象，将符合条件的履行"一评议两公示"审核程序，纳入监测对象，实行动态管理；同时，征求当事人同意签订个人经济信息查询授权书后，当日向乡镇汇总信息，乡镇进行初步审核登记后，当日上报县防贫中心，确保群众一旦有返贫或致贫信号，能够第一时间被发现。全县共设立网格员2330名，信息员70名，全部进行了系统培训。三是精准核实比对。县防贫中心将预警对象直接推送至县审计局，进行大数据比对，符合条件的，县防贫中心会商研究确定启动防贫机制。

（二）构筑广领域帮扶机制，着力实现精准快速帮扶、应帮尽帮。精准帮扶、确保成效是防贫工作的核心和关键。巨鹿县坚持"缺什么补什么"原则，研究制定了具体帮扶标准、程序，着力提供多层次、复合式的防贫帮扶。一是精准设计帮扶流程。围绕"三类对象"（脱贫不稳定户、边缘易致贫户以及因病、因灾、因意外事故等刚性支出较大或收入大幅缩减导致基本生活出现严重困难户），区分因病、因灾、因学等11类致返贫情形，逐一制定帮扶机制流程图，通过政策帮扶、社保兜底、自主增收，实现防贫帮扶的科学规范、综合施治和应扶尽扶。二是因需施策开展帮扶。按照"坚持够用即可，防止过度保障，激发内生动力，强调自主发展"的原则开展帮扶。首先靶准致贫原因，开展有针对性的政策帮扶；落实后仍存在风险的，给予低保兜底保障、医疗救助；仍有风险的，再启动以防贫补充保险（按照全县30万农村人口的10%框定防贫补充保险投保人，由县财政出资150万元投保，对可能出现返贫或致贫的群众，制定不同的帮扶措施，有针对性地进行帮扶）、长期护理险（巨鹿将失能、半失能人群，也是最需要保障的困难群体纳入保障范围，着力消除"一人失能、全家受累""一人失能、全家致贫"的隐患）、一元民生保险（县财政每年出资40余万元，为全县群众每人投保1元，对因灾、因意外造成损失的，每户最高获赔5万元）、防返贫保障保险（县财政出资150万元投保，为全县建档立卡脱贫人口、监测人口1.5万人，每人购买两年商业保险，对因意外、因病等出现返贫或致贫风险的开展针对性帮扶）等"四险"为主要内容的保险体系。三是着力实现稳定增收。经综合分析会商，通过政策帮扶和防贫补充保险理赔，还须进一步巩固提升的，实行培训就业、发展产业、资产收益、社会帮扶、人文关怀等5项措施。特别是将产业和就业作为关键举措，通过构建"3+6+N"（"3"即金银花、枸杞、杏；"6"即菊花、葡萄、草莓、食用菌、设施蔬菜、国槐苗圃；"N"即根据群众个人意愿发展的N种特色种养产业）产业扶贫机制，培育"帮扶车间""微工厂"以及乡村公益性岗位，建立创业孵化基地等，不断夯实群众脱贫基础，增强自身发展动力，逐步实现稳定增收，从根本上防范返贫和致贫风险。

比如，巨鹿镇后辛庄村村民郅辛国，是脱贫享受政策户，多年来靠种地、养羊为生。2019年初，他因患主动脉瓣狭窄疾病，在河北医科大学第二医院就医治疗，总共花费18万多元，基本医疗和大病保险报销9万多元。在社会医疗保险和大病保险报销的基础上，郅辛国通过防贫保险又获得赔付22348元，自己只支付6万多元。随后，县民政局为该户两人办理低保，每月可领取470元；享受光伏入股每年分红3000元，享受资产收益企业入股项目每年分红600元；政府代缴医疗保险减少支出506元。疫情期间，村委会为郅辛国申请了乡村公益性岗位，增加收入。镇村还帮助办理了扶贫小额信贷5万元，发展养羊产业，享受政府全额贴息政策，激发内生动力，持续增加收入，让郅辛国本不富裕的家庭避免返贫。

（三）构筑无缝隙跟踪评估机制，着力筑牢最后防线、不落一人。跟踪评估是防贫工作的再保险、再巩固。为确保万无一失，巨鹿县再加设一道防线，整个帮扶机制完成后，县乡（镇）村等相关部门对帮扶措施进行全面"回头看"，以"月""季""年"为时间节点对防贫效果进行综合评估。第一次是一个月，随后是一季度对帮扶对象进行走访座谈，全面了解生产生活情况。对通过综合评估以及后期走访了解，极个别仍有返贫致贫风险的，进行再帮扶，确保防贫对象持续稳定增收。对于通过跟踪评估，已经实现稳定增收一年以上，消除风险并经农户自己认可的，按照程序标注消除风险，调整出防贫监测台账，实现能进能出、动态调整。

比如，王虎镇西宋庄村宋倩辉，因脑角膜瘤在北京宣武医院住院治疗，住院总花费122000元（其中医疗费用98840.97元），经过社会捐助54512元，医疗报销及大病救助45164.82元，实际支出22323.18元。2019年5月，人保财险公司理赔防贫补充保险7788元。同时，民政局为宋倩辉本人办理低保，年低保金共计2820元；村委会介绍宋倩辉到村内工厂打零工，年收入8000元；介绍其妻到村内工厂打零工，年收入10000元；人社局为其父亲介绍保洁员的工作，年收入7200元；农业农村局指导其家庭流转土地7亩，年流转土地收入7000元；种植0.4亩金银花，年收入4000元；教育部门为宋倩辉大女儿宋亚青落实了"两免一补"和营养餐政策，二女儿宋佳彤根据有关政策免除保险费和杂费。通过相关部门各类政策帮扶救助，人均纯收入为4897元/年，高于2019年脱贫线的3600元，达到了防贫效果，实现了防贫目标。因宋倩辉在做脑角膜瘤手术时，部分颅骨被切除，需康复后再进行二次手术补全颅骨，所以，宋倩辉的信息同时进入跨年度持续帮扶台账，系统将继续跟踪，随时进行再帮扶。

通过信息预警、防贫措施实施、跟踪评估三个阶段，最终形成不符合帮扶条件台账、正在实施防贫机制台账、解除风险台账、再帮扶台账、需跨年度连续帮扶台账5本台账。通过台账式管理，确保实现底数精准、动态监测、有案可查，帮扶政策全部落实到位。

三、"1+3+1"防返贫监测帮扶机制的综合成效

"1+3+1"防返贫监测帮扶机制具有系统操作简洁性、帮扶路径精准性、帮扶介入及时性、帮扶落实高效性、帮扶效果兜底性、帮扶实施连续性、帮扶对象关联性、防贫机制长期性等八大特征。"1+3+1"防返贫监测帮扶机制创建以来，通过常态跟踪监测、联防联动帮扶，避免了群众生活水平出现断崖式下降。巨鹿县建起了覆盖全县所有农户的防返贫监测帮扶数据库，全县对1740户5153人进行动态监测，累计防贫预警5978人，救助帮扶753人，落实各类救助帮扶资金824.53万元，2021年防贫预警3257人，完成防贫救助帮扶235人，落实各类帮扶资金263.71万元，其中，防贫补充保险赔付31人、29.34万元。2022年上半年，巨鹿县防止返贫动态监测和帮扶工作位列邢台市第一，典型做法得到国家乡村振兴局副局长夏更生等国家部委和省、市有关部门及领导的充分肯定和认可。新疆、江苏等3个省（自治区），徐州、秦皇岛等11个地市，魏县、阜平等30多个县（市）到巨鹿县学习考察。中央电视台、《人民日报》等多家中央媒体先后报道。

四、几点启示

巨鹿县建立起"1+3+1"防返贫监测帮扶机制，有效防止了"边减贫、边返贫、边增贫"现象，巩固拓展脱贫攻坚成果同乡村振兴有效衔接的同时，也带给我们诸多启示。

（一）防返贫动态监测和帮扶工作要坚持重点群众与全面覆盖相结合。不让一个群众在全面小康的路上掉队，既要突出对重点群众的精准监测，也要防止普通群众返贫致贫。巨鹿县坚持对划定重点人群全覆盖监测，并实施网格预警，第一时间发现群众返贫或致贫迹象，

精准设计救助流程，及时、准确启动防贫机制，拉起了立体式、全方位的保障网。

（二）防返贫动态监测和帮扶工作要坚持常态帮扶与特殊救助相结合。扶贫防贫是一项长期工程，不可能一劳永逸，必须通过连续性、不间断的帮扶，确保群众高标准稳定脱贫。对于常规帮扶不能保证防止致贫返贫的群众，就要通过二次帮扶、多渠道帮扶。巨鹿县建立了"3+6+N"产业帮扶机制，开展有针对性的政策救助、低保兜底、医疗救助等，对仍有风险的，启动防贫补充保险、长期护理险等，持续跟踪实施再帮扶，不断巩固精准防贫的防线。

（三）防返贫动态监测和帮扶工作要坚持政府投入与市场机制相结合。在加大政府投入的同时，通过市场化运作的方式，能够起到事半功倍的效果。我们建立防贫保险机制，通过建立防贫补充保险、长期护理险、一元民生保险、防返贫保障保险等，有效降低了群众因病、因残、因意外等返贫、致贫风险，让政府和职工群众都能承受，也防止了过度保障的现象。

（四）防返贫动态监测和帮扶工作要坚持现代信息手段与群众路线相结合。巨鹿县通过大数据对比监测，建立防贫监测数据库，保证了预警的及时性、高效率。同时，坚持群众路线，设立网格员实地查看走访，组织召开会议听取群众意见呼声，精准核实审核，真正做到应保尽保，不断提升脱贫攻坚的质量和效果。

第四章
有效衔接开新局

脱贫摘帽不是终点，而是新生活、新奋斗的起点。中央要求，要做好巩固拓展脱贫攻坚成果同乡村振兴有效衔接，"在乡村振兴上开新局"。扎实推进巩固拓展脱贫攻坚成果同乡村振兴有效衔接工作，推动乡村振兴开新局，需要深刻领会党中央关于实现巩固拓展脱贫攻坚成果同乡村振兴有效衔接的决策部署，需要系统理解巩固拓展脱贫攻坚成果同乡村振兴有效衔接的战略演进逻辑，需要准确把握统筹推进巩固拓展脱贫攻坚成果同乡村振兴有效衔接的各项工作。

党中央、国务院高度重视打赢脱贫攻坚战、全面建成小康社会后进一步巩固拓展脱贫攻坚成果，接续推动脱贫地区发展和乡村全面振兴。习近平总书记在2021年2月25日召开的全国脱贫攻坚总结表彰大会上强调："我们要切实做好巩固拓展脱贫攻坚成果同乡村振兴有效衔接各项工作，让脱贫基础更加稳固、成效更可持续。"党的十九届五中全会作出了"实现巩固拓展脱贫攻坚成果同乡村振兴有效衔接"的部署。2021年3月，中共中央、国务院公开发布《关于实现巩固拓展脱贫攻坚成果同乡村振兴有效衔接的意见》，明确要求："脱贫摘帽不是终点，而是新生活、新奋斗的起点。打赢脱贫攻坚战、全面建成小康社会后，要在巩固拓展脱贫攻坚成果的基础上，做好乡村振兴这篇大文章，接续推进脱贫地区发展和群众生活改善。"

一、有效衔接的决策部署

以习近平同志为核心的党中央为实现巩固拓展脱贫攻坚成果同乡村振兴有效衔接提供了科学指引。在不同时期，结合形势发展变化提出具有前瞻性、引领性的指导意见。2018年9月21日，习近平总书记在十九届中央政治局第八次集体学习时发表重要讲话指出，"打好脱贫攻坚战是实施乡村振兴战略的优先任务。贫困村和所在县乡当前的工作重点就是脱贫攻坚，目标不变、靶心不散、频道不换。2020年全面建成小康社会之后，我们将消除绝对贫困，但相对贫困仍将长期存在。到那时，现在针对绝对贫困的脱贫攻坚举措要逐步调整为针对相对贫困的日常性帮扶措施，并纳入乡村振兴战略架构下统筹安排。"[①]2018年9月，

[①] 习近平：《论"三农"工作》，中央文献出版社2022年版，第280页。

中共中央、国务院印发《乡村振兴战略规划（2018—2022年）》，对实施乡村振兴战略第一个五年重点工作进行安排，提出"巩固脱贫攻坚成果"。2019年10月31日，党的十九届四中全会提出"巩固脱贫攻坚成果，建立解决相对贫困的长效机制"。2020年3月6日，习近平总书记在决战决胜脱贫攻坚座谈会上发表重要讲话，要求"接续推进全面脱贫与乡村振兴有效衔接"。2020年10月17日，习近平总书记对国家扶贫日作出重要指示，强调"接续推进巩固拓展攻坚成果同乡村振兴有效衔接，保持脱贫攻坚政策总体稳定，多措并举巩固脱贫成果"。2020年12月16日，中共中央、国务院印发《关于实现巩固拓展脱贫攻坚成果同乡村振兴有效衔接的意见》，提出"要在巩固拓展脱贫攻坚成果的基础上，做好乡村振兴这篇大文章"。2020年12月16—18日，中央经济工作会议提出"要巩固拓展脱贫攻坚成果，坚决防止发生规模性返贫现象。要做好同乡村振兴的有效衔接，帮扶政策保持总体稳定，分类调整优化，留足政策过渡期"。2022年的中央一号文件《中共中央 国务院关于做好2022年全面推进乡村振兴重点工作的意见》要求"牢牢守住保障国家粮食安全和不发生规模性返贫两条底线"，提出"完善监测帮扶机制""促进脱贫人口持续增收""加大对乡村振兴重点帮扶县和易地搬迁集中安置区支持力度""推动脱贫地区帮扶政策落地见效"，"坚决守住不发生规模性返贫底线"。

实现巩固拓展脱贫攻坚成果同乡村振兴有效衔接是党中央作出的决策部署。在我国成功解决了绝对贫困问题、实现了第一个百年奋斗目标，并开启向第二个百年奋斗目标迈进的新征程的时候，由于诸多原因，脱贫地区、脱贫群众的脱贫基础还很脆弱，边缘户的发展基础很不稳定，脱贫地区的发展基础十分薄弱，这些特征和实现共同富裕、贯彻新发展理念、构建新发展格局、实现高质量发展、践行党的初心使命等政治要求，必然要求脱贫地区要扎实推进并实现巩固拓展脱贫攻坚成果同乡村振兴有效衔接，而且在实践中也体现出此项工作的紧迫性和重要性。巩固拓展脱贫攻坚成果同乡村振兴有效衔接、全面推进乡村振兴是一项复杂的系统工程，是一个历史过程。习近平总书记关于巩固拓展脱贫攻坚成果同乡村振兴有效衔接的重要指示、关于"三农"工作的重要论述为有效衔接提供了根本遵循，要求在巩固拓展脱贫攻坚成果的基础上，认真总结借鉴脱贫攻坚积累的宝贵制度成果和精神财富，完善乡村振兴政策体系、制度体系和工作体系，切实做好巩固拓展脱贫攻坚成果同乡村振兴的有效衔接，接续推进脱贫地区经济社会发展和群众生活改善。

二、有效衔接的战略演进逻辑

理解和把握巩固拓展脱贫攻坚成果同乡村振兴有效衔接的战略演进逻辑，有助于做好有效衔接的各项工作。脱贫攻坚全面胜利以来关于脱贫攻坚有效衔接乡村振兴的实践表明，脱贫攻坚的历史经验和伟大的脱贫攻坚精神构成了有效衔接战略演进的基础，持续提升理论素养、战略思维能力与坚持系统观念构成有效衔接战略演进的支撑，而不断强化动力机制和优化工作推进体系正是有效衔接战略演进的保障。

（一）有效衔接战略演进的基础

1. 充分汲取脱贫攻坚的历史经验

从历史经验的总结及其时代运用的角度看，打赢脱贫攻坚战中积累形成的宝贵经验，对于实现推进巩固拓展脱贫攻坚成果同乡村振兴有效衔接具有重要指导意义。**一要坚持党的集中统一领导**，把巩固拓展脱贫攻坚成果、全面推进乡村振兴纳入治国理政的总体布局，健全完善五级书记一起抓的体制机制，加强基层组织，用好驻村第一书记和驻村工作队。**二要坚持科学理论指导**，把习近平总书记关于扶贫工作、关于"三农"工作的重要论述作为根本遵循，强化理论武装，提高推进工作的理论素养，运用习近平总书记的重要思想指导顶层设计、改革创新、政策落实。**三要坚持**

人民至上的根本立场，始终把脱贫群众满意不满意作为衡量有效衔接工作成效的重要尺度，建立健全一整套有效衔接的制度体系、政策体系、工作体系，切实实现好、维护好、发展好脱贫群众生活更上一层楼的利益。**四要坚持系统观念**，把有效衔接工作纳入"五位一体"总体布局、"四个全面"战略布局，统筹推进巩固拓展脱贫攻坚成果、全面推进乡村振兴。**五要坚持精准方略**，与我国脱贫地区、脱贫群众持续发展的差异性相适应，精准制定目标要求，确定实现路径，切实提高有效衔接政策体系的目标针对性，提升有效衔接的整体效能。**六要坚持构建工作大格局**，巩固拓展脱贫攻坚成果、全面推进乡村振兴同样需要政府、市场、社会的互动，需要专项支持、行业帮扶、社会参与的联动，构建起跨地区、跨部门、跨单位、全社会共同参与的工作大格局。**七要坚持激发内生动力**，把培育脱贫群众的内生动力、脱贫地区的发展动力作为实现巩固拓展脱贫攻坚成果同乡村振兴有效衔接工作的根本措施，充分调动广大脱贫群众的积极性、主动性、创造性，激发让生活更上一层楼的内生动力。**八要坚持要素有效保障**，确保各项要素如资金、人才、土地、制度等要素的供给，特别是在资金投入上充分发挥政府的主导作用，同时动员政策银行、商业银行、专业银行创新参与形式，统筹管好用好各类资金。**九要坚持改革创新**，把推进有效衔接工作的理念、程序、方式、模式等方面的创新始终贯穿创设及实施政策体系的全过程。**十要坚持从严考核评估**，把全面从严治党要求贯穿于有效衔接工作全过程和各环节，建立健全相应的考核评估体系、监督体系，实行最严格的考核评估。

2. 大力弘扬脱贫攻坚精神

习近平总书记指出，脱贫攻坚伟大斗争，锻造形成了"上下同心、尽锐出战、精准务实、开拓创新、攻坚克难、不负人民"的脱贫攻坚精神。脱贫攻坚精神，是中国共产党性质宗旨、中国人民意志品质、中华民族精神的生动写照，是爱国主义、集体主义、社会主义思想的集中体现，是中国精神、中国价值、中国力量的充分彰显，赓续传承了伟大民族精神和时代精神。①脱贫攻坚精神形成于深厚的中华民族精神文化基因，其价值源泉来自我们党"为中国人民谋幸福、为中华民族谋复兴"的初心和使命。脱贫攻坚精神产生于脱贫攻坚，但不止于脱贫攻坚。在脱贫攻坚过渡期内，实现巩固拓展脱贫攻坚成果同乡村振兴的有效衔接，其难度不亚于脱贫攻坚。既要巩固成果、拓展成果，还要推动更大发展从而实现振兴，这就需要全党全国"上下同心"，需要各地各部门"尽锐出战"。我国区域发展不平衡，城乡之间、不同群体之间发展的差异性，决定了推进有效衔接的各项体制机制、政策措施都必须做到"精准务实"从而实现精准高效，这就需要上下左右、各个方面始终坚持"开拓创新"。无论是脱贫攻坚，还是巩固拓展脱贫成果，其目标的特殊性决定了工作的艰巨性，唯有"攻坚克难"，才能践行初心使命，做到"不负人民"。脱贫攻坚精神丰富和发展了党的精神谱系，为全面推进乡村振兴、逐步实现全体人民共同富裕提供了精神力量。

（二）有效衔接战略演进的支撑：理论素养、战略思维能力与系统观念

1. 提升理论素养是实现巩固拓展脱贫攻坚成果同乡村振兴有效衔接的基础

一个民族要走在时代前列，就一刻不能没有理论思维，一刻不能没有正确思想指引。②深刻领会习近平总书记关于"三农"工作的重要论述是提升干部群众理论素养的核心。习近平总书记的论述从"三农"工作的战略意义和历史意义、保障粮食和重要农产品供给安全、加强耕地保

---

① 习近平：《在全国脱贫攻坚总结表彰大会上的讲话》（2021年2月25日），人民出版社2021年版，第19页。

② 《习近平在省部级主要领导干部学习贯彻党的十九届六中全会精神专题研讨班开班式上发表重要讲话强调　继续把党史总结学习教育宣传引向深入更好把握和运用党的百年奋斗历史经验》，《人民日报》2022年1月12日。

护建设、强化农业科技支撑、创新农业经营方式、促进农民增收致富、县域内城乡融合发展等方面进行了系统深刻阐述，形成了思想深邃、内涵丰富的思想体系，深入阐明了新时代"三农"工作在全党全国全局工作中的历史方位，深刻阐释了新时代农业农村现代化的核心要义和科学内涵，鲜明提出了巩固拓展脱贫攻坚成果、全面推进乡村振兴的目标方向、时代要求、发展规律和推进路径，为实现巩固拓展脱贫攻坚成果同乡村振兴有效衔接、全面推进乡村振兴顶层设计提供了根本遵循，为中央决策部署的贯彻落实提供了行动指南。

学习领会习近平总书记关于"三农"工作重要论述中关于乡村振兴的重要论述，可以形象比喻为建设一幢共同富裕大厦：地基好比脱贫攻坚与全面建成小康社会——地基不牢，大厦不稳。承重柱好比粮食安全和"五大振兴"——承重柱越有力，大厦建得越稳越好。混凝土隔层好比农业农村农民现代化进程，混凝土隔层一层层地往上搭建，共同富裕的大厦才能越来越高。砖瓦水泥门窗好比城乡融合发展，农村的发展和城市的发展一体化要相互融合，首要的是推动县域内城乡融合发展。建设标准就是高质量发展要求，只有高质量发展才能保证共同富裕的成色。房顶好比共同富裕，是要达到的最终目标——建成高质量的大厦。建设大厦的技术工人就是广大乡村振兴干部，要汇聚广大乡村振兴干部的力量。建筑工则是农民，因为农民是乡村振兴的主体，乡村振兴必须为农民而兴。

2. 提升战略思维能力是实现巩固拓展脱贫攻坚成果同乡村振兴有效衔接的关键

战略问题是一个政党、一个国家的根本性问题。战略上判断得准确，战略上谋划得科学，战略上赢得主动，党和人民事业就大有希望。战略是从全局、长远、大势上作出判断和决策。[①]党的十九大以来，以

---

① 《习近平在省部级主要领导干部学习贯彻党的十九届六中全会精神专题研讨班开班式上发表重要讲话强调　继续把党史总结学习教育宣传引向深入更好把握和运用党的百年奋斗历史经验》，《人民日报》2022年1月12日。

习近平同志为核心的党中央提出实现乡村振兴战略，就巩固拓展脱贫攻坚成果、全面推进乡村振兴作出一系列决策部署，体现了高瞻远瞩的战略眼光、总揽全局的战略智慧，为新时代党和国家推进农业农村现代化指明了前进方向、提供了根本遵循。

提升有效衔接的战略思维能力，首先，要准确把握分阶段安排的战略目标。到2025年，脱贫攻坚成果巩固拓展，乡村振兴全面推进，底线是确保不发生规模性返贫，脱贫地区农民收入增速高于全国农民平均水平。到2035年，脱贫地区经济实力显著增强，乡村振兴取得决定性进展，农业农村现代化基本实现。到2050年，农业农村现代化全面实现，农业高质高效、乡村宜居宜业、农民富裕富足，乡村全面振兴。

其次，要准确把握工作重心的战略转移。从解决"两不愁三保障"向推动乡村全面振兴转变，更加关注农业、农村、农民的全面发展；从突出到人到户向推动区域发展转变，更加关注一个村、一个镇、一个县的全域发展；从以政府投入为主向政府与市场有机结合转变，更加强调注重利用市场配置资源。

再次，要准确把握以解决脱贫不稳定、脱贫地区发展水平不高、帮扶方式不可持续为主要目标的战略任务。通过采取保持主要帮扶政策总体稳定、做好易返贫致贫人口的监测帮扶、巩固"两不愁三保障"成果、强化易地搬迁群众后续帮扶、抓好产业就业帮扶、抓好搬迁群众后续扶持、加强扶贫项目资产管理和监督、实施巩固脱贫成果后评估等综合性措施推进巩固拓展脱贫攻坚成果；通过发展壮大特色优势产业、加强脱贫劳动力就业帮扶、提升脱贫地区基础设施和公共服务水平、倾斜支持乡村振兴重点帮扶县等措施接续推进脱贫地区乡村振兴；通过加强农村低收入人口监测、分层分类落实救助帮扶举措、合理确定农村医疗保障待遇水平、完善养老保障和儿童关爱服务等措施，健全农村低收入人口常态化帮扶机制。

最后，要准确把握战略和策略的辩证统一关系，保持战略定力。善于从战略上看问题、想问题，坚持以习近平总书记关于"三农"工作的重要论述为指导，深刻领会、坚决贯彻党中央作出的各项战略决策和部署；拓宽战略视野，统筹把握中华民族伟大复兴战略全局和世界百年未有之大变局，从国内国际两个大局、党和国家工作大局出发思考和研究巩固拓展脱贫攻坚成果同乡村振兴有效衔接的相关问题，把巩固拓展、有效衔接、全面振兴、共同富裕统一起来；增强"十四五"时期推进有效衔接、全面推进乡村振兴战略设计的科学性和长远指导性，同时根据发展变化及时调整策略，增强策略安排的针对性、务实性和可操作性，把战略的坚定性和策略的灵活性结合起来。

3. 坚持系统观念是实现巩固拓展脱贫攻坚成果同乡村振兴有效衔接的首要原则

从脱贫攻坚到乡村振兴，这是历史性转移。"历史性"表明，不是短期目标任务，需要保持历史耐心；"转移"表明，不是脱贫攻坚战的简单延伸，需要系统认识，同时也不是某个方面的转移，是全面转移。巩固拓展、有效衔接、乡村振兴是一个有机联系的整体。巩固拓展的方向是有效衔接，在巩固拓展的同时推进有效衔接；有效衔接的方向是乡村振兴。仅就巩固拓展脱贫攻坚成果而言，目标很明确，因为"两不愁三保障"、饮水安全，通过兜底保障、动态清零完全可以实现。但是，如果不是用发展的办法实现有效衔接乡村振兴、促进乡村发展水平整体提升，那么，巩固拓展脱贫攻坚成果仍处于低水平，脱贫攻坚成果的稳定性和抗逆性难以持续提高，规模性返贫的"阈值"就会维持在较低值。这些都决定了，推进有效衔接必须用系统观念去设计和谋划。

实施乡村振兴战略是一项系统工程。从内容看，包含乡村发展、乡村建设、乡村治理。从推进路径看，包含产业、人才、文化、生态、组织等"五大振兴"和城乡融合发展。无论从哪个角度、哪个环节，乡村振兴都是一项复杂的系统工程。只有在设计、推进和实施过程中充分运用系统观念，才有可能确保整体效果。乡村全面振兴是实现共同富裕的底线任务。习近平总书记强调，脱贫攻坚战的全面胜利，标志着我们党在团结带领人民创造美好生活、实现共同富裕的道路上迈出了坚实的一大步。同时，脱贫摘帽不是终点，而是新生活、新奋斗的起点。解决发展不平衡不充分问题、缩小城乡区域发展差距、实现人的全面发展和全体人民共同富裕仍然任重道远。①

要用好底线思维，以共同富裕为目标方向，推进巩固拓展脱贫攻坚成果同乡村振兴有效衔接，进而全面振兴乡村，为推进全民共富、全面共富、共建共富、逐步共富奠定基础。全面推进乡村振兴需要把握的系统关系，如乡村振兴和马克思主义中国化的关系，统筹中华民族伟大复兴战略全局和世界百年未有之大变局的关系，与社会主义现代化国家建设的关系，与新发展阶段、新发展理念、新发展格局和高质量发展的关系，这些关系都需要用系统观念去认识、理解和把握。

（三）有效衔接战略演进的保障：强化动力机制与优化工作推进体系

1. 持续强化巩固拓展脱贫攻坚成果同乡村振兴有效衔接的动力机制

一要增强领导力。全面加强党对"三农"工作的领导，切实增强各级干部做好"三农"工作的政治能力。深入贯彻落实《中国共产党农村工作条例》，健全中央统筹、省负总责、市县乡抓落实的农村工作领导体制，层层落实五级书记抓巩固拓展脱贫攻坚成果同乡村振兴有效衔接、全面推进乡村振兴的责任。始终坚持用习近平总书记关于"三农"工作的重要论述武装头脑、指导实践、推动工作，把新发展理念完整、准确、全面贯彻到巩固拓展脱贫攻坚成果同乡村振兴有效衔接工作的各方面各环节全过程。**二要增强执行力**。将脱贫攻坚工作中形成的有效做

---

① 习近平：《在全国脱贫攻坚总结表彰大会上的讲话》（2021年2月25日），人民出版社2021年版，第20页。

法运用到推进乡村振兴上,建立健全上下贯通、一抓到底的巩固拓展脱贫攻坚成果、全面推进乡村振兴工作体系。落实县委书记抓巩固拓展、有效衔接乡村振兴"一线总指挥"责任,发挥各级党委农村工作领导小组牵头抓总、统筹协调作用,提升各级党委农村工作机构、各级乡村振兴干部的执行能力。选优配强乡镇领导班子、村"两委"成员特别是基层党组织书记,切实发挥农村基层党组织战斗堡垒作用,用好驻村第一书记和工作队,确保中央决策部署政策措施落地见效。**三要增强动员力**。坚持和完善东西部协作机制,在保持现有结对关系基本稳定和加强现有经济联系的基础上,调整优化原则上一个东部地区省份帮扶一个西部地区省份的长期固定结对帮扶关系。更加注重发挥市场作用,强化以企业合作为载体的帮扶协作。坚持中央单位定点帮扶机制,安排有能力的部门、单位和企业承担更多责任。组织开展"万企兴万村"行动。坚持和完善驻村第一书记和工作队制度,推动建强村党组织、强村富民、提升治理水平、为民办事服务等重点任务。**四要增强创新力**。加强脱贫攻坚与乡村振兴政策衔接。落实好过渡期脱贫攻坚调整优化后的涵盖财政、税收、金融、土地和教育、健康、医保、住房、饮水、产业、就业等方面的33项政策。加强巩固拓展脱贫攻坚成果同乡村振兴有效衔接的组织保障。核心是将脱贫攻坚工作中形成的领导体制、工作体系、规划和项目建设、帮扶机制、考核机制等,根据实际需要运用到巩固拓展脱贫攻坚成果、全面推进乡村振兴上来。围绕推动小农户与现代农业有机衔接深化新阶段农村改革,主要是巩固和完善农村基本经营制度,深化农村土地制度改革,推动城乡融合发展体制机制和政策体系落地见效。**五要增强内生动力**。在巩固拓展脱贫攻坚成果同乡村振兴有效衔接中始终尊重脱贫群众的主体地位,坚持乡村振兴为农民而兴、乡村建设为农民而建。充分尊重农民意愿,农民期盼干的抓紧干,农民愿意干的带着干,农民不愿意干就先放一放、缓一缓。下决心建立自下而上、村民自治、农民参与的实施机制,农民应该干的要尽量交给农民干,政府重点做农民干不了、干不好的事。① 加强农民培训，加强农村创业致富带头人培育，持续提高农民参与乡村振兴的积极性、主动性。

2. 持续优化巩固拓展脱贫攻坚成果同乡村振兴有效衔接的工作推进体系

一要深化对政策的理解把握。系统理解巩固拓展脱贫成果同乡村振兴有效衔接政策任务的必然性、艰巨性和长期性，深刻认识在发展中实现巩固拓展的根本性、重要性和紧迫性。特别注意理解和把握好政策关键点，比如产业振兴是一个长期发展过程，现阶段强调有效衔接政策是一个发展方向，如何实现有效衔接是一个有机整体，推动共同富裕需要科学引领，等等。**二要提升干部理论思维能力**。切实领悟习近平总书记关于"三农"工作重要论述的丰富内涵、精髓要义、实践要求。要把乡村振兴放在习近平新时代中国特色社会主义思想理论体系中，从治国理政的角度去理解乡村振兴工作的重要性。坚持在加快发展、实现高质量发展中推动脱贫攻坚成果巩固和拓展。通过有效培训着力提升干部能力，促进干部群众观念加快转变。避免把乡村振兴工作理解成阶段性工作。**三要牢固树立"谋定而后动"思维**。全国各地乡村发展水平差异较大，一个省内不同地区、市、县、乡、村也处于不同发展阶段或发展方式不同，没有统一的"教科书"。特别是在做乡村规划前一定要想清楚，是应当以县为单位做规划，还是统筹考虑计划撤并的村分类规划，还有建什么、怎么建、资金怎么来、能不能建成等问题，要做到"谋定而后动"。否则，盲目规划就会出现要么规划的内容不可行，成为无法落地的"画饼"规划，要么农民不知情、与农民不相关，体现不了为农民而建，还可能造成资金浪费。**四要增强系统推进的意识和能力**。推进巩固拓展脱贫攻坚成果同乡村振兴有效衔接是一项复杂的系统工程。在不同的历史阶段，任务目标有所不同。从大概念看，巩固拓展脱贫攻坚

---

① 唐仁健：《扎实推动乡村振兴取得新进展》，《学习时报》2022年3月2日。

成果、有效衔接乡村振兴、全面推进乡村振兴，无论在过渡期还是从长远看，都需要不断调整和完善体制机制政策体系，因此如何发挥示范引领作用更为重要。在示范创建和项目建设中，一定要充分考虑当前和长远任务目标，不能只选好的项目点打造"盆景"，示范项目建设要有特色，要体现前瞻性和多元性，并具有可复制、可推广价值特性。**五要切实做好总结宣传引导**。及时总结工作实践中探索的好做法、好经验，加大宣传和正面舆论引导，不仅能得到社会认可，也利于激发基层干部积极性和创造性。在经验总结中，要注重总结经验的内在规律性，体现为什么好、怎么学、怎么用。设立一系列专题和典型案例，在深入总结研究的基础上，有效开展讨论、交流、宣传，很有必要，既可以为培训提供鲜活的理论、案例支持，又可以营造提升理论思维氛围、构建乡村振兴工作系统话语，凝聚更大合力。

三、统筹推进有效衔接的各项工作

（一）做好过渡期内领导体制、工作体系、发展规划、政策举措、考核机制等有效衔接

一要领导体制衔接。主要健全中央统筹、省负总责、市县乡抓落实的领导体制，构建责任清晰、各负其责、执行有力的领导体系，层层压实责任，建立统一高效的实现巩固拓展脱贫攻坚成果同乡村振兴有效衔接的决策议事协调工作机制。**二要工作体系衔接**。中央省市县、东西南北中、各行业部门设立乡村振兴工作机构，为全面推进乡村振兴提供机构保障。中央农办、农业农村部、国家乡村振兴局，在中央农村工作领导小组框架下，从不同角度、不同层面推进乡村振兴。**三要发展规划衔接**。把实现巩固拓展脱贫攻坚成果同乡村振兴有效衔接的重大举措纳入"十四五"规划，将脱贫地区巩固拓展脱贫攻坚成果和乡村振兴重大

工程项目纳入"十四五"相关规划。**四要政策举措衔接**。落实好33项衔接政策，特别是财政有效衔接资金支持、资金整合、信贷保险、土地支持、人才智力支持等政策。**五要考核机制衔接**。把巩固拓展脱贫攻坚成果纳入市县党政领导班子和领导干部推进乡村振兴实绩考核范围，创新完善督查方式，确保政策举措有效落实。

（二）大力发展产业，有效稳定就业，促进脱贫人口持续增收

一要大力发展脱贫地区特色产业。注重脱贫攻坚时期扶贫产业的后续长期培育，发挥龙头企业和各类经营主体带动作用。按照市场规律和产业发展规律，完善联农富农机制，提高产业市场竞争力和抗风险能力。加大对脱贫县特别是国家重点帮扶县的产业发展支持，发挥现代农业产业园、科技园、产业融合发展示范园的集聚效应，完善全产业链支持措施。加快脱贫地区农产品和食品仓储保鲜、冷链物流设施建设，支持农产品流通企业、电商、批发市场与区域特色产业精准对接，培育绿色食品、有机农产品、地理标志农产品，促进一二三产业融合发展。大力实施消费帮扶。**二要促进脱贫人口稳定就业**。加大脱贫人口有组织劳务输出力度，稳住省外务工规模。大力发展劳动密集型产业，支持脱贫地区在小型基础设施等涉农项目建设和管护时广泛采取以工代赈方式，增加就地就业数量。突出就业吸纳，用好就业帮扶车间。加大开发利用，用好生态护林员、乡村公益岗位等就业平台，健全按需设岗、以岗聘任、在岗领补、有序退岗的管理机制。精准落实政策，做好易地搬迁群众就业帮扶。

（三）发挥重大工程带动作用，实行乡村建设行动，持续改善脱贫地区基础设施条件

发挥国家建设高速公路、客货共线铁路、水利电力等区域性和跨

区域重大基础设施建设工程的带动作用，推进脱贫县"四好农村路"建设，推动交通项目更多向进村入户倾斜，因地制宜推进较大人口规模自然村（组）通硬化路，加强通村公路和村内主干道连接，加大农村产业路、旅游路建设力度。加强脱贫地区农村防洪、灌溉等中小型水利工程建设。统筹推进脱贫地区县乡村三级物流体系建设，实施"快递进村"工程。支持脱贫地区电网建设和乡村电气化提升工程实施。通过县域统筹逐步提高乡村基础设施和公共服务水平，促进农村人居环境整治工作提升。按照"整顿、完善、巩固、提高"的总体思路，因地制宜选择改厕模式，推进农村"厕所革命"。以乡镇政府驻地和中心村为重点，梯次推进农村生活污水治理。健全农村生活垃圾收运处置体系，推进农村生活垃圾就地分类和资源化利用。持续推进村庄清洁行动和乡村绿化美化行动，推进整体提升，推进村容村貌常年保持干净整洁、有序美丽。

（四）进一步提升脱贫地区公共服务水平

继续改善义务教育办学条件，加强乡村寄宿制学校和乡村小规模学校建设。加强脱贫地区职业院校（含技工院校）基础能力建设。继续实施家庭经济困难学生资助政策和农村义务教育学生营养改善计划。保持现有健康帮扶政策基本稳定，完善大病专项救治政策。继续开展三级医院对口帮扶并建立长效机制，继续改善疾病预防控制机构条件。逐步建立农村低收入人口住房安全保障长效机制，继续加强脱贫地区村级综合服务设施建设，提升为民服务能力和水平。组织开展县乡村公共服务一体化试点示范，制定一体化地方标准，健全体制机制和政策体系，创新优化农村公共服务供给模式。组织开展农村公共服务发展状况评价，建立农村社会事业评价指标体系和发展评价指数，开展评价，引导均衡发展。

> **案例**

实现巩固拓展脱贫攻坚成果同乡村振兴有效衔接
——河南省开封市兰考县的探索实践

兰考县是焦裕禄精神的发源地，习近平总书记在第二批党的群众路线教育实践活动中的联系点，国家级贫困县和大别山连片特困地区重点县。经过全县干群的共同努力，兰考县于2017年3月在全国第一批率先脱贫摘帽。近年来，兰考县坚持以习近平总书记关于"三农"工作的重要论述为指引，以习近平总书记视察调研河南省作出的县域治理"三起来"（把强县和富民统一起来、把改革和发展结合起来、把城镇和乡村贯通起来）、乡镇工作"三结合"（坚持做到把改进作风和增强党性结合起来、把为群众办实事和提高群众工作能力结合起来、把抓发展和抓党建结合起来）重要指示精神为根本遵循，脱贫摘帽以来，按照"产业兴旺、生态宜居、乡风文明、治理有效、生活富裕"总要求，积极探索实践巩固拓展脱贫攻坚成果同乡村振兴有效衔接，在学习十九届五中全会、中央经济工作会、中央农村工作会和省委全会精神的基础上，兰考提出了打造"三新一高地"（即新时代中国特色社会主义精神高地、全国共同富裕县域新样板、全国城乡融合发展新示范、全国县域改革创新新典范）的战略定位和远景目标，奋力开启乡村振兴战略新征程。

主要做法

一、以产业兴旺为重点，厚植乡村振兴新优势

坚持绿色生态可持续发展，持续做强现代家居、节能环保、智能制造三大主导产业和绿色食品、文旅培训两个优势产业，巩固拓展产业脱贫成果，推动一二三产业融合发展，激发乡村产业发展新动能。

拓展产业发展链条。立足本地优势，聚焦招大引强、延链强链，培育壮大蜜瓜等扶贫特色产业，构建"鸡鸭牛羊驴+饲草"绿色食品产业体系，恒大、正大、光大、华润、首农等14家上市企业落户兰考，形成"龙头企业做两端，贫困群众干中间，金融扶贫惠全链"的产业带贫模式。同时，推动农村闲置荒废宅基地和"空心院"、"一宅变四园"（"四园"指游园、果园、花园、菜园）改造，鼓励群众拆除围墙和大门，发展庭院经济，腾挪一二三产业发展空间，加快农村产业的融合发展。

做优做强带贫产业。以发展花生、红薯、苗木、养羊、青贮玉米5种龙头带动自主发展型产业，瓜菜、养驴、乐器、经济林、食用菌5种能人带动自主创业型产业为主体，由龙头企业、能人带动，企业订单式回购，与能人抱团发展，解决群众销售难题，增强抵御市场风险能力；进一步优化产业扶持措施，实现由到村到户为主向到乡到村带户为主转变，健全完善利益联结机制，带动贫困群众至少拥有2项增收产业。

推动文旅深度融合。依托焦裕禄精神和黄河资源、生态资源的独特优势，吸引泛华、绿维、浔龙河、中旅等国内一流文旅公司与县属国有公司合作，积极落实"旅游+"战略，推动产业深度融合，打造"红+黄+绿"（焦裕禄精神和黄河资源、生态资源）旅游产品体系。

二、以生态宜居为关键，提升乡村振兴新品质

持续改善人居环境。聚焦农村生活垃圾处理、村容村貌整治，持续开展农村人居环境整治，推进农村生活垃圾处理、生活污水治理和探索农村厕所后期服务与管理，实施"五分钱工程"（每人每天捐出5分钱用于环境整治）。开展"清洁家园"行动，推进农村"厕所革命"，全面解决脏、乱、差等问题。

推动绿色循环发展。 把种植业、养殖业、加工业紧密衔接，打造循环农业发展示范区，加快实现农业废弃物资源化循环利用。大力推进全域绿化，探索独具兰考特色的"一廊三带"（以生态廊道建设为基础，打造美丽乡村示范带、产业示范带、全域旅游示范带）乡村振兴模式，建设贯通城乡的生态廊道、环村绕乡的生态屏障、花果飘香的美丽村庄，将所有入村主干道、村内主次干道和庭院全部绿化、美化、花化、彩化、果化，实现由美丽乡村向美丽经济转变。至2021年全县林地面积达30余万亩，林木覆盖率32.9%。

三、以乡风文明为依托，培树乡村振兴新风尚

加强思想道德教育。 打破以往理论宣讲的固化模式，创新开展"一米团"（理论宣讲团要与群众面对面，与群众的距离只有"一米"）、"夜间小板凳会"等活动，推动党的创新理论在农村大地牢牢生根。

积极推动移风易俗。 大力弘扬社会主义核心价值观，挖掘和弘扬优秀乡贤文化，传承和推广优良家风家训，完善村规民约、红白理事会等制度，使村规民约"小章程"成为群众日常生活中的"硬杠杠"。

深化精神创建活动。 坚持开展"道德模范"评选、"流动红旗"评比活动以及典型人物事迹宣讲，转变群众的思想认识，激发百姓的内生动力。

四、以治理有效为基础，创建乡村振兴新模式

强化组织建设。 推行村党组织书记和村委会主任"一肩挑"，实施"支部连支部、干部联到户"、领导干部"百日住村"，开展以争创"稳定脱贫奔小康红旗村""基层党建红旗村""乡风文明红旗村""美丽村庄红旗村"为主要内容的基层党建活动，围绕乡村振兴，在焦裕禄干部学院、三农职业学院开设专题课程，党政干部全部上台授课，对所有乡村干部进行培训，切实增强基层党组织的凝聚力

和战斗力。

完善治理体系。在县级层面，四大班子齐上阵，成立"五部六组两会"①工作推进机制。在乡科级层面，鼓励更多的优秀年轻干部到乡村振兴一线建功立业，倡树重基层、重一线用人导向。在村级层面，选强用好村级党组织书记，探索制定《关于拓宽选人渠道激励村干部担当作为的六条措施》，实行村党组织书记"1234"报酬激励机制②，打破党支部书记入口、待遇、晋升三个"天花板"，充分调动村干部干事创业积极性。

推进村民自治。着力加强基层群众自治组织规范化建设，完善民主选举、民主决策、民主管理、民主监督制度，发挥村民自治组织在基层社会治理中的基础作用。将产业发展、美丽乡村建设等事项，纳入"四议两公开"工作法决策范围，引导群众积极参与基层治理。

建设法治乡村。创立"农民法治学堂"，引导农民树立法治观念、提高法治素养，推进实现"法律明白人"和"法治带头人"村（社区）全覆盖，以村（居）法律顾问、村（社区）民警等为主体，每个村（社区）配置5至8人的法治服务团队。推动法律服务和法制宣传向乡村延伸，营造良好法治环境和法治氛围。

五、以生活富裕为根本，彰显乡村振兴新成果

抓好防返贫监测工作，不断提升民生保障水平，让农民在共享发

---

① 五部指民生保障指挥部、乡村振兴指挥部、城乡建设指挥部、工业强县指挥部、文旅培训与消费升级指挥部；六组指党建高质量与深化改革领导小组、全面从严治党与优化营商环境领导小组、防范风险与县域治理领导小组、意识形态与新时代文明实践领导小组、开放创新和民营经济领导小组、军民融合领导小组；两会指焦裕禄精神和乡村振兴研究会、县域治理"三起来"研究会。

② 指结合"四面红旗"村（社区）评选，每年分别评出一级、二级、三级、四级明星村（社区）党组织书记10名、20名、30名、40名，每月基本工作报酬参照处级、科级实发工资发放（补齐差额）。

展成果中不断增强幸福感、获得感。

大力促进农民增收。支持能够发展产业的群众发展产业，帮助没有产业发展能力的群众在产业发展中稳定就业，鼓励没有稳定就业能力的群众勤劳致富，鼓励弱劳动能力的群众尽可能参与公益性岗位就业。

优先发展教育事业。加强控辍保学工作，大力实施扩优治薄的学校建设、学校布局调整等"六大工程"，提高全县小学、中学净入学率。

推进健康兰考建设。对乡镇（街道）卫生院、村级卫生室进行标准化建设改造，发挥乡镇卫生院的首诊功能，满足人民群众医疗服务新需求，实现"小病不出乡"的目标。

主要成效

基层基础进一步夯实。兰考县注重贯通各类人才流通的渠道，让各类人才都有不同的发展道路。2021年，制定了《"三破三解"激励村（社区）党组织书记担当作为的六条措施》，打通村干部晋升通道，每年分别选出一级、二级、三级、四级明星村党支部书记，基本工作报酬分别参照县长、副县长、乡镇长、副乡镇长实发工资发放。同时每年评出10名优秀党支部书记转为事业编制，解除村党支部书记后顾之忧，激励其全身心投入到乡村振兴工作。启动了新一轮的驻村帮扶工作，按照"三有三强"①标准，选派最强的帮扶力量，采取"1联2"（工作队驻脱贫村，同时联帮2个行政村）帮扶模式，新选派735名优秀队员，其中，老工作队员355名，科级干部210名，组建222支驻村工作队，压茬推进，实现驻村工作全覆盖。

---

① "三有"：有爱农村、爱农民、扎根基层的为民情怀；有壮大产业、带领群众共同富裕的发展理念；有甘于奉献、勇挑重担的担当精神。"三强"：最强的科级干部当队长、最强的机关党支部书记当队员、最强的单位支持做后盾。

脱贫基础进一步稳固。兰考县注重引导、支持村"两委"、驻村工作队积极发展产业，引导就业，促进群众稳定增收。**一是特色产业发展良好**。根据兰考县主导产业，按照"村有基地、乡有园区"的标准，积极谋划特色产业。在产业项目的培育过程中，兰考县整合资源、因势利导，严格把关、严格验收，促进了一大批产业成长壮大。徐场村的乐器产业，杜寨村的蜜瓜产业，白云山村的果蔬产业，都是这几年培育起来的带贫作用明显的特色产业。民族乐器板材加工，带动了全县1700多家板材企业发展，8.6万人稳定就业，年产值达300亿元。兰考蜜瓜种植面积达5万亩，获农产品地理标志和绿色食品认证；以"龙头企业+合作社+农户"模式，构建"牛羊+饲草"畜牧产业体系；特色产业的发展有力巩固了脱贫基础，累计带动5.5万脱贫群众稳定增收，2020年全县脱贫户人均纯收入达到15862元。**二是稳定就业效果明显**。加大技能培训力度，及时提供就业宣传和帮扶，积极落实创业贷款、创业补贴等政策，合理开发公益性岗位。截至2022年年初，全县脱贫劳动力及边缘易致贫人口共就业32076人，其中脱贫劳动力就业31668人，边缘易致贫人口就业408人。**三是消费帮扶持续开展**。探索实施"兰考县乡村振兴帮扶柜项目"，首批投放50台。在新世纪购物中心、兰美超市、永久里超市等商超分别设置了19个扶贫专区，已投入使用。

人居环境进一步向好。人居环境的提升不仅是村容村貌的改观，更重要的是改变了贫困群众的精神风貌。兰考县推进垃圾分类，坚持以创建"无废城市"为抓手，依托沐桐环保建成覆盖废家电的"城市矿山"；依托光大环保垃圾发电项目建立完善的城乡垃圾清扫收储处理体系，实现了生活垃圾无害化处理；依托鼎丰木业等，建立秸秆、树枝等农林废弃物的再生和处理体系；引进中电建生物质制气项目，实现畜禽粪便无害化处理，年处理农业废弃物69.8万吨、畜禽养殖粪污50万吨，全县秸秆综合利用率92.8%。实施"五分钱工程"，号召群众每人每天捐出5分钱，开展捐资、捐物、捐力活动，激发了群众参与乡村建设的主动性。两年来，全县累计捐款达3216万元，捐物折资2170万元，捐工90万个，采取"村收、乡管、民用"的模式，用于人居环境提升、公共服务和基础设施维修。并成立了村民理财小组，确保每花一分钱都公示上墙。兰考县建立了农村厕所"卫生化收集、无害化处理、资源化利用、智能化服务、长效化管理"的管护模式，确保农村厕所"满了有人抽、抽了有人用，坏了有人修"。如今，到过兰考的人都夸赞兰考变化大，其实兰考最大的变化是"人的变化、生态的变化"，"水清、树绿、干净、有序"已成为兰考的新标识。

经验启示

"十四五"时期是实现全面建成小康社会目标后向全面建设社会主义现代化国家迈进的关键时期，也是实现全面脱贫与乡村振兴平稳转型的过渡时期。过渡期内，农村发展将面临两大核心任务，一方面是全面提高脱贫质量，另一方面是尽快实现从脱贫攻坚到乡村振兴的大转变。兰考县巩固拓展脱贫攻坚成果的经验启示有以下四点：

第一，借鉴减贫经验做法。党的十八大以来，兰考县坚持以脱贫攻坚统揽经济社会发展全局，大力推进脱贫攻坚工作，围绕"扶持谁、谁来扶、怎么扶"等问题，实施了一系列重大工程，推动脱贫攻坚取得重大胜利，为实施乡村振兴战略补齐了短板弱项，积累了许多有益经验和有效做法，比如，组织领导、驻村帮扶、社会参与、责任监督等，这些制度为乡村振兴提供了有益的经验借鉴。要推动脱贫攻坚与乡村振兴有效衔接，就需要认真总结并借鉴脱贫攻坚中的有益经验和有效做法，逐步建立一个符合乡村振兴要求的新的工作体系，作为加快推进农业农村现代化的重要前提和根本保障。

第二，推动减贫方向转变。在完成脱贫攻坚目标任务后，减贫方向将由绝对贫困向相对贫困转变、由超常规扶贫攻坚向常规性贫困治理转变。在"十四五"时期，要根据发展阶段和情况变化做好规划衔接，推动减贫战略方向的转型，编制"十四五"巩固拓展脱贫攻坚成果规划，明确未来减少相对贫困的工作思路和政策措施，并将其纳入乡村振兴战略，逐步建立农民持续稳定增收和减贫的长效机制。

第三，加快政府政策转变。推动脱贫攻坚转向乡村振兴，政府政策需要从帮扶政策转向支持保护政策。要对现行的脱贫攻坚政策进行全面梳理，并对其适应性进行科学评估，按照相应原则实行分类处置。比如，保留一批，对人居环境整治、扶贫公益性单位、控辍保学等政策措施，可直接纳入乡村振兴的常规性政策中；延期一批，对尚需要做好后续扶持的工作，资金和政策支持须适当延长一段时间；整合一批，对产业扶贫等措施，在调整升级后可纳入乡村振兴的常规性政策，对保障兜底、医疗扶贫等措施，在经过改造完善后应纳入统一的社会保障体系；取消一批，对已完成历史使命的政策措施应取消。

第四，激发内生发展能力。外部帮扶只是脱贫的推动力量，而内生发展才是稳定脱贫、实现振兴的根本保障。兰考坚持把扶贫和扶志、扶智相结合，在注重经济发展的同时，不断提升村民思想道德素养、法治素养，从认知方式、思维方式等多方面入手，深入开展"一米团""夜间小板凳会"等学习宣讲活动，"道德模范""流动红旗"等评选评比，探索党建引领下的德治、法治、自治乡村治理体系，引导村民树立主体意识，促使其重塑观念、树立自信，实现扶贫对象理念从"等、靠、要"到"比、赶、超"的飞跃。推进全面脱贫与乡村振兴有效衔接，要充分调动广大农民群众积极性、主动性、创造性，将农民的内生动力转化为乡村振兴的效能，在鼓励农民实现自身价值的同时不断增强其获得感、幸福感、安全感。

第五章
"五个振兴"开新局

习近平总书记指出，乡村振兴是包括产业振兴、人才振兴、文化振兴、生态振兴、组织振兴的全面振兴，是"五位一体"总体布局、"四个全面"战略布局在"三农"工作的体现。我们要统筹推进农村经济建设、政治建设、文化建设、社会建设、生态文明建设和党的建设，促进农业全面升级、农村全面进步、农民全面发展。①本章分别对"五个振兴"进行系统总结分析，每一个"振兴"都包括如何学习领会习近平总书记的重要论述，如何理解中央的决策部署，在实践中面临什么问题困难，下一步采取怎样的对策。全章旨在回答如何坚持系统理念统筹推进"五个振兴"，实现在乡村振兴上开新局。

---

① 习近平：《把乡村振兴战略作为新时代"三农"工作总抓手》，《求是》2019年第11期。

乡村振兴是全面振兴，产业振兴、人才振兴、文化振兴、生态振兴、组织振兴这"五个振兴"，都是要切实做好的工作任务。换言之，全面推进乡村振兴就是要统筹推进产业、人才、文化、生态、组织"五个振兴"。

一、产业振兴

产业兴旺，是解决农村一切问题的前提。 产业振兴是乡村振兴的重中之重。习近平总书记指出："要坚持精准发力，立足特色资源，关注市场需求，发展优势产业，促进一二三产业融合发展，更多更好惠及农村农民。"① "产业发展要有特色，要走一条人无我有、科学发展、符合自身实际的道路。"② "特色苗绣既传统又时尚，既是文化又是产业，不仅能够弘扬传统文化，而且能够推动乡村振兴，要把包括苗绣在内的民族传统文化传承好、发展好。"③ "要推动乡村产业振兴……围绕农村一二三产业融合发展，构建乡村产业体系。"④ "把产业发展落到促进农

---

① 《习近平在河北承德考察时强调　贯彻新发展理念弘扬塞罕坝精神　努力完成全年经济社会发展主要目标任务》，《人民日报》2021年8月26日。
② 《习近平：贯彻党中央精神不是喊口号》，新华网2018年4月13日。
③ 《习近平春节前夕赴贵州看望慰问各族干部群众向全国各族人民致以美好的新春祝福　祝各族人民幸福吉祥祝伟大祖国繁荣富强》，《人民日报》2021年2月6日。
④ 《习近平李克强王沪宁赵乐际韩正分别参加全国人大会议一些代表团审议》，《人民日报》2018年3月9日。

民增收上来"①。"乡村要振兴，因地制宜选择富民产业是关键。"②这些重要论述阐明了产业振兴的基本要求。一是乡村产业发展要有特色，要突出地域特色，产出乡村特有产品、展现独特文化，形成具有比较优势的竞争力。二是要按照立足新发展阶段、贯彻新发展理念、构建新发展格局的要求，强化规划引领，在空间上实现一二三产业的科学分布、有机衔接，打造功能联动、业态互补、体系完整的产业链条，集聚政策合力，"完善利益联结机制，让农民更多分享产业增值收益"③。在产业发展中激发农民勤劳致富的内生动力、促进农民全面发展。

促进产业兴旺的政策体系初步形成。为落实习近平总书记关于乡村产业发展的要求，国家出台了一系列规划政策，如《中华人民共和国乡村振兴促进法》《乡村振兴战略规划（2018—2022年）》《全国乡村产业发展规划（2020—2025年）》《关于推动脱贫地区特色产业可持续发展的指导意见》《中央财政衔接推进乡村振兴补助资金管理办法》《全面推进乡村振兴加快农业农村现代化的意见》等，都对发展特色产业、促进产业融合发展、完善联农益农机制提出明确要求。各地结合实际贯彻落实中央要求，在规划中体现、在政策中支持、在实践中积极探索，比如，挖掘和发挥自然条件和传统文化资源优势，开发特有产品；纵向延伸产业链和横向拓展功能链，融合发展；创造富农机制，发展利农环境，促进本地农民深度参与乡村特色产业发展等，在这些方面均取得积极效果。

以脱贫攻坚期间培育形成的扶贫产业为基础促进产业兴旺面临不少

---

① 《习近平李克强王沪宁赵乐际韩正分别参加全国人大会议一些代表团审议》，《人民日报》2018年3月9日。

② 《习近平总书记在福建考察时强调 在服务和融入新发展格局上展现更大作为 奋力谱写全面建设社会主义现代国家福建篇章》，《人民日报》2021年3月26日。

③ 《习近平在中央农村工作会议上强调 坚持把解决好"三农"问题作为全党工作重中之重 促进农业高质高效乡村宜居宜业农民富裕富足》，《人民日报》2020年12月30日。

困难。中央和地方均把脱贫地区的产业发展摆在突出位置，加大扶持力度，取得了明显成效，特色产业发展初具规模。但是总体而言，脱贫地区产业发展还处于培育成长期，要巩固产业发展成果、接续推进乡村产业振兴任务，仍面临许多困难和挑战。一是脱贫地区特色产业发展方向和路径还不够清晰。不少脱贫地区特色产业仍然存在产业结构不合理、产业层次偏低、产业链偏短等诸多问题，不少地方没有充分识别"人无我有"的地域特色，没有充分利用地区自然环境和历史文化资源，在产业选择上存在"跟风"和"搭便车"现象。在区域范围内没有做到"人有我优"，未形成区域特优产品。部分地方存在产业层次偏低、产业链偏短的问题。发展产业资源要素瓶颈依然突出，不少地方的设施薄弱，限制了产业的规模化、集约化发展，创新能力总体不强，产业链条延伸不充分。二是特色产业发展与农户缺乏有机衔接，农户难以融入产业发展体系。小农户市场能力弱，在农业生产之外的销售、流通、仓储以及产业链各环节的经营管理能力欠缺；小农户合作能力弱，产业发展水平低，结构松散；小农户政策能力弱，政策运用能力和信息能力较差。三是农户与相关组织的利益链接松散，农户经营风险明显。企业让利于农民动力不足，地方政府在引导龙头企业与农民建立利益分配机制时往往忽视了利益保障机制的建设，一些地方存在政府过度调节现象，扭曲了要素和产品的正常市场价格，干扰了利益分配机制的市场化形成。部分合作社并未真正带动小农户从提高管理水平、引进先进技术方面提高效益。

实现产业振兴需要系统发力。"十四五"时期，推动脱贫地区特色产业发展要全面落实习近平总书记关于产业振兴的重要指示精神，坚定不移贯彻新发展理念，落实高质量发展要求，坚持共同富裕方向，顺应产业发展规律，强化创新驱动，加大政策扶持，健全产业链条，补齐要素短板，长期培育和支持脱贫地区特色产业，拓展产业增值增效空间，创造更多就业增收机会，促进内生可持续发展，为实现巩固拓展脱贫攻坚成果同乡村振兴有效衔接，进而实现脱贫地区乡村全面振兴、加快农业农村现代化提供动力和支撑。着力抓好五个方面的重点工作：一是编制好产业发展规划。特别是要突出资源优势，优化产业布局，打造产业链，推进产业园区化发展。二是加强基础设施建设。主要是要加快高标准农田建设、产业路等交通设施建设、冷链物流设施建设。三是促进产销有效衔接。要总结经验，创新思路，搭建营销平台，丰富产销对接形式，培育特色品牌，深入开展消费帮扶，促进脱贫地区农产品顺畅销售，推进脱贫地区农副产品走出深沟大山，走进千家万户。四是培育壮大经营主体。主要是扶持一批龙头企业牵引、家庭农场和农民合作社跟进、广大小农户参与的农业产业化联合体，构建分工协作、优势互补、联系紧密的利益共同体，实现抱团发展。进一步健全联农带农机制，形成企业、合作社和小农户在产业链上的密切合作、利益共享。五是加强人才队伍建设。如，培养一批留得住的乡土专家，引进一批沉得下的专业人才，建立一批巡回服务的专家队伍。

二、人才振兴

人才振兴是乡村振兴的基础。 习近平总书记强调，要推动乡村人才振兴，把人力资本开发放在首要位置，强化乡村振兴人才支撑，加快培育新型农业经营主体，让愿意留在乡村、建设家乡的人留得安心，让愿意上山下乡、回报乡村的人更有信心，激励各类人才在农村广阔天地大施所能、大展才华、大显身手，打造一支强大的乡村振兴人才队伍，在乡村形成人才、土地、资金、产业汇聚的良性循环。[1]要创新乡村人才工作体制机制，充分激发乡村现有人才活力，把更多城市人才引向乡村创新创业。[2]长期以来，乡村中青年、优质人才持续外流，人才总量不足、结构失衡、素质偏低、老龄化严重等问题较为突出，乡村人才总体发展

---

[1] 习近平：《论"三农"工作》，中央文献出版社2022年版，第269页。
[2] 中共中央党史和文献研究院编：《习近平关于"三农"工作论述摘编》，中央文献出版社2019年版，第194页。

水平与乡村振兴的要求之间还存在较大差距。进入新发展阶段，全面推进乡村振兴，加快农业农村现代化，乡村人才供求矛盾将更加凸显。为了应对乡村人才困境，贯彻落实习近平总书记的重要指示精神，加快推进乡村人才振兴，培养造就一支懂农业、爱农村、爱农民的"三农"工作队伍，中共中央办公厅、国务院办公厅2021年年初印发了《关于加快推进乡村人才振兴的意见》（简称《意见》）。《意见》建立健全了乡村人才培养、引进、管理、使用、流动、激励等一整套系统完备的政策体系，强化乡村人才振兴的政策保障。将分散在不同部门、不同行业的乡村人才工作进行统筹部署，进一步完善组织领导、统筹协调、各负其责、合力推进的工作机制，以更大力度推进乡村人才振兴。通过加强乡村人力资本开发，促进各类人才投身乡村振兴，为全面推进乡村振兴、加快农业农村现代化提供强有力的人才支撑。[①]

中央《关于加快推进乡村人才振兴的意见》明确了人才振兴的努力方向和工作重点。《意见》坚持问题导向，针对基层实践迫切需要，突出重点，对加快培养农业生产经营人才、农村二三产业发展人才、乡村公共服务人才、乡村治理人才、农业农村科技人才进行针对性部署。一是加快培养农业生产经营人才。加强农民教育培训，深入实施现代农民培育计划、农村实用人才培养计划，培养高素质农民队伍。突出抓好家庭农场经营者、农民合作社带头人培育。二是加快培养农村二三产业发展人才。深入实施农村创业创新带头人培育行动，壮大新一代乡村企业家队伍。加强农村电商人才培育，加快建立农村电商人才培养载体及师资、标准、认证体系。培育乡村工匠，挖掘培养乡村手工业者、传统艺人。实施劳务输出品牌计划，培育一批叫得响的农民工劳务输出品牌。三是加快培养乡村公共服务人才。乡村教师方面，落实城乡统一的中小

[①] 高云才、郁静娴：《加快培养一支懂农业、爱农村、爱农民的"三农"工作队伍——中央农办负责人就〈关于加快推进乡村人才振兴的意见〉答记者问》，《人民日报》2021年2月24日。

学教职工编制标准，加大乡村骨干教师培养力度，对长期在乡村学校任教的教师实行职称评审方面的特殊政策，落实好乡村教师生活补助政策。乡村卫生健康人才方面，明确人员编制、人才招聘、人才激励等方面政策，加强乡村基层卫生健康人才在岗培训和继续教育，逐步提高乡村医生收入待遇，鼓励免费定向培养一批源于本乡本土的大学生乡村医生。乡村文化旅游体育人才方面，推动文化旅游体育人才下乡服务，完善专业人才扶持政策。乡村规划建设人才方面，支持熟悉乡村的规划建设人才参与乡村规划建设，实施乡村本土建设人才培育工程。四是加快培养乡村治理人才。加强乡镇党政人才队伍建设，选优配强乡镇领导班子特别是乡镇党委书记。推动村党组织带头人队伍整体优化提升，坚持和完善向重点乡村选派驻村第一书记和工作队制度，全面落实村党组织书记县级党委组织部门备案管理制度和村"两委"成员资格联审机制。实施"一村一名大学生"培育计划，加强农村社会工作人才队伍建设，加强农村经营管理人才队伍建设，加强农村法律人才队伍建设。五是加快培养农业农村科技人才。包括培养农业农村高科技领军人才、农业农村科技创新人才、农业农村科技推广人才和发展壮大科技特派员队伍。

各地在培养乡村人才方面进行了积极探索。在本土人才的培养上，大力推进农民职业制度化。如湖南省长沙市围绕推动《长沙市乡村振兴产业人才队伍建设若干措施》落实落地，发布了13个配套实施办法，构建支持乡村人才振兴的"1+13"政策体系。这13个实施办法是全国首个系统性的乡村产业人才认定支持政策体系，长沙市新型职业农民的培养曾获得全国新型职业农民培育整市推进示范市称号。长沙市在乡村人才培养上按照认定类、补贴类、支持类、鼓励类四大类别进行划分，认定类包括现代农业产业领军人才、新型职业农民、乡村工匠、乡村名匠工作室等5个认定办法，补贴类包括新型职业农民养老保险补贴、青年引才补助、农民大学生学费补贴等3个办法，支持类包括优秀农业科技特派员项目、返乡入乡人才农业创业项目、优秀乡村产业人才资助项目评选等

3个办法，鼓励类包括事业单位农技人员兼职服务和离岗创业、退休人员服务乡村振兴等2个办法。在公共服务类人才培养上，重点加强乡村教师队伍、卫生健康人才队伍、文化旅游体育人才队伍、乡村规划建设人才队伍建设。如宁夏回族自治区中卫市通过采取"输血"措施，促使各类优秀人才向基层一线流动，服务乡村，全方位推动优秀人才投身到乡村振兴事业。激励引导科教文卫等领域人才向基层一线聚集，深入实施农村教师特岗计划，落实优秀教师在城乡之间双向流动长效机制，推进中宁全县优秀教师、班子成员资源共享。打通卫生人才下沉锻炼、帮扶指导通道，开展"千名医师下基层"对口支援活动，带动乡镇医疗卫生人才队伍能力提升。在乡村治理类人才培养上，着力培养造就一支懂农业、爱农村、爱农民的"三农"工作队伍。如江苏省徐州市在加强"三农"队伍建设中重视长效机制，突出"六个坚持"。坚持高素质、专业化，坚持德才兼备、以德为先，坚持五湖四海、任人唯贤，坚持事业为上、公道正派，坚持透过重点工作看干部、着眼难点工作用干部，坚持扶上马、送一程、"传帮带"。

积极引导各类人才投身乡村振兴是推动乡村人才振兴的重要举措。一是把握乡村人才振兴的重点。乡村振兴涉及农村各个领域，需要方方面面的人才。从当前形势任务看，重点要加强农业生产经营人才、农村二三产业发展人才、乡村公共服务人才、乡村治理人才、农业农村科技人才等方面人才队伍建设。各地要加大支持力度，拓宽来源渠道，完善扶持激励政策，探索建立长效机制，努力在"十四五"时期实现各级科技特派员科技服务和创业带动覆盖所有乡镇、行政村，推动科技特派员在科技助力乡村振兴中作出新贡献。二是把招才引智和培育本土人才有机结合起来。鼓励引导各类人才向乡村振兴一线流动，通过多种途径，采取设立专岗、专项或者单列名额等办法，扩大向艰苦边远地区和乡村一线的人才支持规模，建立健全县乡村三级干部结对联系在外优秀人才制度，引导本乡本土人才回流助力乡村振兴。在加快本土人才培养上，充分发挥各类主体在乡村人才培养中的作用，培养一大批扎根农村的本土人才。三是加快乡村人才振兴制度建设和政策创新。推动建立城市医生、教师、科技、文化等人才定期服务乡村制度，支持和鼓励符合条件的事业单位科研人员按照国家有关规定到乡村和涉农企业创新创业。健全引导人才向艰苦边远地区和基层一线流动的激励制度。探索建立县域专业人才统筹使用制度，发挥编制在招才引智和留才用才中的保障作用。

三、文化振兴

乡村振兴，乡风文明是保障。习近平总书记指出，"要推动乡村文化振兴，加强农村思想道德建设和公共文化建设，以社会主义核心价值观为引领，深入挖掘优秀传统农耕文化蕴含的思想观念、人文精神、道德规范，培育挖掘乡土文化人才，弘扬主旋律和社会正气，培育文明乡风、良好家风、淳朴民风，改善农民精神风貌，提高乡村社会文明程度，焕发乡村文明新气象"[①]。"要把保护传承和开发利用有机结合起来，把我国农耕文明优秀遗产和现代文明要素结合起来，赋予新的时代内涵，让中华优秀传统文化生生不息，让我国历史悠久的农耕文明在新时代展现其魅力和风采"[②]。这些重要论述充分体现了马克思主义辩证法，体现了中国共产党以人民为中心的发展理念，包含着对中华文明的深切热爱与期望，不仅明确了乡村文化建设的基本方向和重要内涵，也阐明了文化对于乡村发展的关键价值，为如何推进乡村文化发展提供了根本遵循。

乡村文化功能有力促进乡村振兴。第一，乡村文化具有的经济功能有力促进产业发展。我国历史悠久、国土辽阔，滋养了多种多样的乡

---

① 《习近平李克强王沪宁赵乐际韩正分别参加全国人大会议一些代表团审议》，《人民日报》2018年3月9日。

② 习近平：《论"三农"工作》，中央文献出版社2022年版，第254页。

村文化。例如，南方为了便于耕作而改造的梯田景观，东北乡村的木刻楞房屋，民族地区的特色服饰与艺术表演，以及各地特色农产品等。在乡村振兴背景下，政府和社会的作用使原本隐藏在田间地头的乡村文化为更多人所知，加上城市居民对于"乡愁""乡味"的追寻，有效促进了乡村旅游发展和乡土品牌的打造与推广，从而带动乡村的产业发展和经济增长。第二，乡村文化具有的秩序功能有力推动乡村治理。我国自古以来便有尊老爱幼、以和为贵的传统美德，以及投桃报李、惩恶扬善的价值观念，这些思想观念无形中约束着人类的行为，维持着社会的稳定。乡里乡亲之间的亲缘纽带关系，以及乡村社会中的伦理道德和宗族文化，发挥着约束村民、塑造乡风的重要作用。但由于地理条件等原因，乡村环境相对闭塞，有些习俗并不适应社会发展，甚至阻碍社会进步。党的十八大以来，持续推动移风易俗，纠正陈规陋习，防止歪风邪气，让文明乡风、村规民约成为规范村民行为的有效手段，有效提升了乡村治理水平，有助于完善自治、法治、德治"三治合一"的乡村治理体系。第三，乡村文化具有的生态功能有力促进美丽乡村建设。我国劳动人民在乡村生产生活过程中，悟出了顺应天时规律的农耕模式，探索出了"天人合一"等与自然和谐共处之道。朴素的生活方式和思想观念，和新时代可持续发展、"两山"理念一脉相承，构成了实行美丽乡村建设、实现乡村生态振兴的前提。第四，乡村文化具有的政治功能有力促进民族凝聚合力。文化自信是更基础、更广泛、更深厚的自信，是一个国家、一个民族发展中最基本、最深沉、最持久的力量。中华文明是世界上唯一传承几千年而不断的文明。外来文化的多次入侵，近代以来百余年的屈辱史，都没能消灭中华文明。因同一种文明而产生的民族认同感和凝聚力，是激励中华民族团结奋斗、自强不息的精神力量。党的十八大以来，乡村文化在习近平新时代中国特色社会主义思想带领下焕发新机，给农民带来了更优越的生活条件，更舒适稳定的生活环境。同时通过讲习所、农村大舞台等方式，不断宣传社会主义核心价值观、国家政策、农业科技等,进一步增强了农民对党和国家的认同感,巩固了党在农村地区的执政地位。

文化振兴依然面临多重挑战。一是优秀传统文化传承面临困难。村庄是乡村文化的载体,一方面,随着城镇化进程,村庄空心化和"三留守"等问题凸显,乡村传统文化面临人才缺失导致传承断层等问题,城市化进程中被边缘化的乡村文化就更难吸引到人才传承和发扬;另一方面,乡村原有的生产生活方式也变了,等于传统乡村文化存在的物质基础被破坏,成了空中楼阁。二是优秀乡村文化供需不平衡。部分农村文化生活质量不高,形式单一,乡村公共文化短缺,难以满足农民精神文化需求。加上农村空心化问题,留守在农村的人身边往往缺少家人感情陪伴,更容易陷入精神情感的空虚,容易被不良思想乘虚而入。三是封建陋习重生及不良思想入侵。新中国成立不足百年,几千年封建社会的影响尚未能根除。和城市相比,乡村在交通、信息获得上有所不便,农民对新事物接触较少、心理较为盲目,加之农民群众精神寄托的需要,为封建思想和不良思想提供了传播的温床,部分地区甚至已波及未成年人。同时,外部势力从未放弃通过文化入侵影响农村阵地,逐步瓦解中国共产党的群众基础。这些都与党中央的指导思想、新时代文明乡风背道而驰,会阻碍乡村文化振兴步伐,让乡村文化的秩序功能陷入紊乱,更是对乡村文化的政治功能的极大威胁。

大力推进乡村文化振兴。坚持党对乡村文化建设的领导,以习近平新时代中国特色社会主义思想为指导,弘扬社会主义核心价值观,持续推动移风易俗,破除陈规陋习,营造文明乡风,让乡村文化保持健康向上状态。增强农民对乡村文化的认同。农民是乡村文化实际的创造者,要让他们有动力参与乡村文化建设,就要提高农民对乡村文化的认同,增强他们的文化自信。持续加大文化振兴投入力度。重视农民精神需求和情感需要,从农民利益出发,推动乡村公共文化体系建设,完善农村文化生活配套设施,满足农民的精神文化需求。

加强法制手段力量,为乡村文化提供保护。要寻求创新利用与保护的平衡,实现乡村传统文化的创造性转化和创新性发展。激发乡村文化振兴的内生力量。要通过整合和共享文化资源,全方位地满足人们的精神文化需求,激发空心村的活力。要加大对乡村基层人员的培训力度,要加强相关的制度建设,从制度、资金等多方面保障文化振兴人才队伍的稳定性和持续性。

四、生态振兴

乡村振兴,生态宜居是关键。 生态振兴是实现生态宜居的基础。习近平总书记指出,"实施乡村振兴战略……生态宜居为关键"[1]。"良好生态环境是农村最大优势和宝贵财富"[2],"生态是资源和财富,是我们的宝藏"[3],"随着时代发展,乡村价值要重新审视……乡村优美环境、绿水青山、良好生态成为稀缺资源,乡村的经济价值、生态价值、社会价值、文化价值日益凸显。"[4]"打造农民安居乐业的美丽家园,让良好生态成为乡村振兴支撑点"[5]。总书记的这些重要论述阐明,生态振兴的目的是实现生态宜居,其形态就是生态宜居美丽乡村,就是全面提升农村环境、产业、文化、治理等,将农村打造成为人与自然、人与人和谐共生的美丽家园,构建人与自然和谐共生的乡村发展新格局。生态振兴的目标,就是要实现既有优美的自然环境作为基础,又有良好的生态经济

---

[1] 《走中国特色社会主义乡村振兴道路》(2017年12月28日),《十九大以来重要文献选编(上)》,中央文献出版社2019年版,第141页。

[2] 《走中国特色社会主义乡村振兴道路》(2017年12月28日),《十九大以来重要文献选编(上)》,中央文献出版社2019年版,第148页。

[3] 习近平:《生态是资源和财富,是我们的宝藏》,中国政府网2021年6月9日。

[4] 习近平:《论坚持全面深化改革》,中央文献出版社2018年版,第402—403页。

[5] 《习近平李克强王沪宁赵乐际韩正分别参加全国人大会议一些代表团审议》,《人民日报》2018年3月9日。

作为保障的乡村经济社会可持续发展。

聚焦推进生态振兴的重点领域。一是坚持绿色发展理念，推动形成农业绿色生产方式。习近平总书记指出，要"坚持人与自然和谐共生，走乡村绿色发展之路"①。"要开展土壤污染治理和修复，着力解决土壤污染农产品安全和人居环境健康两大突出问题。"②生态振兴要以生态环境友好和资源永续利用为导向，推动形成农业绿色生产方式，提高农业可持续发展能力，持续改善生态及生活环境。要强化水资源、耕地资源等保护与节约利用，要加强农业投入品管理、种养循环一体化、废弃物等回收处理等，推进实现农业清洁生产；要开展土壤污染、农业面源污染综合防治，集中治理农业环境突出问题。二是加强乡村生态保护与修复。习近平总书记指出："我们必须处理好经济发展和生态环境保护的关系，把该减的减下来、该退的退出来、该治理的治理到位。"③要大力实施乡村生态保护与修复重大工程，完善重要生态系统保护制度，促进乡村生产生活环境稳步改善，全面提升自然生态系统功能和稳定性，进一步增强生态产品供给能力。打好农业面源污染治理攻坚战，加快推进畜禽养殖废弃物处理和资源化，开展土壤污染治理和修复等。

客观认识推进生态振兴面临的困难挑战。比如，发展方式粗放，绿色生产生活方式尚未完全建立，乡村经济社会可持续发展面临挑战等。由于大部分农村地区长期以来采取粗放的发展方式，生态平衡被打破，土地、水资源等被污染，致使农村生产生活环境遭到破坏。"水土流失、地下水严重超采、土壤退化、面源污染加重已成为制约农业可持续

---

① 习近平：《论把握新发展阶段、贯彻新发展理念、构建新发展格局》，中央文献出版社2021年版，第226页。
② 习近平：《论把握新发展阶段、贯彻新发展理念、构建新发展格局》，中央文献出版社2021年版，第186页。
③ 习近平：《论坚持全面深化改革》，中央文献出版社2018年版，第404页。

发展的突出矛盾"①。习近平总书记要求，"在保护好生态前提下，积极发展多种经营，把生态效益更好转化为经济效益、社会效益"②，坚定走可持续发展之路，推动可持续发展。改变生产生活方式，坚持绿色发展，持续改善农村生产生活环境和生态环境成为生态宜居乡村建设的内在要求和现实挑战。再如，农业发展生态环境欠账多、压力大，农村人居环境整治底子薄、投入缺口明显。"人民群众对农产品农兽药残留超标、重金属超标、非法添加有毒有害物质等问题深恶痛绝，对农业生产环境污染和过度使用农药化肥等问题非常担心"。③我国养殖的猪牛羊以及家禽每年产生的粪污成为农业面源污染的主要来源，给生态环境和居民生活带来许多不利影响。农村人居环境整治底子薄、欠账多、公益性强，特别是农村生活污水治理设施建设、卫生厕所改造、村内道路硬化等资金需求量大。就资金投入而言，目前整治工作主要依靠政府投入，许多地方财政增收渠道少、支出压力大，金融资本和社会资本参与意愿不强。

以生态宜居美丽乡村建设为目标推进乡村生态振兴。 一是充分发挥规划引领作用，做到先规划后建设。坚持规划先行，合理确定村庄的布局分类，有条件、有需求的村庄可以先建设。编制村庄规划要在现有的基础上展开，注重实用性，保持乡村独特的风貌，要留住村庄的乡情味和烟火气，防止千村一面。二是转变生产生活方式，坚持生产生活生态有机融合。习近平总书记指出，"实践证明，经济发展不能以破坏生态为代价，生态本身就是经济，保护生态就是发展生产力"④。农村的

---

① 习近平：《关于〈中共中央关于制定国民经济和社会发展第十三个五年规划的建议〉的说明》（2015年10月26日），《求是》2015年第22期。

② 《习近平在浙江考察时强调　统筹推进疫情防控和经济社会发展工作　奋力实现今年经济社会发展目标任务》，《人民日报》2020年4月2日。

③ 中共中央文献研究室编：《习近平关于社会主义社会建设论述摘编》，中央文献出版社2017年版，第151页。

④ 《习近平在浙江考察时强调　统筹推进疫情防控和经济社会发展工作　奋力实现今年经济社会发展目标任务》，《人民日报》2020年4月2日。

生产、生活与生态是一个天然的有机体，必须尊重规律、保护环境，改变传统粗放生产方式，减少生产生活对生态环境的负面影响。加大对农村资源环境的保护力度，构建节约资源和保护环境的空间格局、产业结构、生产方式以及生活方式。以发展农业生产、改善人居环境、传承生态文化、培育文明新风等为途径，构建与资源环境相协调的农村生产生活方式，实现生产、生活、生态的良性循环。三是做到软硬件并举，保护与发展并重。改善农村基础设施条件，提升农村公共服务水平，进一步推进移风易俗，促进乡风文明建设。注重对传统古村落、文化遗产遗迹等的保护利用，慎砍树、禁挖山、不填湖、少拆房，避免大拆大建、拆旧建新、破坏乡村传统风貌。四是加快城乡融合发展。加强农村基础设施和公共服务体系建设，强化基本公共服务县乡村统筹，大力推进基础设施和公共服务向乡村延伸，逐步缩小城乡差距。五是发挥多元主体作用，形成合力推动的良好局面。

五、组织振兴

乡村振兴，治理有效是基础。习近平总书记指出："要推动乡村组织振兴，打造千千万万个坚强的农村基层党组织，培养千千万万名优秀的农村基层党组织书记，深化村民自治实践，发展农民合作经济组织，建立健全党委领导、政府负责、社会协同、公众参与、法治保障的现代乡村社会治理体制，确保乡村社会充满活力、安定有序。"[①] "要建立和完善以党的基层组织为核心、村民自治和村务监督组织为基础、集体经济组织和农民合作组织为纽带、各种经济社会服务组织为补充的农村组织体系，使各类组织各有其位、各司其职。要扩大农村基层民主、保证

---

① 《习近平李克强王沪宁赵乐际韩正分别参加全国人大会议一些代表团审议》，《人民日报》2018年3月9日。

农民直接行使民主权利,重点健全农村基层民主选举、民主决策、民主管理、民主监督的机制。"①

中共中央、国务院2018年印发《关于实施乡村振兴战略的意见》(中央一号文件)就乡村组织振兴进行了部署②:一要加强农村基层党组织建设。扎实推进抓党建促乡村振兴,突出政治功能,提升组织力,抓乡促村,把农村基层党组织建成坚强战斗堡垒。建立选派第一书记工作长效机制,全面向贫困村、软弱涣散村和集体经济薄弱村党组织派出第一书记。二要深化村民自治实践。坚持自治为基,加强农村群众性自治组织建设,健全和创新村党组织领导的充满活力的村民自治机制。依托村民会议、村民代表会议、村民议事会、村民理事会、村民监事会等,形成民事民议、民事民办、民事民管的多层次基层协商格局。三要建设法治乡村。坚持法治为本,树立依法治理理念,强化法律在维护农民权益、规范市场运行、农业支持保护、生态环境治理、化解农村社会矛盾等方面的权威地位。四要提升乡村德治水平。深入挖掘乡村熟人社会蕴含的道德规范,结合时代要求进行创新,强化道德教化作用,引导农民向上向善、孝老爱亲、重义守信、勤俭持家。五要建设平安乡村。健全落实社会治安综合治理领导责任制,大力推进农村社会治安防控体系建设,推动社会治安防控力量下沉。

乡村基层组织振兴和治理体系建设仍存在一些问题。一是基层党组织干部队伍政治素养有待提高。部分基层党组织干部对党的理论学习不够、理解不透。小部分干部党性淬炼不够,在实际工作中缺乏奉献意识和敬业精神。二是基层党组织覆盖效果需要提升。农村党组织的平均覆盖和辐射区域相应变大,但基层党组织干部的素质能力提升速度远跟不

---

① 《在中央农村工作会议上的讲话》(2013年12月23日),《十八大以来重要文献选编》(上),中央文献出版社2014年版,第685页。

② 《中共中央国务院关于实施乡村振兴战略的意见》(2018年1月2日),《人民日报》2018年2月5日。

上工作领域和工作内容的拓展速度。三是基层党组织干部应对新环境、迎接新挑战、利用新技术手段开展工作能力未能适应需要。有的基层党组织在巩固脱贫攻坚成果、推动强村富民工作中方式较为单一；有的地方在村"两委"班子人员配备上数量够但质量不高，在协调使用各方资源过程中存在资源利用浪费或雷同现象。四是基层党组织干部队伍"青黄不接"，年龄、学历结构不合理。在村级党组织的干部构成中，人员年龄结构偏大、文化程度偏低等现象多有存在。

培育优化乡村振兴的组织力量。一是提升乡镇党委统筹能力。把熟悉农村、热爱农村、长期扎根农村基层一线的人员提拔进入乡镇领导班子，促使班子整体活力和战斗力显著增强。二是提升村级党组织治理能力。支部强不强，关键看头羊。把"强村"作为基层基础建设的重点，不断夯实战斗堡垒，真正使农村基层党组织说话有人听、办事有人跟。积极探索退休党员干部到村担任村党组织书记、第一书记的有效途径。三是提升党对农村组织的引领能力。

例如，河南省信阳市顺应农村党员和群众向产业集聚、资源向产业整合的新形势，出台了《关于党建引领主导产业发展的实施意见》及评估激励办法，探索加强新型农业经营主体党建工作。其一，健全组织体系。结合产业特点、经济规模、党员人数和职业分布等实际，采用单独组建、联合组建、挂靠组建、村企联建、村社共建等多种形式，对符合建立党组织条件的新型农业经营主体全部建立党的基层组织。截至2021年年底，全市共建立新型农业经营主体党组织842个，把6618名党员纳入党组织管理，辐射带动1.38万名党员参与经营，覆盖规模以上新型农业经营主体1203个。其二，厘清隶属关系。按照属地管理和行业管理相结合的方式，理顺产业链党组织隶属关系。产业链基层党组织隶属批准其设立的村党组织或乡镇党委管理；依托县区业务主管部门、行业协会或龙头企业成立产业链党委或党总支，纵向指导整个产业链条党建工作，形成纵向到底、横向到边的管理机制。其三，发挥聚集效应。通过产业链党组织，把分散生产经营的党员群众聚集到产业链上，凝聚在党组织周围，为推进脱贫攻坚和乡村振兴提供了人才支撑。发挥外建党组织的桥梁纽带作用，引导外出务工经商党员回乡投资兴办产业，参与产业链分工。其四，实现优势融合。通过加强新型农业经营主体党建，把党员组织起来、把群众凝聚起来，实现产业链党组织的政治优势和新型农业经营主体的经济优势的双融合。以产业扶贫"多彩田园"示范工程为抓手，将政策、项目、资金、人才等各类优势资源，集聚到新型农业经营主体，为产业做大做优做强提供动力。充分发挥党员的先锋模范作用，通过划分党员责任区、创建"党员示范户""党员示范基地"，开展党员群众"一帮一"、党员评星定级等活动，发挥党员在所在领域的示范带头作用，做给群众看，带领群众干，推动了新型农业经营主体的发展壮大。

加强基层治理体系和治理能力现代化建设。基层治理是国家治理的基石，统筹推进乡镇（街道）和城乡社区治理，是实现国家治理体系和治理能力现代化的基础工程。在向乡村振兴衔接过程中，各地不断创新基层"党建+治理"的工作模式，完善"综治中心+网格化+信息化"治理体系，不断提高基层治理社会化、法治化、智能化、专业化水平。不少地方创新基层治理体制机制。比如，每年集中开展"乡村光荣榜"宣传选举活动，坚持把群众参与乡风文明建设、乡村社会治理、生态环境保护、产业发展等方面所做的突出成绩纳入"乡村光荣榜"人物评选条件，以先进典型带动群众实践。深入开展"身边好人讲故事""典型事迹宣讲"等活动，并与"爱心超市""道德银行"兑奖相结合，推动形成学典型、当先进的浓厚氛围。同时，注重发挥党员的先锋模范作用，带动群众继承和弘扬中华民族传统美德。

加速绿色产业新发展 描绘乡村振兴新图景
——吉林省双辽市王奔镇巨兴村探寻春小麦的产业振兴之路

农村全面振兴,产业是基础。有了产业,农村才有人气,发展才有底气。2020年12月习近平总书记在中央农村工作会议上强调:"要加快发展乡村产业,顺应产业发展规律,立足当地特色资源,推动乡村产业发展壮大,优化产业布局,完善利益联结机制,让农民更多分享产业增值收益。"因地制宜发展特色产业,就一定能走出一条科学有效、农民受益的产业发展之路,为实现乡村振兴注入强劲动力。

一、背景情况

王奔镇巨兴村位于吉林、辽宁和内蒙古三省(自治区)交界,在王奔镇西部。距王奔镇政府4公里,距双辽市区15公里,现有耕地930公顷,均为旱田,农作物以玉米、小麦为主。全村总户数450户,人口1706人,3个自然屯,7个行政屯。2015年巨兴村被确定为建档立卡贫困村,2017年底实现贫困村"摘帽"。2019年10月,建档立卡贫困户63户129人全部脱贫。2021年村集体经济收入达110万元。

产业兴旺是乡村振兴的重要基础。乡村产业振兴,认清区位优势十分重要。地理位置、生态环境、自然资源、产业基础等都是重要的发展要素。找对发展路径,需要因势利导、科学规划,一切从实际出发,才能真真正正让百姓得实惠,实实在在让农民鼓钱包。近年来,双辽市王奔镇巨兴村坚持以"产业发展"为抓手,依托"处于东、西辽河冲积平原腹地,黑土地十分肥沃,积温3118.6℃,无霜期145天,年日照2714.9小时,适宜种植小麦、大豆、玉米等作物"的资源禀赋,全力打造绿色小麦全产业链条。通过"强设施+调结构""种小麦+接下茬""深加工+树品牌"等一系列举措,构建起了王奔镇巨兴村绿色产业规模化发展之路，打通了贫困百姓脱贫摘帽"最后一公里"，拓宽了村民群众致富小康新路径。王奔镇巨兴村产业发展正逐步驶入健康持续发展的快车道，为巩固拓展拓展脱贫攻坚成果同乡村振兴有效衔接工作深入开展打造了"强引擎"。

二、主要做法

几年来，王奔镇巨兴村积极探索和培育"接地气"的扶贫产业，有效避免"水土不服"，建成了特色小麦产业园区，形成了因地制宜的绿色小麦全链条产业发展路径。巨兴村通过产业持续发展，引领村民百姓摆脱贫困，走上了致富路。但产业发展不可能一蹴而就，在产业规划发展过程中，也遇到了一些瓶颈与难题。

一是农用基础设施薄弱滞后。巨兴村处于河套地区，虽然地下水源充足，但全村多年来一直没有成规模的水利设施，村民浇地都靠自己打的小井。同时，道路不通，出入不便也严重制约着产业发展，道路的不通，农产品对外销售受阻，农民收益不高，产业全链条发展一定程度上受到影响。

二是农民大规模种植小麦意愿不强。虽然巨兴村一直有着种植春小麦的传统，但大多数是以家庭为单位的小规模种植，以自给自足为目的，不向外销售。发展小麦产业，必须形成规模化种植，但大部分村民对产业结构调整存在畏难情绪，担心种植多了没有销路，认为种植小冰麦太费事，还不一定能够挣钱。

三是土地流转效率不高。受到农耕文明的影响，农民对土地具有强烈的依赖意识和价值意识，对土地流转存在思想误区，流转的意愿不强。"把地租给你们了，挣不到钱，我们怎么办"，绝大多数村民不同意村里进行土地流转集中种植小冰麦。

为解决上述瓶颈问题，王奔镇巨兴村从强化农用基础设施入手，以强化宣传引导为着力点，以强化示范引领带动为基本方式，不断探索巨兴村绿色小麦产业发展路径。

一是做好规划，夯实基础。 振兴乡村产业，首要目标是搞好规划引领，围绕产业发展方向，明确产业发展定位等要素，以项目为载体推进规划目标的落地实施。结合全村小麦种植传统，明确"绿色""原生态"发展定位，把准以春小麦为主的产业结构发展方向，制定"合作社+农民+企业"的发展模式，最终实现集种植、加工、销售于一体的产业发展目标。在做好产业精准定位的基础上，首先破解制约产业的基础难题。解决行路运输难，启动巨兴村道路硬化计划，全村新建农村公路12.5公里，老旧路面翻新4.3公里，基本实现户户通硬化路目标。解决浇地难，争取节水灌溉项目和农发项目，全村打标准水源井81眼，为村里产业结构调整打下坚实基础。

二是抓好示范，强化主体。 定好调子，找准方向后，巨兴村便开始琢磨如何将产业做起来。为改变村民观望不前、不愿种植春小麦的现状，巨兴村秉承着"火车跑得快，全靠车头带"的理念，开创"村干部+党员"的引领模式，以"强化致富带头人建设"为基础，大力实施村"两委"成员带头创办合作社和家庭农场等新型经济主体，实现了由"带头致富"到"带领致富"转变。村书记创建家庭农场，带动村里种植春小麦和秋白菜。村党总支书记赵德仁说服家里人，自己承包了50多公顷地种上小冰麦。2016年赵德仁试种成功，仅通过德仁家庭农场销售的春小麦就带动10户增收。村里便开始动员村民百姓种植。巨兴村一屯村民焦希福在村里的动员下，种植了1.2公顷的小冰麦，小冰麦收获后种植大白菜，年底一算账，一年收入达到5.6万多元，比种玉米收入多4万元。同时，村里副书记带头创办农机专业合作社，盘活村里的集体资产，每年为村里增收30余万元。

三是建设工厂，树立品牌。 巨兴村德仁家庭农场在两年的时间里，将原小麦的50斤一袋的大包装改成了更方便的10斤和20斤一袋的小包装，当年销售量实现了翻番，达到2万斤，德仁家庭农场也获得了良好的收益。随着村里小麦种植规模的不断扩大，巨兴"笨面"的品牌也越来越得到认可，对巨兴"笨面"的需求也在逐年增长。在这种情况下，2017年，村里经过研究，计划建设一个以石磨加工面粉的小型粮米加工厂，分析随着人民生活水平的不断提高，再加上食品安全问题的增多，对绿色、原生态的食品材质需求也会越来越大，村里向市扶贫办申请扶贫资金91万元，得到了市里的大力支持。占地600多平方米的王奔镇巨兴粮米加工厂实现当年建成达产，实现了种植小麦到销售面粉的产业链的延长，为村民带来了更多经济收益。

四是盘活土地，扩大规模。 加工厂建成，在村党总支书记赵德仁带头承包50多公顷耕地种植小冰麦获得可观收益，带动少部分农户增收后，为进一步扩大种植规模，提高加工厂的经济效益，巨兴村又着手盘活土地，扩大规模。64岁的赵德龙和老伴都是一身病，不能干重体力活。村里建议他进行土地托管，赵德龙起初不同意，村里干部便一趟趟往他家里跑，算收入，作对比。2017年，赵德龙把1公顷土地托管，纯收入达到1万元。同时，巨兴村还经过多方联系，同双辽市云生种业达成协议，由其托管土地种植小冰麦，并租用村里的粮米加工厂进行生产，每年云生种业支付村里7万元，用于年终时为贫困户分红。目前，全村托管土地面积已达到150公顷。

五是复茬种植，增加收益。 在小麦种植逐渐成熟后，巨兴村又研究起了"麦菜复种"，进一步促进农业增效、农民增收。巨兴村积极改变传统种植模式，加大推广麦后复种白菜，土地种植由一茬变两茬，既提高了土地利用率，又增加了经济效益。同时，为解决销路问题，巨兴村积极联系客商，与梨树县、长春市和吉林市经纪人建立长期合作，使白菜的销售再无后顾之忧。春播小麦，秋收白菜。巨兴村麦菜复种的过程中全部按照绿色食品生产标准进行播种与田间管理，使农村田地里的绿色农产品变成了绿色商品。经过几年的实践，春小麦和白菜种植已形成种、管、收一条龙模式。

三、重要成效

电线依依，炊烟袅袅，光伏电板闪耀；蓝空如洗，麦浪滚滚，小麦长势甚好……双辽市王奔镇巨兴村，产业项目有条不紊持续推进，孕育着希望，拥抱着收获。自脱贫攻坚工作开展以来，王奔镇巨兴村不断整合本地资源，延伸产业化链条，达到了贫困户受益、村集体增收、促进产业结构调整的目的，同时也为乡村振兴提供了可靠的基础保障。

调整结构促增收。双辽市王奔镇巨兴村是省级重点贫困村。多年来，村民就认准一条道儿——种玉米，可是却年年种年年赔。"咋才能让乡亲们过上好日子？"村书记赵德仁把脑筋动到了绿色食品上，城里人讲究养生，喜欢到农村来旅游吃农家菜，可村里有啥能端上城里人的餐桌呢？多年以来，巨兴村一直有种植春小麦的传统。"如果让村民都种小冰麦，再加工成面粉，卖到城里，让城里人吃上原生态的面粉，一定能挣钱。"就这样，经过实践探索，村民把土地流转起来集中种植小冰麦，又成立了一个粮米加工厂，生产"笨面"。同时，还积极推广麦菜复种模式，产业链条实现逐步延伸。目前，巨兴村春小麦和秋白菜种植面积达到110公顷，建成了"特色小麦+白菜"产业园区，有效调整了种植业结构，为农民增收开拓了一条新渠道。

用心做面面生金。产业项目的持续发力，不仅为贫困群众创造了稳定的增收渠道和可观的经济收入，更夯实了巨兴村的脱贫攻坚工作成果，壮大了村集体经济，也让全村百姓尝到了甜头。巨兴村粮米加工厂是巨兴村产业结构调整同精准扶贫工作有机结合的产物，巨兴村也由此走上了"绿色""原生态"发展之路。

产业振兴添动能。"现在俺们的收入越来越高,精气神就越来越足,闲余时间,村民们在村文化广场下棋,跳广场舞,聊聊村里的变化,现在的生活真是美滋滋的。"巨兴村的村民丽丽这样说道。

通过产业振兴提高乡村居民收入,才能更加完善基础设施设备的配备,以及更多地投入生态环境治理,从而建设一个乡风文明、生态宜居的美丽乡村。推动产业发展是乡村振兴的重要途径。近年来,王奔镇巨兴村通过"党建+村集体经济+产业发展+乡村振兴",提高了基层党组织的凝聚力和战斗力,村集体经济实现了快速发展,村里产业不断壮大,村容村貌焕然一新。

村民腰包鼓了,村容村貌也随之"靓"起来。几年来,巨兴村将强化基础设施建设,改善村容村貌同乡村产业发展统筹推进,逐步实现了"村民富、村屯美、村民乐"。实施基础设施提升工程,制定巨兴村道路硬化规划,通过与交通部门沟通协调,投资600余万元,新建农村公路12.5公里,老旧路面翻新4.3公里,建设高标准文化广场1处。实施生态建设工程,推进"美丽乡村"建设,开展造林绿化、农村环境整治,增加绿化美化面积2000余平方米,建立健全生活垃圾收运处置体系,有序推进村内生活垃圾就地分类和无害化处理。

村民腰包鼓了,村民精神面貌也随之有了很大的改善。

积极开展"最美家庭""干净人家"等创建评选活动,通过"看一看,比一比"方式,全村群众也把爱护环境、改善环境变成自觉行动,村风民风也一年比一年好。如今,可以看到在巨兴村粮米加工厂内,一台台面粉加工设备机械轰鸣,通过小麦浸泡、去石打麦及石磨等一系列加工过程生产出具有高营养的石磨面粉,该面粉可溶性高,无任何添加剂,年产量达50万斤,具有无添加、口感好、营养价值高等特点,确实达到了绿色无公害。

四、经验启示

乡村产业是植根于乡村，以农业农村资源为依托，以农民为主体，以提升农业、繁荣农村、富裕农民为目的的产业体系。因而，要坚持打出"一村一特色"的产业振兴王牌，以不断顺应农民对美好生活的向往，让村民百姓走上共同富裕的道路。

一是以市场为导向，深入推进农业供给侧结构性改革。推进乡村产业振兴，必须以市场为导向，认真研究和分析周边市场发展动态和方向，提前谋划，因地制宜，一村一品，充分发挥本地产业特色优势，不断增加高端、绿色、优质农产品种植比例，减少大路货、一般粮食作物种植比例，合理引导农民优化调整农业供给结构，提高农业供给的质量和水平。

二是以创新为动力，不断完善现代农业三大体系。推进乡村产业振兴，离不开三大体系的振兴。不断完善农业产业体系，即农业产业链条之间的协调与完善；不断完善农业生产体系，即深入推进农业现代化进程；不断完善农业经营体系，即主要解决"谁来种地、如何种好地"等现实存在的问题及挑战，种粮大户、家庭农场、农民合作社以及龙头企业、工商资本、农业社会化服务组织等都应成为现阶段重点培育和扶持的发展主体。

三是以农民为主体，促进农民共同富裕。产业振兴能否促进农民共同富裕，应作为产业是否兴旺的重要评判标准。要突出农民主体地位，加快转变当前主要依靠引进城市工商资本大规模成片流转土地发展现代农业的做法，要鼓励农民成为产业发展的主体，领办创办家庭农场，要进一步健全利益联结机制，让农民能分享更多的产业发展成果，而不仅仅依靠土地租金、基地务工等单一渠道获取收入。

（本案例由吉林省乡村振兴局推荐）

案例 2

四川省凉山彝族自治州越西县探索易地扶贫搬迁安置点社区治理新模式

基础不牢,地动山摇。随着经济社会快速发展,基层社会治理中的新旧矛盾相互交织,利益关系更加多变,治理的复杂性和艰巨性更加凸显,确保社会既充满活力又安定有序,必须不断提高基层治理水平。易地扶贫搬迁安置点的社区治理作为易地扶贫搬迁政策的后续保障,直接关系到搬迁群众能否实现"搬得出、稳得住、能致富"的目标。四川省凉山州越西县积极探索易地扶贫搬迁安置点社区治理新模式,大力促进基层治理取得实效。

一、背景情况

2019年11月城北感恩社区成立,占地253亩,建筑面积12.9万平方米,共有25幢楼60个单元,总投资4.2亿元。位于越西县越城镇,距县城2公里,是越西县最大的易地扶贫搬迁集中安置点,集中安置全县17个乡镇38个村搬迁群众1421户6660人,有彝、汉两个民族,彝族占比99.5%。社区组建了党总支,配备书记1名、副书记1名、支委5名,下设8个党支部,共有党员72人;成立了居民委员会,配备主任1名(书记、主任一肩挑)、副主任2名、居委7名,设置组长8名、楼长25名,共同管理社区事务,推动社区管理规范化。社区内配套建设党群服务中心、民风民俗活动坝子、商业街、超市等公共服务设施,新建幼儿园2所、小学1所。社区居民人均5000元入股越西现代农业产业园等县内4个重点项目,人均每年450元分红,并且逐年增长。

越西统筹考虑居住环境、生产生活条件、后续发展等因素,着力探索"党建联盟+基层治理+后续发展"模式,聚焦聚力构建易地扶贫搬迁集中安置点基层治理新型示范社区,以实实在在的工作举措切实增强搬迁群众的获得感和幸福感。

二、主要做法及成效

（一）搭建"党建联盟+治理平台"，织密多方参与的治理架构

坚持把党的领导、党的建设贯穿于易地扶贫搬迁集中安置点社会治理全过程，形成党建共抓、资源共享、治理联动的安置点治理格局。

一是健全"党建联盟"治理平台。坚持以县委为"指挥部"、乡镇党委为"龙头"，组织涉及的23个双报到单位探索成立"安置小区党建引领基层治理工作联盟"（简称"党建联盟"），健全联席会议制度。在城北集中安置点正式成立城北感恩社区，建立越城镇城北感恩社区党总支，由安置点所在乡镇选派1名副职暂时"一肩挑"任社区党总支书记、居委会主任，涉及乡镇参与选配副书记1名、专职网格员3名、居民小组长8名、楼栋长25名，形成"社区支部主管、乡镇党委联管、村党支部协管"的党建共抓、资源共享、治理联动的安置点治理格局，让涉及搬迁党组织由"单打独斗"走向"抱团合作"，实现了易地扶贫搬迁集中安置点治理创新的新突破。

二是搭建搬迁群众主动自治平台。坚持"社区党组织主导、居委会牵头、搬迁居民参与"的原则，组建社区监督委员会、红白理事会、矛盾纠纷调解会、邻里互助组等，建立"自下而上集民意"的联商机制、"集体议事做决策"的联议机制、"从上而下抓落实"的联动机制，搭建社情民意收集反馈、问题协调处置、事项办理服务直通平台，在出台重要决策措施前，通过召开评审评估会议，充分听取意见和建议，构建起"群众意愿—集体提议—支部审定—组织实施"的议事定事干事格局。制定居民公约，对62名无职党员设岗定责，示范监督带动1421户搬迁入住群众遵守居民公约，定期组织搬迁居民进行民主恳谈、交流，推动民事民议民决。

三是搭建群团社会组织协同联动治理平台。坚持"社区党组织引

领融入、行业部门指导融入、群团社会组织主动融入"模式,率先在城北感恩社区成立妇联、民兵组织,健全工会、共青团等群团组织,建立青年之家、妇女儿童之家、书画休闲娱乐等活动站15处,健全党员志愿服务队、民兵联防队、巾帼志愿服务队3支队伍,成立红白理事会、矛盾纠纷调解会等11个社会组织。定期召开供需对接会,通过"社区发布服务需求、社会组织展示服务项目、双方对接洽商"的形式,制订服务计划,提供社会服务;开设了搬迁群众"第一课堂"、巾帼志愿服务、"双报到、双评价"、"互益行"项目、微心愿办理、"洁美家庭"评选、公益读书会等深受群众欢迎的品牌活动。

(二)推行基层治理"四化"模式,全面提升群众幸福指数

以"党建引领、服务有型"为主题,坚持开放融合,深化联动互补,凝聚共识合力,优化职能作用,致力做到"为民办事集中化、公共服务一体化、文化生活特色化、综合治理多元化"的"城北四化服务模式",切实提升搬迁群众在城北感恩社区生活的幸福指数。

一是做到为民办事集中化。建立县级领导联系服务指导集中安置点治理长效机制,精心打造党群服务中心,创新开展易地扶贫搬迁"人地分离"便民服务托管代办模式,将涉及社保、教育、卫计、优抚、救助、养老、残疾补贴、就业咨询、费用代缴等政务服务事项纳入便民服务站,采取职能部门派员指导、社区干部代办、预约定时服务等方式,严格落实坐班值班制度,将办事流程和办事须知在醒目位置上墙,让群众进门"找得到人、办得了事",一窗受理、一人跟办、一站办结,确保搬迁群众不出社区就能办结所有事项。

二是做到公共服务一体化。坚持"缺什么补什么",做好城北感恩社区供电、供排水、道路硬化、路灯亮化、网络服务,合理规划配套建设城北感恩社区扶贫超市、餐饮服务商业铺面、文化体育广场、农副产品扶贫交易中心等公共服务场所,形成大邻里服务圈,为搬迁

群众提供居家养老、医药诊所、子女教育以及吃、穿、住、行、乐等方面的一体化服务。设立医疗服务站，配备5名医务工作者，推行家庭医生签约服务制度，让搬迁群众医疗卫生基本需求有保障。配套建成2所幼儿园、1所小学、3所中学，100%满足搬迁群众子女就近入学。

三是做到文化生活特色化。 开展"移出大山走新路·共同发展感党恩"活动，深入开展"牢记嘱托、感恩奋进"教育活动，组织开展集体舞、"三下乡"、文化志愿服务等活动，丰富搬迁群众文化生活。深入开展"树新风助脱贫"巾帼志愿行动，巾帼志愿服务队80名妇女通过"第一课堂"，深入搬迁群众家中开展安全用水用电、基本家电使用、居家个人环境保持等教育引导，探索建立"互益行"积分超市，宣传动员群众通过捡垃圾换积分兑物资，集中分类回收处理生活垃圾，社区人居环境得到了极大改善。发挥红白理事会作用，配套制定"禁止抛撒人民币、禁止人民币做花圈、禁止杀5头牛以上"等杜绝铺张浪费的婚丧办理制度，倒逼群众移风易俗。

四是做到综合治理多元化。 将社区划分为3个网格，配备专职网格员3名、男女民兵各80名，形成"'两委'干部＋社区工作者＋网格员"三合一的管理格局，实现社区最小单元化管理。以迁入地为主，按照迁出地和迁入地资源共享、治理联动的模式，统筹抓好"四治"工作。结合综治中心和智慧社区建设，整合"天网""雪亮工程"，实现对每个网格的重要路段、重要街口"零死角"实时监控，实施文明联创、卫生联洁、治安联防、应急联动、困难联帮、服务联办"六联"机制，吸纳辖区内德高望重的"德古"，帮助社区"两委"开展矛盾纠纷调解，做到矛盾纠纷化解服务不出社区、不出网格、不出小区，进一步构建和谐邻里关系，确保社区群众安居乐业。

（三）完善后续发展增收保障，确保搬迁群众逐步能致富

充分发挥党建联盟引领后续发展优势，进一步加大基本政策保障、产业支撑保障、就业创业保障，让搬迁群众持续提振脱贫增收信心、不断稳固脱贫增收后劲、继续夯实脱贫增收能力，全面激发搬迁群众增收致富活力。

一是加大基本政策保障。迁出地和安置地乡镇协调做好搬迁群众社会保障政策转移接续，全面衔接好搬迁群众迁出地和安置地"两种利益"，在确保搬迁群众享有迁出地村集体经济红利、土地承包权、林草地承包权、集体经济收益分配权和其他惠农政策不变的基础上，出台后续帮扶"十六条措施"，落实"四个不摘"要求，实行"三级三包"责任制，推行"1+3+N"帮扶机制，调整优化帮扶责任人，做到居住地改变帮扶力量不变。

二是强化产业支撑保障。通过"资产收益模式"建立带贫机制，制定《越西县易地扶贫搬迁后续产业发展规划》，实行搬迁安置点与产业园区"两区同建"。采用"公司＋基地＋农户"的模式，投入易地搬迁后续产业发展1.6亿元。参与越西县现代农业产业园等4个产业项目建设，整合1.29亿元易地扶贫搬迁资金，投入有机农业生态循环经济产业链项目建设，不断夯实易地扶贫搬迁群众增收后劲。将配套建设的扶贫制衣厂、非遗项目及农特产品扶贫加工车间、特色手工业扶贫车间、农副产品扶贫交易中心、扶贫综合商业开发区等出租收益（每年约230万元）的10%～30%作为集体经济收入，让搬迁群众同步享有社区集体经济收入红利，不断稳固搬迁群众脱贫增收后劲。

三是做好就业创业保障。通过培育产业带动一批、劳务输出发展一批、推动创业扶持一批、公益性岗位安置一批等方式，在城北感恩社区设立社会保障服务站点和劳务输出服务站点，抢抓东西部对口扶贫协作机遇，成立工作专班，负责社区创业指导、就业培训和劳务输出，累计组织就业培训5场、劳务输出招聘会3场，开展"春风行动"劳务输出973人次。用好东西部协作帮扶资金，按政策在城北感恩社区设立管理员、保洁员等公益性岗位299个，帮助搬迁群众就近就业增收。有意愿、有条件的脱贫劳动力可就近在配套建设的扶贫制衣厂、非遗项目及农特产品扶贫加工车间、特色手工业扶贫车间、农副产品扶贫交易中心、扶贫综合商业开发区参与务工，或者优先租赁铺面创业，预计能帮助1000余名脱贫劳动力解决就业创业问题。

三、经验启示

易地扶贫搬迁最大的难题是如何做好后续的治理与发展，也就是搬迁群众入住后如何稳得住、有事做、能致富的问题。越西县通过一系列工作，进行了有益的尝试，对做好易地扶贫搬迁提供了启示。

一是必须有好的环境让群众愿意搬。群众的搬迁意愿是影响易地扶贫搬迁效果的"定星盘"，越西县牢固树立以人民为中心的发展思想，根据群众搬迁意愿，结合基础条件、交通区位、产业布局等要素，配套建设绿化、广场、学校、医院、超市、党群服务中心、扶贫车间等，最大限度地满足搬迁群众在生活、休闲、健身、娱乐、就业上的需求，让群众切切实实感受到搬迁后生活更有尊严、更加幸福，吸引群众愿意搬。

二是必须有好的组织让群众服从管。完备的组织体系是易地扶贫搬迁治理的"指挥棒"，越西县坚持把党的领导、党的建设贯穿于易地扶贫搬迁集中安置点社会治理全过程，搭建"党建联盟+治理平台"，形成"社区支部主管、乡镇党委联管、村党支部协管"的党建共抓、资源共享、治理联动的安置点治理格局，切实发挥好党组织和党员干部在易地扶贫搬迁集中安置点治理与后续发展中的战斗堡垒作用和先锋模范作用，示范带动搬迁群众有效参与基层治理。

三是必须有好的政策让群众稳得住。健全的易地扶贫搬迁政策是搬迁群众稳得住的"助推器"，越西县立足长远，制定一系列易地扶贫搬迁优惠特惠政策，在完善服务平台、促进就业创业、健全社会保障、做好利益衔接等15个方面推出了一系列新的举措，在搬迁群众关注的原村土地流转、集体经济等方面迈出了步伐，解决了搬迁群众的后顾之忧，切实以好的政策保障搬迁群众的利益，实现了稳得住。

四是必须有好的产业让群众逐步能致富。产业就业带贫益贫是搬迁群众长远生计的"压舱石"。易地扶贫搬迁之所以有出现返贫的风险，最根本的原因是搬迁群众有依靠政府的思想，内生动力没有被激发。越西县构建产业就业后续发展体系，目的就是消除群众的"等靠要"思想，激发搬迁群众内生动力。比如，设立就业服务中心，推行技能培训常态化，目的就是让群众练就发家致富的本领，依靠自己的双手创造幸福生活；建设大瑞苹果园产业基地，为的是让搬迁群众有固定保底收益，补充群众收入；在搬迁群众创业就业上，政府管培训、管组织、出政策，不"大包大揽"，与广东佛山签订用工协议，在劳务用工方面拓展渠道，既充分发挥了群众的主观能动性，安置小区发展活力也得到了充分激发。

（本案例由四川省乡村振兴局推荐）

第六章
融合发展开新局

城镇和乡村是互促互进、共生共存的。能否处理好城乡关系，关乎社会主义现代化建设全局。乡村振兴要重塑城乡关系，走城乡融合发展之路。本章深入探究城乡融合发展的理论实践逻辑，全面阐述农村产业融合发展、城乡融合发展与全面推进乡村振兴的关系，系统分析融合发展实践中存在的问题与挑战，精准提出相应的对策建议，并以浙江湖州推进城乡融合发展实践为例，全面展示其城乡融合发展的做法经验及启示。

习近平总书记指出，要把乡村振兴战略这篇大文章做好，必须走城乡融合发展之路。①要坚持以工补农、以城带乡，推动形成工农互促、城乡互补、协调发展、共同繁荣的新型工农城乡关系。②产业兴旺是解决农村一切问题的前提，要紧紧围绕发展现代农业，围绕农村一二三产业融合发展，构建乡村产业体系，实现产业兴旺。综上，全面推进乡村振兴必然要求把促进产业融合发展、城乡融合发展作为重要抓手和实现路径。

一、城乡融合发展的理论实践逻辑

马克思主义城乡关系理论为城乡融合发展提供了理论基础。城乡关系理论理清了实施乡村振兴战略的理论逻辑与理论路径，是促进城乡融合发展、实现乡村全面振兴的核心理论。该理论提出，城乡融合的实现需要满足三个条件：一是生产分工和生产力的发展是城乡融合的动力机制。生产力的发展会不断推动分工的变革，分工的发展也将从促进城乡对立态势转为推动城乡对立的消除，与此同时，城乡对立正是生产力发展不足的表现，生产力发展通过影响分工和生产发展模式进一步推动城乡融合。二是生产资料公有制是实现城乡融合发展的制度基础。阶级和阶级对立是阻碍群体社会成员共享社会福利的制度障碍，只有实现生产资料公有制，才能实现城乡融合。③三是实现人的全面发展是实现城乡融合发展的主体条件。"通过城乡的融合，使社会全体成员的才能得到全面发展，——这就

---

① 习近平：《论"三农"工作》，中央文献出版社2022年版，第279页。
② 习近平：《论"三农"工作》，中央文献出版社2022年版，第242页。
③ 傅歆、孙米莉：《马克思主义城乡融合发展理论的逻辑演进》，《浙江学刊》2019年第6期。

是废除私有制的主要结果"①。这一理论阐明了城乡融合发展是实施乡村振兴战略的必由之路,也只有乡村振兴,才能进一步推动城乡生产力发展,促进城乡融合,实现城市居民与乡村居民的全面发展。

中国共产党百年历程中城乡发展关系的演变为我国城乡关系理论丰富发展提供了实践基础。建党百年的城乡关系演变可以分为四个阶段:第一阶段,中国共产党成立至新中国成立(1921—1949年),从解放战争前的城乡分离到解放战争中的城乡互助、从农业优先发展到农工商协调发展。城乡关系中,乡村是中心,城乡相互帮助、相互支撑,促进乡村发展以恢复经济。第二阶段,在计划经济时期(1949—1978年),党和国家逐渐把重心从乡村转向城市,建立重工业优先发展战略,城乡经济关系体现为以城乡统筹实现城乡互助,在城乡的不平等发展中,乡村向以城市为中心的国家工业化输送农业剩余价值,同时工业品下乡推进农业机械化。乡村在经济和收入上缓慢增长,但教育、医疗卫生等公共服务进步显著。第三阶段,在改革开放到党的十八大阶段(1978—2012年),城乡经济关系特点是市场机制下"三农"问题凸显,国家积极构建"以工促农、以城带乡"的发展格局,乡村获得更多的发展资源,但城乡发展差距仍在扩大。第四阶段,党的十八大以来,城乡发展关系上,乡村成为党和国家工作的重中之重,为有效解决城乡发展不平衡、农村发展不充分问题,国家推进实施城乡一体化发展、城乡融合发展、脱贫攻坚和乡村振兴战略。在不同历史阶段,国家采取不同策略处理城乡关系、促进城乡发展,城乡发展关系的演进逻辑是城乡建设要服务于国家的经济战略,城乡发展中生产关系要符合生产发展水平。

习近平总书记关于乡村振兴与城乡融合发展的重要论述为促进城乡融合发展、全面推进乡村振兴提供了根本遵循。习近平总书记指出,没有农业农村现代化,就没有整个国家现代化。在现代化进程中,如

---

① 《马克思恩格斯文集》第一卷,人民出版社2009年版,第689页。

何处理好工农关系、城乡关系，在一定程度上决定着现代化的成败。[①]农业农村现代化是实施乡村振兴战略的总目标，坚持农业农村优先发展是总方针，产业兴旺、生态宜居、乡风文明、治理有效、生活富裕是总要求，建立健全城乡融合发展体制机制和政策体系是制度保障。[②]这些论述深刻揭示了中国式现代化道路探索中乡村振兴战略的基础性地位，城乡融合发展体制机制和政策体系是制度保障，构建城乡融合发展体制机制和政策体系是乡村振兴的实践路径。要把乡村振兴战略这篇大文章做好，必须走城乡融合发展之路，从实践维度看，县域无疑是城乡融合发展的关键领域，县一级在城乡融合发展体制机制和政策体系形成中，发挥着关键作用。县域一方面是城市工商业资本、金融资本、先进技术等生产要素下乡的枢纽，另一方面是联结乡村土地、劳动力、自然资源、文化资源等生产要素的关键。县一级工作成效如何，直接决定了要素能否有效聚合，决定了乡村发展的绩效好坏。同时，在县乡村三级构成的国家基层基础公共服务体系中，县一级发挥着牵引和支撑的作用，县级医疗服务能力、教育水平、公共文化能力对乡村公共服务能力产生着直接影响。因此，习近平总书记强调，要把县域作为城乡融合发展的重要切入点，推进空间布局、产业发展、基础设施等县域统筹，把城乡关系摆布好处理好，一体设计、一并推进。要强化基础设施和公共事业县乡村统筹，加快形成县乡村功能衔接互补的监管格局，推动公共资源在县域内实现优化配置。要赋予县级更多资源整合使用的自主权，强化县城综合服务能力，把乡镇建设成为服务农民的区域中心。[③]

[①] 中共中央党史和文献研究院编：《习近平关于"三农"工作论述摘编》，中央文献出版社2019年版，第42页。

[②] 中共中央党史和文献研究院编：《习近平关于"三农"工作论述摘编》，中央文献出版社2019年版，第20-21页。

[③] 习近平：《论"三农"工作》，中央文献出版社2022年版，第16页。

二、农村产业融合发展与全面推进乡村振兴

习近平总书记的有关重要论述为农村产业融合发展与全面推进乡村振兴指明了方向。习近平总书记指出，产业振兴是乡村振兴的重中之重，要坚持精准发力，立足特色资源，关注市场需求，发挥优势产业，促进一二三产业融合发展，更多更好惠及农村农民。[①]要积极发展农产品加工业，优化产业布局，推动农村由卖原字号向卖制成品转变，把增值收益更多留在县域。发展乡村旅游、休闲农业、文化体验、健康养老、电子商务等新产业新业态，既要有速度，更要高质量，实现健康可持续。[②]推进农村一二三产业融合发展，是推动乡村产业振兴、实现高质量发展的需要，是促进农民持续增收、决胜全面建成小康社会的迫切需要，是进一步提升农村发展水平、促进城乡融合发展的迫切需要。自2014年年底召开的中央农村工作会议提出推进农村一二三产业融合发展以来，党中央、国务院发出的指导农业农村工作的文件对这一问题多次进行强调。2015年年底，国务院办公厅专门印发《关于推进农村一二三产业融合发展的指导意见》，对推进农业产业融合发展作出了全面部署。近年来，农业产业链不断延伸，农业功能日益拓展，农村一二三产业不断呈现融合发展势头。农村产业融合的快速推进，有力地促进了农业产品结构、产业结构、经营结构的调整，显著改善了农业供给质量，催生了农村新产业新业态，为农村创新创业开辟了新天地，为农民农业增收打开了新空间。

农村一二三产业发展面临许多新问题新挑战。一是农村产业融合发展缓慢。农村一二三产业融合发展的基础是第一产业——农业，农业产业的发展前景直接关系到三产融合的质量和成效。由于耕地资源有限

[①] 习近平：《论"三农"工作》，中央文献出版社2022年版，第50页。
[②] 习近平：《论"三农"工作》，中央文献出版社2022年版，第11–12页。

和土地的家庭承包制，我国的农业生产大多采用小农生产模式，耕地碎片化、经营规模小的特征明显，极大制约着农业产业的规模化发展，造成这些地区的三产融合发展相对滞后，这在老少边区表现尤为突出；另一方面，受到地理因素的限制，耕地碎片化造成生产区域分割，一些农村地区无法实现集中连片生产，农机设备无法适用、农业机械化水平低，进一步造成农业生产的效率低下，三产融合推进缓慢。二是农村产业融合发展层次较低。融合产业链短，产品仍以初加工为主，融合的方式比较单一，精深加工、高附加值产品的生产较少。一些农村地区即使拥有上好的优特农产品，由于缺乏有实力的龙头企业进行品牌包装推介、深度加工、产品研发及产业链整合，三产融合进程也十分缓慢。三是农村三产融合的利益联结机制尚未健全。随着农村三产融合的不断推进，绝大部分的乡村都已经建立起了"龙头企业+专业合作社+农户""龙头企业+农户""专业合作社+农户"等利益联结模式，但这些大多为松散式的利益联结模式，各经营主体依靠意向性的合同或口头约定来形成契约关系，且多局限于农产品的生产、初级加工以及土地资源租赁等环节。这种松散的利益联结关系，如果诚信监督不到位，就很容易出现违约行为，同时这种模式仅解决了农户初级农产品的市场销路问题，农户无法分享后续产品深加工以及农业、农村资源开发利用后所获得的利益增值，无法最大程度促进农民增收。四是农村三产融合发展缺乏有效的保障机制。农村三产融合发展涉及包括土地、资金、人才等在内的各种要素供给，必须提供强有力的保障，但从目前农村三产融合进程来看，三产融合要素供给的保障机制远未完善。比如土地供给保障不足，农村三产融合中新型经营主体所需的设施建设用地、产品加工与存储用地受到了很大的制约且短时间无法有效解决，产业融合资金保障不足、人才保障困难，等等。

采取综合对策推进农村产业融合纵深发展。第一，以创新为引领，积极推进传统农业的升级转型。通过转变以往传统作物种植为特色养殖或特色种植，利用资源优势积极发展山地和森林经济，革新老少边区三产融合发展的动力，夯实基础，确保老少边区农村三产融合顺利推进。第二，积极培育龙头企业，加快推进农村产业的深度融合。龙头企业由于资金、技术和市场信息获取方面的优势，不仅可利用现代信息技术和现代营销手段开拓市场，扩大农产品销售，还可以通过研发新产品提高农产品的附加值，提升产品竞争力，拓展和延伸产业链，打造市场品牌，推动农业产业链的升级。因此，积极培育龙头企业对促进农村三产深度融合发展有着十分重要的作用，政府可在发展新型集体经济的基础上加快培育农业龙头企业，这不仅可推进农村三产的深度融合，同时也能与农户建立起紧密的利益联结机制。第三，创造多元化联结方式，不断健全利益联结机制。创造多元化利益联结方式，增加农民共享增值收益的机会。要探索符合农民利益需求、适合农民生产特征的利益联结方式。充分发挥农业产业对扩大农民增收渠道的直接作用，采用订单生产、流转合同等合作方式确保农户的经营性收入；采用劳务聘用的员工加入方式，增加农户的工资性收入；采用入股分红的方式提高农户的资产性收入；培育新型集体经济，让村民共享发展带来的收益。第四，深化农村体制改革，不断完善三产融合的制度保障。加快农村土地、农业经营、农村集体产权等制度层面的改革，支持新型产业经营主体对农产品加工、仓储物流等基础设施的投入和建设；加大资金支持力度，对新型产业经营主体在工商登记、品牌认证、融资、税收等方面给予优惠，对于认定的种养大户、家庭农场给予政策上的补助，对于先进的生产经营主体进行奖励；鼓励农学专业大中专学生回乡创业，制定措施吸引各类社会人才，提高他们的待遇保障，使他们能更好地扎根农村，投身现代农村产业融合发展。

三、城乡融合发展与全面推进乡村振兴

（一）城乡分割走向城乡融合是城乡发展的必然历史趋势

习近平总书记指出，要把乡村振兴战略这篇大文章做好，必须走城乡融合发展之路。①从历史维度看，我们党历来高度重视城乡融合，党的十六大报告提出"统筹城乡经济社会发展"，对我国经济社会发展进入新世纪和新阶段提出了新要求；党的十六届四中全会提出"工业反哺农业、城市支持乡村"，对工业化、城市化发展到一定阶段的工农关系、城乡关系进行了科学概括；党的十七大报告提出"要建立以工促农，以城带乡长效机制，形成城乡经济社会发展一体化新格局"，明确提出了社会主义新农村建设任务；党的十八大报告提出把"推动城乡发展一体化"作为解决"三农"问题的根本途径；党的十八届三中全会公报提出"健全城乡发展一体化体制机制"的改革举措；党的十九大报告提出实施乡村振兴，把"城乡融合发展"写入党的文献②，这一决定无疑将城乡融合发展推向了新的历史高度。

从理论维度看，推动城乡融合发展与全面推进乡村振兴是中国特色社会主义理论的丰富发展。习近平总书记强调，中国乡村振兴要走中国特色社会主义乡村振兴道路，就是走城乡融合发展之路、走共同富裕之路。③从理论构建和方法创新角度看，中国特色社会主义乡村振兴道路必将创新发展马克思主义的城乡发展理论④，也是对中国特色社会主义理论的完善补充。近年中央对构建工农互促、城乡互补、协调发展、共同

---

① 习近平：《论"三农"工作》，中央文献出版社2022年版，第279页。
② 宋迎昌：《城乡融合发展的基本方略》，《国家治理》2018年第14期。
③ 习近平：《论把握新发展阶段、贯彻新发展理念、构建新发展格局》，中央文献出版社2021年版，第217-220页。
④ 黄承伟：《从脱贫攻坚到乡村振兴的历史性转移——基于理论视野和大历史观的认识与思考》，《华中农业大学学报（社会科学版）》2021年第4期。

繁荣的新型工农城乡关系作出重要部署，是我国城乡关系相互渗透、融合发展的表现，也是党坚持以马克思主义为指导的必然选择，是中国特色社会主义不断发展的必然规律。坚持城乡融合发展是乡村振兴的战略定位之一，通过建立城乡融合发展体制机制和政策体系，打破城乡二元发展模式，实现城乡共生发展共同繁荣，能够促进要素在城乡之间合理配置、公平流动，开拓发展空间、培育新的发展动力，真正实现共同富裕，体现了中国共产党领导的中国特色社会主义事业的本质要求[1]。

从实践维度看，乡村振兴背景下推动城乡融合发展，是全面建设社会主义现代化国家进程的重要抓手和实现共同富裕的重要基础。实施乡村振兴战略推进城乡融合发展是以习近平同志为核心的党中央，深刻把握城乡关系特点和现代化发展规律，立足于党和国家各项事业的发展大局，立足于当前我国农业农村发展现状，实现"两个一百年"的奋斗目标的客观需求。要全面建成社会主义现代化强国，实现共同富裕，难点依旧在农村，如果不进一步破除城乡二元体制、推进城乡融合发展，城镇化的虹吸效应会让乡村一步步走向衰落，乡村就不可能同步实现现代化，乡村振兴战略目标就无法实现，整个国家也无法实现全面现代化，更谈不上实现共同富裕。[2]通过提高农村的发展水平，促进农业增效、农村发展和农民增收，就可以解决发展不平衡和发展不充分的问题。实施乡村振兴战略，推动城乡融合发展，通过外部干预加强对"三农"的支援力度，通过以城带乡，弥补乡村发展的弱点，推动城乡关系的良性互动和促进功能耦合，缓解城乡失衡问题和农业农村农民发展不充分的问题，推动广大农村现代化的发展进程，补齐社会主义现代化国家的发展短板，促进生产力的发展，这是建设社会主义现代化国家的重要内容。

农业农村和农民的发展是从传统农业国到现代工业国转型过程中不

---

[1] 黄承伟：《推进乡村振兴的理论前沿问题》，《行政管理改革》2021年第8期。
[2] 金三林、曹丹丘、林晓莉：《从城乡二元到城乡融合——新中国成立70年来城乡关系的演进及启示》，《经济纵横》2019年第8期。

可回避的问题。城乡发展失衡、农村农业发展不充分、农民收入低等制约社会主要矛盾的解决。城乡融合把城市与乡村、一二三产业、城乡居民作为一个整体统筹规划和整体推进，通过城乡空间结构优化和建立健全相关制度，推动城乡社会、经济、生态环境全面融合，实现城乡多维发展均衡和居民生活品质相当。① 通过实施乡村振兴，推进城乡融合，以及对户籍制度、社会保障制度、农村土地制度等制度供给创新，促进城乡生产要素合理流动和优化组合，激发乡村活力和内生动力，逐步建立全面融合、共同繁荣的新型工农城乡关系，实现城乡人地系统的优化，推动城乡互促共进、协同发展。

（二）走好城乡融合发展

坚持中国共产党的绝对领导是实现城乡融合发展的根本保障。中国共产党始终坚持以马克思主义理论为指导和以人民为中心的发展思想，并结合国情，探索符合中国特色的城乡关系，从新中国成立初期的"城市领导农村"到改革开放后的"协调城乡发展"，再到现阶段的"城乡融合"，正是中国共产党根据社会发展的客观规律所总结出的科学性和合理性的认识。历史证明，只有坚持中国共产党的领导，发挥党的政治优势、制度优势和体制优势，才是推动城乡关系发展的根本保证。也只有坚持中国共产党的领导，才能在实践中自觉地把城乡融合发展的理念和方针不折不扣地贯彻到一切的社会经济活动中，确保在推进城乡融合的过程中不走偏，不变色。② 只有坚持中国共产党的领导，才能始终坚持用马克思主义和习近平新时代中国特色社会主义思想指导城乡关系的科学调适，统筹推进"五位一体"总体布局和协调推进"四个全面"战略

---

① 何仁伟：《城乡融合与乡村振兴：理论探讨、机理阐释与实现路径》，《地理研究》2018年第11期。

② 宋迎昌：《城乡融合发展的基本方略》，《国家治理》2018年第14期。

布局[1]，不断地完善丰富指导中国特色社会主义城乡关系的理论基础，为乡村振兴和城乡融合发展提供根本思路遵循。

坚持政府主导是实现城乡融合发展的根本力量。城乡融合发展是一盘大棋，不仅涉及城市和乡村两个地域，更是国家治理体系和治理方式的整体性调整[2]。从治理层面看，政府是推动改革和进行社会规划设计的主要力量，政府利用自身的法理权威地位和行政手段对城乡二元结构所造成的资源要素流动障碍进行干预，政府为城乡发展提供科学的指导和可操作的实际策略，从根本上改变"城市发展偏向"。从制度上看，政府作为城乡二元结构制度形成的主要推动者，也必将成为破解它的主体，只有废除城乡二元体制，赋予农民平等的发展权利与机会，城乡关系才可能从二元对立向融合发展转化。要不断完善法律制度和深化体制改革，深化公共服务改革和构建城乡一体资源配置机制[3]，可以说，体制机制的建立运行都离不开政府作为。此外，坚持政府主导，强化政府的主体责任，能够发挥社会主义集中力量办大事的优势，广泛动员社会力量，把城乡各部分动员起来，把政府力量、社会力量和个人的力量糅和起来，把不同区域、不同领域、不同行业的资源动员起来，形成合力，共同推进城乡融合发展。

坚持深化市场化改革是实现城乡融合发展的动力源泉。城乡融合的最终目的就是要通过城乡之间的自由流动实现共同发展，市场化提倡的就是资源的自由流动，市场化改革成为城乡融合的驱动力。乡村拥有广阔的市场潜力，综合改革开放的实践及成就，当前城市已经基本实现了全要素的市场化，但是农村的市场化程度不深。伴随着乡村生产生活条

---

[1] 周柏春：《中国共产党推进城乡融合的百年历程及经验启示》，《学习与探索》2021年第9期。

[2] 黄锡生、王中政：《论城乡融合发展的双重逻辑及制度统合》，《现代经济探讨》2021年第5期。

[3] 许彩玲、李建建：《城乡融合发展的科学内涵和实现路径——基于马克思主义城乡关系理论的思考》，《经济学家》2019年第1期。

件改善，农民收入的提升，乡村的稀缺性和投资价值日益显现，市场驱动的城乡要素流动开始加快。①乡村市场化进程已经表现出不可逆化的趋势。要不断深化市场化改革，完善城乡市场经济体系，发挥市场在促进城乡土地、资金、人才等要素双向流动等市场行为上的作用，有效发挥城市支持乡村、工业反哺农业的积极作用。推动城乡合理的经济布局和产业分工，带动农村生产力的发展，平衡城乡生产力发展关系。

着力健全城乡融合发展体制机制是实现城乡融合发展的制度保障。顺应城乡融合发展大趋势，坚持新型城镇化和乡村振兴两手抓，清除阻碍要素下乡的各种障碍，吸引资本、技术、人才等要素更多向乡村流动，为乡村振兴注入新动能。坚持和完善农村承包地"三权分置"制度，探索盘活用好闲置农房和宅基地的办法，激活乡村沉睡的资源。要改进耕地占补平衡管理办法，建立补充耕地指标在国家统筹下跨省调剂机制，把调剂收益用于支持脱贫攻坚和乡村振兴。实行积极有效的人才政策，打好"乡情牌"，念好"引才经"，激励各类人才到农村广阔天地大显身手。②向改革要动力，加快建立健全城乡融合发展体制机制和政策体系。健全多元投入保障机制，增加对农业农村基础设施建设投入，加快城乡基础设施互联互通，推动人才、土地、资本等要素在城乡间双向流动。建立健全城乡基本公共服务均等化的体制机制，推动公共服务向农村延伸、社会事业向农村覆盖。要深化户籍制度改革，强化常住人口基本公共服务，维护进城落户农民的土地承包权、宅基地使用权、集体收益分配权，加快农业转移人口市民化。③

---

① 唐茂华、陈丹：《农村土地制度变迁的政策过程及现实困境》，《农村经济》2011年第3期。

② 中共中央党史和文献研究院编：《习近平关于"三农"工作论述摘编》，中央文献出版社2019年版，第38页。

③ 中共中央党史和文献研究院编：《习近平关于"三农"工作论述摘编》，中央文献出版社2019年版，第45—46页。

浙江省湖州市：要素流动与城乡融合发展

2021年5月《中共中央 国务院关于支持浙江高质量发展建设共同富裕示范区的意见》对浙江提出了建设"城乡区域协调发展引领区"的战略定位。作为"两山"理念诞生地、"中国美丽乡村"发源地，湖州市认真贯彻中央和浙江省委、省政府决策部署，在国家发改委和浙江省发改委的指导下，全面统筹城乡经济、社会、生态、文化多方面深度融合，走出了一条以"美丽乡村"为品牌、以"小城镇带农村"为路径、以"全域花园"为特色、以"多元创新"为路径，通过乡村价值提升促进城乡要素合理流动和优化配置，实现城乡融合发展的湖州特色之路。

一、顶层设计与规划：城乡融合发展的理论基石

习近平总书记在浙江工作时就高度重视推动共同富裕，把坚持走共同富裕道路作为改革开放以来浙江发展的鲜明特色，把"加快推进城乡一体化"等作为重要内容纳入"八八战略"，特别是2003年4月在湖州市安吉县调研时明确要求"在推进城镇化的同时，必须推进城乡一体化，消除城乡差别"。《中共中央、国务院关于支持浙江高质量发展建设共同富裕示范区的意见》对浙江提出了建设"城乡区域协调发展引领区"的战略定位，明确要求浙江率先实现城乡一体化发展，深入探索破解城乡二元结构、缩小城乡差距、健全城乡融合发展的体制机制。2021年7月，浙江省把湖州列为高质量发展建设共同富裕示范区首批试点之一，赋予"缩小城乡差距"的试点任务。2021年8月浙江省数字化改革推进会明确提出，以数字化改革推动社会变革，探索建设共同富裕美好社会，并把持续缩小"三大差距"作为数字社会系统建设的重要内容。同时，湖州是"绿水青山就是金山银

山"理念诞生地,全域绿色发展引领全国。

二、实践基础:区位优势、经济条件与主要动力

要素流动与城乡融合发展的区位优势。湖州地处长三角中心区域,是沪、杭、宁三大城市的共同腹地,是连接长三角南北两翼和东中部地区的节点城市,离杭州75公里、上海130公里、南京220公里。湖州拥有全国一流的铁路、公路、内河水运中转港。得天独厚的区位,让湖州在聚集要素资源上具有巨大优势。

要素流动和城乡融合发展的经济条件。近年来,湖州经济社会实现了持续快速协调发展。湖州经济快速发展,综合实力位居中国百强城市之列,国家级经济技术开发区、南太湖产业集聚区、太湖旅游度假区等产业平台正通过不断增强承载能力与聚集效应,推动湖州城乡融合发展。

乡村价值提升构成要素流动和城乡融合发展的主要动力。湖州作为"两山"重要思想诞生地、"中国美丽乡村"的发源地、"生态+"的先行地、太湖流域生态涵养地,在保护好绿水青山,培育生态优势的同时,坚持"生态立市",把生态优势转化为发展优势,各区县致力于工业、农业、旅游的生态化发展,通过"生态+产业"实现乡村价值提升,让百姓共享生态红利、绿色福利,增强人民群众的幸福感和获得感。

综合来看,湖州率先打造"无差别城乡",是源自科学理论、把握潮流趋势、基于比较优势、顺应百姓期待的目标引领和倒逼下的重大决策和实践创新,是湖州扎实推进共同富裕、奋进第二个百年目标的重大战略选择。湖州率先打造"无差别城乡",在"绿水青山就是金山银山"理念指引下,把城市和乡村作为一个整体统筹谋划,以"人的'三感'(获得感、幸福感、安全感)无差别"为核心,将生态环境保护和减贫发展、生态环境保护和资源利用、生态环境保护和

经济发展有机统一在一起,强调将资源资产—资本—财富有机统一,通过有效转换实现资源资产变资本、资本变财富,最终实现可持续发展的目标。

三、推进城乡双向融合的主要做法

(一)践行无差别城乡理念,推动城乡基础设施与公用事业一体化

推进"轨道上的湖州"建设。 全力打造辐射全国的"十字形"高铁通道,加快形成"135"干线交通圈。

城乡基础设施提质同标。 加大农业农村有效投资,推动乡村生产生活基础设施数字化改造,支持发展仓储物流等基础设施建设,智能化农产品仓储保鲜冷链设施覆盖全市各乡镇。加快推进城市基础设施和公共服务向农村拓展延伸。

加强城乡人居环境综合整治。 将全市115个小城镇全部纳入整治范围,持续深化农村厕所、垃圾、污水专项整治"三大革命"。

加快智慧城市基础设施建设。 加快布局5G通信、大数据中心等新型基础设施,实现乡镇以上5G信号全覆盖。打造"宽带无线城市",建设一批工业互联网、卫星互联网和物联网基础设施。推动"湖州城市数字大脑"迭代升级,加快区块链与物联网、云计算、5G等前沿信息技术的深度融合。加快推进城市智能感知体系建设,探索搭建数字乡村建设监测平台。

(二)共享城乡发展权利,实现基本公共服务均等化

推进基本公共服务体系建设。 一是优化资源配置,推进基本公共服务均等化。坚持以创新、协调、绿色、开放、共享的发展理念引领赶超发展,以普惠性、保基本、均等化、可持续为方向,着力推进供给侧结构性改革,切实补齐基本公共服务短板,健全基本公共服务制度。二是加大转移支付,实现社会保险制度城乡统一。"十三五"以来，湖州市涵盖基本公共教育、基本就业创业、基本社会保障等八大领域的基本公共服务体系更加完善，全市财政新增财力三分之二以上用于民生事业支出。全民参保计划深入实施，养老保险、失业保险、医疗保障制度率先基本实现城乡统一，基本养老保险和基本医疗保险参保率分别达98.6%和99.78%。基本民生保障和兜底力度持续加大，全市最低生活保障年标准由7680元提升至10476元，最低生活保障标准在全省率先完成城乡、区域"双同标"，每人每月达917元。

实施公共服务标准化战略。 完善服务项目和基本标准，强化公共资源投入保障，提高共建能力和共享水平，努力增强城乡居民的获得感、公平感、安全感和幸福感。截至2020年年底，全市基本公共服务项目共计120项，项目数量、服务范围均超国家规划，服务对象、保障标准及覆盖水平全市城乡统一。

完善数字公共服务体系。 一是完善公共服务数字系统支撑。加快建设万物智联城市，升级建设"湖州城市数字大脑"2.0版，建设高并发能力的物联网数据中台，提升公共服务数据、模块及应用支撑能力。二是丰富公共服务数字应用场景。坚持集成创新，按照"V"形迭代模型，打造一批惠企惠民、好用易用的综合场景，全面推进旅游景区、农贸市场、医疗机构、城乡公共厕所等场所服务智慧化提升，形成"破点—连线—成面—立体"最优方案，推动公共服务整体性优化和系统性重塑。推广应用"浙农码"，加快数字就业、数字救助、数字养老、数字旅游、数字交通等服务直达乡村，建设乡村数字公共服务典型应用。三是推动公共服务业务创新协同。聚焦提升教育、就业、居住、文化等领域办事体验，全面实现"一网通办"。

（三）推进"共富"实践，不断缩小居民收入差距

湖州坚持把村强民富作为着力点，先后实施促进农民增收、低收入农户全面发展、强村等行动计划，推广"强村十法"和"强村公

司"、稳粮保供"星光模式"等强村富民经验做法，全面消除了年收入4600元以下贫困户和年村集体经济经营性收入30万元以下的欠发达村，消除80.8%年村集体经济经营性收入50万元以下的欠发达村。

（四）完善融合发展措施，城市特质与乡村特色相得益彰

功能协调的城乡空间规划体系。通过乡村优势资源和要素在地理空间上的集聚和空间重构，统筹城乡空间规划，改变了以往农村发展的弱势地位，将农村与城市置于同等地位，统筹推进美丽城乡的规划、建设和管理。立足全县域，完善规划布局。科学合理划定农业生产、村庄建设、产业发展和生态保护等功能分区，明确农村建设用地配置空间规模，有序推进全域土地综合整治与生态修复，推动村庄空间集聚和布局调整。推动"组团化"，优化城镇体系。持续发挥对乡村振兴的重要牵引和带动作用。

深度融合的农村一二三产业发展格局。推动主导产业提质增效。建立农业龙头企业与合作社、家庭农场、农户的利益联结机制。加强主体培育、品牌提升，实施农业品牌建设行动。扎实推进产业转型升级，农业现代化发展水平综合评价连续六年位居全省第一，成为全国第二个基本实现农业现代化的地级市。

四、构建以要素流动为核心的城乡融合发展动力机制

（一）通过提升乡村价值促进要素逆城市化流动

逆城市化趋势与要素双向流动。浙江省2020年城市化率已经超过70%。随着湖州经济的快速发展，湖州出现了逆城市化趋势。在逆城市化的趋势下，湖州乡村通过有效地汇集资金、知识、人力等要素，引发乡村创业热潮，乡村创业催生新业态，延伸新产业，通过产业集聚、技术渗透、机制优化、体制创新等方式，促进乡村产业兴旺，以此推进乡村经济社会全面发展，实现城乡融合发展。

山水资源化与乡村价值提升。湖州市（以全域综合整治、生态修复为抓手,坚持分类推进城乡空间内涵式发展,把特色村镇建设作为城乡融合发展的重要载体,充分挖掘农业的多功能特点和乡村的多重价值。健全生态产品价值实现机制,拓宽绿水青山就是金山银山转化通道,成为更高质量的长三角绿色发展引领区。)一是推进自然资源确权。二是大力发展生态产品。三是全面推进美丽乡村建设。湖州充分挖掘生态优势,将生态优势转化为经济优势,实现乡村价值提升。

农村土地资源价值提升与产业升级。完善农村承包地"三权分置"。完善土地承包经营权确权登记颁证工作,健全土地经营权流转服务体系,推进土地承包管理动态化、信息化、共享化,完善承包地"三权分置"制度。进一步放活土地经营权,推进农村土地经营权抵押贷款。探索农村宅基地"三权分置"实现形式。进行农业"标准地"改革,积极推进"坡地村镇""点状供地"新模式。积极统筹保障乡村建设用地指标,积极开展土地整治工作,促进农村土地节约集约利用。

(二)通过市场机制实现资源高效配置推动要素联结流动

以产业发展新空间为载体,探索城乡要素有效聚集的渠道。一是推进乡村产业平台建设。二是数字化改革向乡村产业快速覆盖。三是发掘多业态发展模式。湖州充分挖掘农业的多功能特点和乡村的多重价值,大力实施"农业+产业"融合发展工程。

以产业深度融合为抓手,促进各类要素加速向乡村流动。一是筑巢引凤,把美丽环境转化为经营资产,充分利用得天独厚的自然景观、生态宜居的美丽环境招引项目入驻,成功引进的蔓塘里"大地之光+艺术公社"项目,通过利用闲置乡村空间,开发夜游经济,形成生态型旅游产品。二是以凤筑巢,坚持资源优势转化为经济优势。让茶山、林地、茶厂、道路、房屋等闲置资产成为项目开发的有机组成,既解决了闲置资产变现问题,又直接增加了村集体的经营性收入。三是以凤引凤，增加旅游业态。通过"项目引领、景区引流、商品引量"的方式，形成三产融合发展的态势。

（三）通过制度改革创新破除要素流动障碍

以土地制度改革为突破，盘活农村要素。湖州德清县在2015年承担国家农村土地制度改革试点工作，统筹推进农村集体经营性建设用地入市改革、土地征收制度改革和宅基地改革，进一步厘清了农民、村集体和土地的关系，实现了与国有土地同权、同价、同责，有效激发农业农村发展活力。一是坚持农民主体地位。在主体设置、程序规定上把参与权、选择权、决策权赋予农民和农民集体。二是坚持集约高效利用。加强用地供需对接，引导西部山区发展以"洋家乐"为代表的民宿旅游，中部丘陵地带依托主城区发展商贸、高新制造，东部平原服务工业块状经济，积极打造特色小镇和"小微企业众创园"，引导农业"标准地"积极使用农村集体经营性建设用地入市供地方式，以保障农业项目的发展，促进乡村产业振兴。三是坚持市场配置资源。建设城乡统一的建设用地市场，通过"五统一"来营造市场环境，即实行统一的交易平台，实行统一的地价体系，实行统一的交易规则，实行统一的登记管理，实行统一的服务监管。四是坚持收益均衡共享。合理确定调节金征收比例，差别化落实集体内部入市收益分配，确保农民入市收益安全、保值、增值。

着力做好金融支农，创新农村金融体制机制。深化农村金融改革是促进农民增收、提高农业质量效益、推进城乡共同富裕的重要举措。湖州大力发展普惠金融、绿色金融，增强金融服务乡村振兴战略的能力，健全适合农业农村特点的农村金融体系，把更多的金融资源配置到农村经济社会发展的重点领域和薄弱环节，更好地满足实施乡村振兴战略对金融多样化的需求，为湖州打造实施乡村振兴战略示范区积极贡献金融新动能。推动国家绿色金融改革创新试点与乡村振兴战略深度结合，推动农村绿色金融创新。创新开发"农房绿色建筑贷""消薄贷""农林贷"等系列金融支农新产品。

完善"两进两回"机制，强化农业科技人才支撑。畅通人才、智力下乡通道，积极引导大学生、青年人才返乡下乡就业创业，服务乡村建设。加大农业科技人才的引育，落实科研人员离岗创业、入乡兼职及开展技术服务等政策。

瞄准"人财技"，活化农业科技创新环境。一是激发农业科技人员创新活力。完善农业科技成果激励机制与转化收益分配机制，支持科技人员以专利许可、转让或技术入股等方式，到乡村、涉农企业离岗创业、入乡兼职及开展技术服务等。推进柔性引才制度，聘请高校院所技术人才到湖州市担任"首席专家"。精准选派科技特派员进乡入村，推动科技特派员全市域、全领域、全产业链覆盖。二是探索建立科技成果市场化机制。以全省科技大市场为依托，开展农业科技专业市场建设，培育一批专业化、精细化、市场化的农业科技中介服务机构和服务企业。引导鼓励金融资本、社会资本进入农业科技领域。探索建立知识产权股权、分红等激励模式及农业科技成果转化、技术入股等市场化机制，营造富有活力的农业科技创新环境。三是推动数字化赋能农业科技创新。

五、湖州推进城乡融合发展的经验与启示

（一）统筹优化空间规划协调城乡融合发展

突出城乡融合发展规划的重要作用。健全完善城乡一体规划管理机制，推进城乡融合的"一张网"建设，加强规划引领，积极引导村镇保留自身特色并主动融入城市发展进程，推动城乡空间形态和经济地理重塑。通过乡村优势资源和要素在地理空间上的集聚和空间重构，统筹城乡空间规划，改变了以往农村发展的弱势地位，将农村与城市置于同等地位，通过城乡空间布局、产业布局和建设布局促进土地空间的集约式发展。空间统筹规划明确各自的发展定位和功能片区规划，强调的是城乡在各自保有特色的基础上的全面融合。

产业空间布局是实现城乡空间优化的关键。树立城乡产业融合发展的理念，优化城乡产业空间布局中城乡之间的关系不是主要和次要的关系，而是各有其功能、各有其优势的互补关系。城市以现代服务业、先进制造业为主要载体，农村以现代农业、都市农业、观光农业、乡村旅游业等为主攻方向，建设各具特色的产业功能区，积极打造城乡产业分工明确、产业链紧密，一二三产业融合互动的现代产业体系。通过统筹建设用地、非建设用地的安排做好土地规划整合工作，推动包括农业产业园、乡村旅游、田园综合体、民宿经济等在内的产业平台，提升辐射带动能力，构建以镇带村、镇村联动的城乡融合共同发展的新格局。

生态空间优化是实现城乡空间融合的重要手段。以全域综合整治、生态修复为抓手，坚持分类推进城乡空间内涵式发展，把特色村镇建设作为城乡融合发展的重要载体，充分挖掘农业的多功能特点和乡村的多重价值。健全生态产品价值实现机制，拓宽绿水青山就是金山银山转化通道，成为更高质量的长三角绿色发展引领区。

（二）健全城乡融合发展的要素流动机制

建立健全城乡融合发展的体制机制和政策体系，促进城乡融合发展和城乡要素双向流动。一是健全乡村人才培养机制，应加强乡村人口结构和劳动力结构优化、乡村人力资本开发利用、农村人才培养与吸引等方面的研究。二是健全完善农村集成改革，重点加强农村土地"三权分置"改革、进城落户农民"三权"退出机制、乡村振兴用地保障机制等方面的研究。三是拓宽资金来源，提高资本使用效率，重点开展乡村振兴的金融服务路径、工商资本参与乡村振兴的机制、涉农资金统筹整合、农村土地增值收益分配等方面的研究。四是重视农业的基础地位，发挥二三产业的龙头地位，促进三产融合发展。主要从质量兴农的政策体系构建、农产品品牌建设模式与路径、农村电商发展实现路径、乡村新产业类型及推进方式、小农户与现代农业的有机衔接等方面进行研究。五是建立要素主体共享的利益联结机制。兼顾不同要素主体的利益，让城乡居民共享农村发展成果，这是激发各类主体参与乡村建设和发展的最根本动力。通过城市产业要素与农村的生产资料与劳动力相结合，利用乡土差异化实现价值增值和财富增长。同时要注重农民的获得感和利益诉求。在要素产生的增值收益中，需要更多关注利益分配，借助不同产业组织形式，让农民手中的生产要素参与利益分配，根据要素贡献获取相应回报。只有这样，城乡要素才能实现双向互动，融合共生。

（三）建立市场主导和政府引导相结合的功能互补机制

运用市场规律激活农村要素和市场。通过乡村价值提升带动要素向农村流动，通过资本、人才和技术的流入激活乡村发展的内生动力。充分通过产业规划和生态规划引领乡村价值提升，激发要素市场动力机制，引导社会资本、人才和技术向农村流动。

政府通过制度供给放大城乡融合发展效应。推动城乡规划编制，加强城乡基础设施建设和产业发展的有机衔接，建立健全产权保护制度和利益补偿机制，建立公平竞争的市场交易规则，保障市场交易主体的合法权益；综合运用财政、税收、投资、金融等手段加大宏观调控力度，引导资金、人才、管理、技术等要素向农村流动，确保城乡要素实现合理优化配置。政府和市场的调控是两个最基本的手段，二者互相促进、互为补充，通过市场主导和政府引导，进而实现资源要素双向流动。

（四）结合自身比较优势推进城乡融合发展

中国乡村内部发展呈现出多元差异格局。总体而言，东部乡村、平原乡村、城郊乡村、资源承载能力较强的乡村相对发达，而西部地区、丘陵山区、生态脆弱区、偏远边远地区乡村却相对落后。乡村发展的层次和水平不同，实现城乡融合发展的路径、模式和进程也将会不同。各地应当依据地域的比较优势、乡村的发展差异，结合区域综合发展水平、区域区位优势、产业优势、村镇区位条件，梳理地域分区、县域分类、村镇分级定位，在此基础上研究城乡发展战略。对于综合发展水平较高的乡村，进一步加强与城市的互动，探索城乡融合创新模式；对于中等水平的乡村应该发挥比较优势，探索激发活力与城乡优势互补的路径，努力缩小城乡差距，循序渐进地推进城乡融合。

［本案例根据华中师范大学陆汉文教授团队承担国家乡村振兴局中国扶贫发展中心2021年巩固拓展脱贫攻坚成果与乡村振兴（浙江湖州市）案例总结研究成果整理而成］

第七章
示范创建开新局

　　开展乡村振兴示范创建是中央的要求，是由乡村振兴战略实施的复杂性和区域发展的差异性所决定的，是我们党"抓点带面推进工作"历史经验的时代运用，是有效降低创新成本提高面上推进工作成效的根本路径，而且开展乡村振兴示范创建具有多重功能和价值。本章在阐述开展乡村振兴示范创建活动客观必然性的基础上，重点阐述了乡村振兴示范村、现代农业示范园两类最常见的示范创建的目标、内容、推进要求。最后从符合《创建示范活动管理办法（试行）》要求，落实乡村振兴示范创建管理基本原则，强化乡村振兴示范创建活动全过程管理，建立示范创建活动日常监测机制，从四个方面阐述如何加强乡村振兴示范创建全过程管理。

《中共中央 国务院关于做好2022年全面推进乡村振兴重点工作的意见》（即2022年中央一号文件）明确要求："抓点带面推进乡村振兴全面展开。开展'百县千乡万村'乡村振兴示范创建，采取先创建后认定方式，分级创建一批乡村振兴示范县、示范乡镇、示范村。推进农业现代化示范区创建。"中央的要求指出了乡村振兴战略实施的艰巨性、复杂性和长期性，明确了示范创建是全面推进乡村振兴的工作方法，意味着乡村振兴实现开新局，就必须进一步提高认识，有力、有序、有效做好示范创建工作。中共中央办公厅、国务院办公厅2022年5月印发的《乡村建设行动实施方案》也明确要求，结合"百县千乡万村"乡村振兴示范创建，统筹开展乡村建设示范县、示范乡镇、示范村创建。

一、乡村振兴示范创建的客观必然性

开展乡村振兴示范创建是由工作的复杂性和发展的差异性所决定的。党中央宣布打赢脱贫攻坚战、全面建成小康社会之后，把脱贫攻坚成果巩固好拓展好成为各地各部门摆在突出位置的重要任务。脱贫攻坚的复杂性、艰巨性决定了脱贫攻坚成果巩固拓展同样具有复杂性、艰巨性。中央要求，巩固拓展脱贫攻坚成果要把增加脱贫群众收入作为根本措施，把促进脱贫县加快发展作为主攻方向，不断缩小收入差距、发展差距，确保兜底保障水平稳步提高，确保"三保障"和饮水安全保障水平持续稳定提升。脱贫攻坚取得全面胜利后，"三农"工作历史性转移到全面推进乡村振兴。全面实施乡村振兴战略，其深度、广度、难度都不亚于脱贫攻坚，是一项需要统筹推进加快发展乡村产业、加强社会主义精神文明建设、加强农村生态建设、深化农村改革、实施乡村建设行动、推动城乡融合发展、加强和改进乡村治理等多个方面相互影响的复杂系统工程。"巩固拓展脱贫攻坚成果"和"全面推进乡村振兴"两项复杂工作需要实现有效衔接、同时推进,更进一步强化了这项工作的复杂性、艰巨性。另一方面,因多种原因我国目前呈现着区域发展巨大的不平衡性,发达地区、欠发达地区并存,东部地区、中部地区、西部地区内部发展也很不平衡,这就决定了全面推进乡村振兴不可能一个政策、一个模式,即便在脱贫地区,同样需要既抓巩固拓展脱贫攻坚成果,又抓乡村振兴,但是在国家重点帮扶县、一般脱贫县,工作的难度也是差异很大,加上数万个易地搬迁集中安置区的稳定发展,更增加了发展的复杂程度。上述工作内容的复杂性、不同区域发展的差异性必然决定了全面推进乡村振兴的多样性、复杂性。实践证明,应对这些现实挑战,最有效的工作方法就是创建示范,抓点带面。

开展乡村振兴示范创建是我们党"抓点带面推进工作"历史经验的时代运用。也就是乡村振兴示范创建具有重要的方法论意义,集中体现在:第一,在以习近平新时代中国特色社会主义思想指导乡村振兴工作上做示范。实施乡村振兴战略是习近平新时代中国特色社会主义思想生动实践的重要组成部分,通过示范创建可以展现习近平新时代中国特色社会主义思想如何指导实现乡村振兴战略的具体实践。第二,在贯彻落实党中央、国务院关于乡村振兴的各项政策上做示范。通过示范创建,在做好巩固拓展脱贫攻坚成果同乡村振兴有效衔接、加快推进农业农村现代化、推进乡村建设行动、贯彻落实党对"三农"工作领导等各类政策落实上展现具体方式方法,推动各项政策在不同区域落地见效。第三,在探索人民脱贫致富奔小康道路上做示范。我国经济已由高速增长阶段转向高质量发展阶段。坚持推动高质量发展,就是要紧紧抓住以人民为中心的发展思想,带领全体人民探索脱贫致富奔小康的道路。乡村振兴是为农民而兴,依托乡村振兴示范创建,可以展现不同类型的发展农村生产力、以农民为发展主体、不断满足人民日益增长的美好生活需要的实现模式、发展道路。第四,在全面推进"五大振兴"实践上做示范。围绕乡村"产业振兴、文化振兴、人才振兴、生态振兴、组织振兴"开展示范创建,可以展示不同条件下乡村振兴的更有效实践。如在产业振兴上,乡村产业要如何实现现代化、一二三产业如何融合、乡村产业体系如何构建等;在文化振兴上,如何保护传承乡村文化、如何培育乡村社会主义核心价值观、如何实现乡村文化与现代文化的融合等;在人才振兴上,乡村本土人才如何培养、如何鼓励外出能人回乡等;在生态振兴上,如何实现人与自然的和谐发展、如何走绿色发展之路等;在组织振兴上,如何培育基层党组织、如何落实"党建引领"等都属于示范创建的重要方向。

开展乡村振兴示范创建是有效降低创新成本提高面上推进工作成效的根本路径。首先,从巩固拓展脱贫攻坚成果维度看,巩固拓展脱贫攻坚成果包含着"巩固"和"拓展"两方面的主要内容。在长期的脱贫攻坚实践中,我国形成了一系列好的方法。乡村振兴示范创建承载着将这些好的方法继续运用到衔接过渡期之中以及后续的乡村振兴中的使命,是巩固拓展脱贫攻坚成果的重要举措。在巩固方面,通过示范创建检验这些好的做法能否继续做到保障脱贫人口不返贫并且不产生新的贫困户,保障"两不愁三保障"。在拓展方面,检验脱贫攻坚过程中形成的如产业项目等扶贫成果在实施乡村振兴的新阶段是否还能不断溢出其减贫效应。其次,从扎实推进乡村振兴战略实施维度看,乡村振兴示范区是作为经验实验与推广的平台,承担着相关实验试点任务,示范区通过改革创新、试点示范,不断推进在政策实验、产业融合等方面积累经验、推广做法,扎实推进农业农村现代化,乡村振兴的总目标在于实现农业农村现代化。再次,从完善乡村振兴政策体系维度看,支持有条件、有基础的地方先行先试。示范区自觉将国家战略作为使命和任务,将国家战略与地方实际有机结合,并将国家战略转化为地方优势,在试点过程中,不断发现问题,通过反馈,为政策完善提供现实依据,进而推动顶层设计优化,服务于乡村振兴高质量发展。最后,从推进乡村振兴重点工作维度看,"十四五"期间,我国乡村振兴的重点任务之一仍然在于制度创新,通过创新进一步释放制度红利,促进农业农村现代化。乡村振兴示范创建是制度创新的过程,承担着探索城乡融合制度、农村土地改革制度、农业支持保护制度等制度创新的任务。

开展乡村振兴示范创建具有多重功能和价值。一是通过示范发挥导向、服务、辐射功能形成乡村振兴新动能。比如,示范区创建的建设内容一般要符合区域比较优势,形成优势产业,体现区域特色,从而带动同类乡村的振兴。再比如,示范创建一般要立足为本地农民服务,加强农民队伍建设,这就通过示范为培养造就具有一定的科技水平、能使用现代技术、了解社会信息、懂发展的新型农民作出贡献。此外,通过促进资本、技术、人才、信息的流动,将示范创建效应传导到广大周围地区,带动区域经济社会发展,并转化为促进地区经济社会发展的动力。二是通过示范创建找到难点堵点的解决办法。比如,通过示范创建探索出在脱贫攻坚衔接乡村振兴过程中遇到的各类难题,如产业扶贫衔接产业兴旺、人才衔接培育振兴队伍、组织衔接培育领导体系等。再比如,通过示范创建可以探索如何缩小城乡差距推进社会公平加快突破发展不平衡不充分问题、如何满足乡村人民群众日益增长的美好生活需要的问题、乡村振兴与共同富裕的各项逻辑问题等。又比如,通过示范创建可以探索"五大振兴"之间如何合作发挥作用达到功能最佳等。三是乡村振兴示范创建能够在微观层面集聚我国在推动乡村治理、提升农村地区经济发展水平、促进民生发展等方面的经验,促进中国特色社会主义理论体系的创新完善,彰显我国推进乡村振兴是符合历史发展规律、符合我国的政治制度、符合以人民为中心的发展思想,在促进人的全面发展中解放和发展生产力的中国之治普遍性逻辑。四是开展乡村振兴示范创建必然会形塑一批真实存在的,能够生动讲述中国在脱贫攻坚、乡村振兴、推进共同富裕中伟大贡献的鲜活故事。

二、扎实推进乡村振兴示范创建

根据乡村振兴的复杂性，乡村振兴示范创建必然呈现多样性需求。按示范创建区域单元，可以分为乡村振兴示范片区、省、市、县、乡、村；按示范创建内容，可以分为易地扶贫搬迁后续扶持示范、特色产业发展示范、巩固脱贫成果示范、一二三产业融合发展示范县；按照示范创建目标指向，可以分为中央专项彩票公益金支持欠发达革命老区乡村振兴示范区、乡村振兴综合示范村、乡村文化旅游振兴示范村、数字赋能乡村建设示范村、特色产业示范基地等。以下重点阐述乡村振兴示范村、农业现代化示范区两类最常见的示范创建。

（一）乡村振兴示范村创建

乡村振兴示范村创建是推进乡村振兴最有效的载体和抓手。从宏观层面看，创建乡村振兴示范村，是深入学习贯彻习近平总书记关于乡村振兴重要指示精神的具体落实。总书记反复强调，脱贫攻坚任务完成后，要继续巩固脱贫攻坚成果，扎实推进乡村振兴，让群众生活更上一层楼，村级示范最能够生动实践这一重要指示。创建乡村振兴示范村是深入贯彻落实中央一号文件精神的具体载体。2022年中央一号文件指出，开展"百县千乡万村"乡村振兴示范创建。其中，村是最有效的抓点带面的推进乡村振兴全面展开的那个"点"。从具体实践看，乡村振兴的前提是巩固脱贫攻坚成果，确保不发生规模性返贫，扎实推进乡村振兴示范村创建是用发展理念和方式巩固脱贫攻坚成果的有效举措。选择具有一定基础和发展潜力的村，先行开展乡村振兴示范创建，通过试点引领、示范带动、重点突破，有利于探索形成多种类型的可复制、可推广、可借鉴的推进乡村振兴的好经验好典型好做法。

明确乡村振兴示范村创建的总体要求和具体目标。不同类型的乡村振兴示范创建服务于不同的具体目标，但是总的思路都是围绕乡村产业兴旺、生态宜居、乡风文明、治理有效、生活富裕的总要求，统筹推进农村经济建设、政治建设、文化建设、社会建设和生态文明建设。共同的目标指向度包括：以"五大振兴"为主攻方向，培育特色产业发展成效显著，改厕垃圾污水治理效果明显，数字乡村智慧乡村建设深入推进，巩固脱贫成果的基础更加牢固，巩固拓展脱贫攻坚成果同乡村振兴有效衔接机制良性运转。在乡村振兴示范创建共同目标框架下，乡村振兴示范村创建的具体目标至少包括：以推进乡村"五大振兴"为主要内容，突出在产业发展、务工就业、集体经济壮大、新型经营主体培育、改厕垃圾污水治理、改进乡村治理、探索农村养老等方面形成样板。其中，不同类型的示范村创建目标各有不同，比如，乡村旅游振兴示范村创建的具体目标更集中在：充分利用旅游资源优势，挖掘乡村多元价值，将旅游产业作为乡村产业绿色发展的主攻方向，重点发展休闲旅游、健康养老、观光农业、农耕体验、特色餐饮民宿、家庭工坊等服务项目，不断完善旅游带动增收机制，真正让老百姓从旅游产业中受益。再比如，数字乡村建设示范村创建的具体目标集中在：加强农村信息基础设施建设，实现5G全覆盖，加强农民数字素养与技能培训，以数字技术赋能乡村公共服务，推动党建引领、乡村治理、公共服务、智慧农业、电子商务、务工就业、垃圾分类等数字化转型。

统筹推进乡村振兴示范村的创建。根据示范创建的内涵以及部分省的示范创建实践，乡村振兴示范村至少需要在以下六个方面起到示范作用，分别是特色产业发展兴旺、村庄美丽生态宜居、弘扬美德乡风文明、收入稳定生活富裕、社会事业发展水平全面提升、党建引领治理有效。

一是从七个方面示范特色产业发展兴旺。在产业布局方面，以农业农村资源为依托，以农民为主体，培育壮大现代种养业、乡村特色农业、农产品加工流通业、乡村休闲旅游业、乡村新型服务业、乡村信息产业等，形成特色鲜明、类型丰富、协同发展的乡村产业体系；村集体产业发展纳入县域"一村一品"示范村镇建设范围。在产业基础建设方面，要求高标准农田、设施农业以及丘陵山区农田"宜机化"改造占基本农田一定比例，主要农作物综合机械化率达到75%以上；田头小型仓储保鲜冷链物流体系基本建立；有电商服务、现代农业生产性服务或社会化服务组织。在集体经济方面，农村集体产权改革深入推进，村集体经营性资产项目运行良好；村集体经济年度收入稳定在30万元以上，且经营性收入占比达到50%以上。在经营主体方面，农民专业合作社、家庭农场和涉农企业、电子商务企业、农业专业化社会化服务组织等以多种方式与村集体、农户建立紧密型利益联结机制，共享全产业链增值收益；新型农业经营主体覆盖村常住农户参与务工就业率达到50%以上。在产销对接方面，农产品产销对接畅通，农业产业化联合体成员间实现技术共享、信息共享、品牌共享、渠道共享、利益共享；绿色食品、有机农产品、地理标志农产品认证有效开展。在产业培训方面，定期组织开展产业政策、实用技术、电子商务、乡村旅游等培训；积极引导农民工、大中专毕业生、科技人员、乡土人才在农村创新创业。在产业效应方面，主导产业产值在村级产业培育发展中占有一定的比重；通过"一村一品"特色产业带动家庭工场、手工作坊、乡村车间等蓬勃发展，形成更多"特""优""新"产业产品；积极参加国家和全省"乡字号""土字号"等乡村特色产品推介、评选等活动。

二是从六个方面示范村庄美丽生态宜居。生态规划方面，纳入县域乡村"多规合一"优先规划编制范围；村庄发展建设尊重农民意愿，遵循自然生态和村庄机理，注重乡土味道，保留乡村风貌，留住田园乡愁，不搞大拆大建，避免千村一面。村容村貌方面，私搭乱建、乱堆乱放得到全面清理，村庄街巷干净整洁，农房立面整齐；村庄面貌整体达到道路硬化、路灯亮化、村庄绿化、环境净化、村容美化"五化"要求。"厕所革命"方面：户用厕所基本入院入室；公共厕所布局合理，管护责任落实，做好日常保洁；无害化卫生厕所覆盖率达到100%；改厕技术模式成熟，县域可用于推广示范。污水治理方面：纳入县域生活污水重点整治行政村；生活污水治理技术选择符合实际需求，排污管网或污水处置设施完善；村域水域排放达标，河塘清淤清杂，无黑臭水体、入河排污口。垃圾治理方面：农村生活垃圾收集、转运、处置设施完善，运作模式合理；生活垃圾源头分类减量农户参与率达到50%以上，生活垃圾无害化处理率达到100%；农业面源污染得到有效控制。长效管护方面：建立有制度、有标准、有队伍、有经费、有监督的村庄人居环境长效管护机制；推行农村厕所、污水垃圾处理、村庄保洁等一体化运行管护模式；落实农户合理付费、政府适当补助运行管护经费保障制度。资源利用方面：积极开展农村生活垃圾分类与资源化利用示范村创建；农村有机生活垃圾、厕所粪污、农业生产有机废弃物就地就农消纳、综合循环运用，资源化处理设施完善。

三是从三个方面示范弘扬美德乡风文明。精神文明方面：按照"五有"（有场所、有队伍、有活动、有项目、有机制）标准建设新时代文明实践中心，村级有文明实践所（站）；社会主义核心价值观文化墙美观大方，"听党话、感党恩、跟党走"宣讲活动以及文体竞赛、农民丰收节、其他民族传统节日活动经常举办。村规民约方面：制定公共场所文明公约、社区噪声控制规约，引导农民自我管理、自我教育、自我服务、自我监督；发挥村民议事会、红白理事会、道德评议会作用，大力开展移风易俗行动，有效遏制农村高价彩礼、人情攀比、厚葬薄养、铺张浪费等歪风陋习。文明创建方面：经常开展星级文明户、文明家庭、美丽庭院以及寻找好媳妇、好公婆、好妯娌等群众性精神文明创建评比活动；各类参评的示范农户达到全村常住户数的60%以上。文化传承方面：乡村文物古迹和红色革命遗址遗物保护得当；重视发挥现代乡贤文化作用，挖掘保护农业文化遗产和非物质文化遗产及传承人；因地制宜建设村史馆、农耕文化馆、乡村振兴展示馆、家风家训馆、红色文化展馆等。

四是从四个方面示范收入稳定生活富裕。收入增长方面：农民经营性、工资性、财产性、转移性收入实现多渠道稳定增长；农村居民人均可支配收入年度增长高于全县平均水平。务工就业方面：村级劳动力就业信息指导及时，有劳动能力且有意愿的农户务工就业率达到100%；为外出就业困难的人员提供有就近就地力所能及的公益岗位。生活保障方面：农民生活品质得到改善，"两不愁三保障"和饮水问题得到较高质量解决；农村留守儿童、妇女和老年人以及残疾人、困境儿童得到关爱服务，农村特困人员救助实现全覆盖；因自然灾害、病虫害、价格波动、产品滞销等出现产业发展困难的脱贫户、监测户得到有针对性帮扶。技能提升方面：定期组织村民参加职业素质和职业技能等教育培训；注重扶持培育"田秀才""土专家""乡创客"等乡土人才，以及乡村工匠、文化能人、手工艺人等能工巧匠；职业技能培训应培尽培，农民技能持证率达到一半以上。

五是从四个方面示范社会事业发展水平全面提升。五大工程达到较高水准：农村"四好农村路"提质扩面，入村道路硬化率达到100%，村内主干道更多向进村入户倾斜，与产业融合发展，客运站点和客运班线方便农户出行；农村供水工程健全，供水保障能力稳定，农村自来水普及率达到90%以上；农村电力高质量服务乡村振兴；农村5G基站、光纤网络等通信基础设施建设完善；太阳能、风能、生物质能以及清洁取暖等新能源开发有实质性进展。教育医疗保障达到较高水平：学前教育和九年义务教育全面普及，学前入园率不低于90%，义务教育目标人群覆盖率达到100%；建有村级标准化卫生室，配有合格（持证）村医，建立农村居民健康台账；农村基本医疗保险参保率达到100%。养老护理保障水准较高：养老服务设施齐全，实现日间照料、社区照护、居家护理等一站式综合性服务；适量设置养老护理公益岗位，岗位工资保障到位；农村普惠型养老服务和互助性养老有机结合，集中供养能力达到50%以上。公共服务功能齐全：建有具备综合服务功能的便民服务机构，提供党务服务及社保、医保、社会救助、便民代办、信访接待等公共事业服务；建有以文化娱乐、休闲健身为主要功能，满足农村群众开展自娱性文化活动需求的文化广场；建有篮球场、乒乓球台等各类体育活动设施；关注特殊人群需求，农村无障碍环境建设设施齐全完善。

六是从五个方面示范党建引领治理有效。党建引领：村党组织班子坚强有力，带头人队伍本领高强，党员队伍充满活力，组织生活健康规范，切实解决农村基层党组织建设"人、治、物、效"问题；妇联等群团经常组织活动；村民自治程序规范，重大事项决策实行"四议两公开"，公共法律服务和矛盾纠纷化解体系健全完善。积分制运用：积分与产业发展、环境整治、塑造乡风、爱心帮扶等重点任务有机结合；积分设计、评判，农民群众全程参与监督；积分兑换、"红黑榜"奖惩、爱心超市、道德银行等做法，群众认可并广泛参与，乡村治理"激励引导"作用发挥。清单制运用：依法依规编制村级小微权力、公共事务、服务事项等各类清单，实现乡村治理有章可循、流程清晰、操作可行；清单制监督评价机制健全，配套措施落实有力。大数据治理：数字化乡村建设设施完备，摄像头覆盖面积和密度满足安全防范需要；乡村党建引领、公共服务、疫情防控、农业生产、电子商务、务工就业、垃圾分类等实现数字信息化管控。"枫桥经验"推广：乡村治理村民享有"知情权、参与权、表达权、监督权"；乡村社会风气明显改善，各类矛盾纠纷及时消解，农民群众安居乐业；各类黑恶势力、封建迷信活动、赌博等不良社会风气得到有效遏制，农村社会和谐稳定。

（二）农业现代化示范区创建

2022年中央一号文件明确要求，开展乡村振兴示范创建，推进农业现代化示范区创建工作。为贯彻落实中央一号文件要求，农业农村部、财政部、国家发展改革委三部委于2022年4月下发《关于开展2022年农业现代化示范区创建工作的通知》，提出推进农业现代化示范区创建,进而全面推进乡村振兴和加快农业农村现代化。

  学术界关于农业现代化示范区创建的相关讨论及共识为示范创建实践奠定了思想基础。首先,用于讨论农业示范区创建问题的理论主要是城乡融合发展理论、农业多功能理论和区域经济增长极理论。有学者认为,城乡融合发展理论能解释为什么特色乡村示范创建符合乡村振兴的发展要求,认为推动建设乡村现代农业示范区,有助于塑造乡村特色,培育科技创新和现代服务要素集聚平台,提升区域专项辐射带动力,促进城乡融合发展。①有学者认为从城乡融合的理论视角能概括现代农业产业示范区创建对城镇化的推进作用。②有的学者从农业多功能理论讨论现代农业产业示范区创建作用。③通过现代农业产业示范区的建设,能够推动农业生产由单一生产转向多功能产业,延伸现代农业产业链。④还有的学者从区域经济增长极理论视角进行探讨。其次,农业现代化示范区创建具有多个方面作用。一是推动农业产业升级与地区经济发展。有学者认为,现代农业示范区依托农业产业基础和生态资源,培育生态观光、休闲游憩和农业科普等农旅融合产业,有利于促进农业升级,提升农业发展价值链。⑤农业现代化示范区在促进农业技术扩散和农业增效方面发

---

  ① 张伟、闫海、胡剑双、国子健:《新时代省域尺度城乡融合发展路径思考——基于江苏实践案例分析》,《城市规划》2021年第12期。
  ② 吴圣、陈学渊、吴永常:《农业高新技术产业示范区:背景、内涵、特征和建设经验》,《科学管理研究》2019年第5期。
  ③ 朱绪荣、李靖、付海英:《现代农业示范区总体规划理论与实践》,《农业工程学报》2013年第6期。
  ④ 曾磊、邢慧斌:《产业融合视角下的现代农业示范区规划——兼论其旅游功能的拓展》,《安徽农业科学》2011年第33期。
  ⑤ 陈福妹、唐军、沈揆、徐小燕:《农旅融合视角下的龙门寺现代农业示范区规划探索》,《规划师》2018年S1期。

挥重要作用。①二是推动农村劳动力就业与增收。有研究认为，创建现代农业示范区可以通过基础设施建设和企业集聚效应这两种影响机制来促进劳动力就业。②现代农业产业园区通过发挥核心示范作用影响，实现对辐射区的扩散，对促进区域劳动力就业有积极的带动作用。③示范区建设能推动农业产业生产专业化程度的提高，进而提高农民的经济收入水平。④再次，比较全面地总结了农业现代化示范区创建的主要途径。有学者细化了现代农业示范区建设的四种主要途径：（1）政府主导型，政府部门利用各级财政资金和专项基金等兴办。（2）民建民营型，以民间资本或个人和外商等投资为主，以新的管理运行机制为特征。（3）混合型，各级政府和有关部门带头领办各类现代农业示范区、联合创办农业园区。（4）经济开发特区型，在园区中划出部分或将整个园区都列为农业开发特区，对外批租土地、招商引资。⑤还有学者以农业产业发展方向对现代农业示范区建设途径进行划分，分为粮食生产带动型、金融服务带动型、龙头企业带动型、工商资本带动型、集体经济推动型五种创建途径。⑥最后，学术研究梳理分析了农业现代化示范区创建的问题挑战并提出了对策建议。归结起来，主要是管理机制建设、财政金融支持两大

---

① 方伟、杨震宇、梁俊芬：《基于SFA模型的广东省农业现代化示范区技术经济效率测评及改进策略》，《南方农业学报》2018年第6期。

② 曾常林、梅奕欣：《国家现代农业示范区与劳动力：政策拉动下的就业增长》，《财经论丛》2022年第1期。

③ 蒋和平、王爽：《国家现代农业示范区主要发展模式与对策建议》，《广东农业科学》2015年第2期。

④ 杨高举、王征兵、杨斑：《农业示范区经济发展：新兴古典框架下的重新审视——以杨凌为例的实证分析》，《财贸研究》2007年第2期。

⑤ 俞菊生、王勇、刘文敏、程智强、马桂莲、宋澄宇：《上海建设现代农业示范区的模式与机制研究》，《中国农学通报》2000年第5期。

⑥ 蒋和平、王爽：《国家现代农业示范区主要发展模式与对策建议》，《广东农业科学》2015年第2期。

方面。管理机制建设方面：政府的过度干预造成农业产业园区的经营困境，需要切实定位政府的角色，避免过度干预、推动园区企业化经营、营造安全投资环境、促进产业融合以及推行优惠政策来提升产业园区的管理经营水平。①财政金融支持方面：国家级农业示范区总体农业投入较少，并且投资主体单一，需要建立完善投融机制，加大财政支持力度，吸引社会力量参与投资，形成以企业投资为主的投资体制。②

国家有关部门对做好2022年农业现代化示范区创建工作进行了部署。 农业农村部、财政部、国家发展改革委于2022年4月印发了《关于开展2022年农业现代化示范区创建工作的通知》，对此项工作进行了具体安排。该通知明确推进农业现代化示范区创建的总体要求是：以习近平新时代中国特色社会主义思想为指导，贯彻党的十九大和十九届历次全会精神，立足新发展阶段、贯彻新发展理念、构建新发展格局、推动高质量发展，按照粮食生产稳面积提产能、产业发展稳基础提效益、乡村建设稳步伐提质量、农民增收稳势头提后劲的工作布局，围绕守住确保国家粮食安全和不发生规模性返贫两条底线，扎实有序推进乡村发展、乡村建设、乡村治理重点工作，探索建立农业现代化工作体系、政策体系和制度体系，促进农业设施化、园区化、融合化、绿色化、数字化发展，为全面推进乡村振兴、加快农业农村现代化提供有力支撑。根据该通知，2022年农业现代化示范区创建的主要任务是综合考虑各地农业资源禀赋、基础设施条件、特色产业发展等因素，围绕粮食产业、优势特色产业、都市农业、智慧农业、高效旱作农业和脱贫地区"小而精"特色产业等发展，以县（市、区）为单位，分区分类创建100个左右农业现代化示范区（以下简称"示范区"）。推进示范区建设的重点工作集中到五个"聚焦"上：一是聚焦"两个要害"，强化现代农业基

---

① 王树进：《农业科技园区经营亏损原因探析》，《科技与经济》2003年第1期。
② 高云、詹慧龙、陈伟忠：《国家现代农业示范区运行机制研究》，《农业经济》2013年第4期。

础支撑。把提高农业综合生产能力放在更加突出的位置，切实打牢种子耕地基础，深入实施种业振兴行动，加快推进农业种质资源普查收集，积极推广应用新品种，在有条件的地方有序推进生物育种应用试点。划好划足永久基本农田，加强中低产田改造和盐碱地开发利用，持续推进高标准农田建设，积极探索农业生产节本增效、节粮减损经验模式，在保障国家粮食安全上做表率。牢固树立大食物观，从耕地资源向整个国土空间拓展，从传统农作物和畜禽资源向更丰富的生物资源拓展，全方位、多途径开发食物资源。二是聚焦农业多种功能和乡村多元价值，做优乡村特色产业。围绕拓展农业多种功能、挖掘乡村多元价值，重点发展农产品加工、乡村休闲旅游、农村电商等产业。引导农业产业化龙头企业到农业大县发展粮油加工、食品制造产业，完善联农带农机制。实施乡村休闲旅游提升计划，发展旅游观光、农耕体验、民宿康养、研学科普等新产业新业态。推进电子商务进乡村，促进农副产品直播带货等新业态健康发展。三是聚焦产业集聚发展，打造现代农业园区载体。发挥园区政策集成、要素集聚、企业集中、功能集合的优势，引导科技研发、加工物流、营销服务等主体在示范区投资兴业。引导有条件的示范区加快建设现代农业产业园、农业产业强镇，培育优势特色产业集群。完善示范区产业服务功能，积极承接大中城市转移产业，探索发展专业化中小微企业集聚区和乡村作坊、家庭农场。四是聚焦农业生产"三品一标"，推动农业全面绿色转型。全域推进农业品种培优、品质提升、品牌打造和标准化生产提升行动，打造农业绿色低碳产业链。全域实施按标生产，建设现代农业全产业链标准化基地。全域推动质量追溯，建立严格的质量安全责任追究制度，增加绿色优质农产品供给。推动投入品应用绿色化，开展绿色种养生态循环试点，打造生态农场。有条件的示范区建设国家农业绿色发展先行区，示范引领农业全面绿色转型。五是聚焦信息技术与农机农艺融合，推进智慧农业发展。坚持以数字技术引领农业发展，围绕"一大一小"两头推进农机装备提挡升级，加快大马力机械、丘陵山区和设施园艺小型机械、高端智能机械推广，推进北斗智能终端在农业生产领域的应用，打造一批农机农艺融合高标准应用基地。创新数字田园、智慧农（牧、渔）场等数字化应用场景，提升水肥一体化、饲喂自动化、环境控制智能化水平。加强5G、物联网、快递网点等建设，加快农田水利、冷链物流、加工仓储等设施智能化转型。文件从遴选条件落实、严格遵循申报程序、组织专家严格评审等方面加强对示范创建工作的管理，并明确要求各有关省（区、市）有关部门，要强化组织领导、强化要素集聚、强化社会参与、强化监测评价、强化宣传推广。

三、加强乡村振兴示范创建管理

示范创建是实现巩固拓展脱贫攻坚成果同乡村振兴有效衔接、全面推进乡村振兴的有效路径，是把国家有关政策措施落到实处的有效办法，也是乡村振兴系统干部、广大基层干部群众熟知的工作方式。各地在各种示范创建实践中如何加强示范创建管理积累的丰富经验为乡村振兴示范创建活动提供了借鉴。

（一）符合《创建示范活动管理办法（试行）》要求

为了规范和加强创建示范活动管理，深入改进作风、力戒形式主义、切实为基层减负，充分发挥创建示范引领作用，经中共中央批准，中共中央办公厅、国务院办公厅2022年4月印发了《创建示范活动管理办法（试行）》（以下简称《办法》），并发出通知，要求各地区各部门认真遵照执行。

《办法》明确，创建示范活动是指各地区各部门为提高政策落实水平，推动高质量发展，对某项工作设置科学合理的考评指标体系，采取必要的推动措施，动员组织相关地方或者单位开展创建，通过评估、验收等方式,对符合标准的对象以通报、命名、授牌等形式予以认定,总结推广经验做法,发挥示范引领作用的活动。年度考核、绩效考核、目标考核、责任制考核,属于业务性质的资质评定、等级评定、技术考核、技术示范、改革试点工作,以及以本单位内设机构为对象开展的创建示范活动,不属于《办法》规范的创建示范活动。

《办法》规定了创建示范活动管理工作的基本原则:一是坚持和加强党的领导,提高政治站位,增强"四个意识"、坚定"四个自信"、做到"两个维护"。二是坚持以人民为中心的发展思想,围绕中心、服务大局,立足新发展阶段,完整、准确、全面贯彻新发展理念,服务和融入新发展格局,推动高质量发展。三是坚持统筹管理、合理设置、严格审批、动态调整、注重实效的原则,严格按照规定的条件、权限和程序进行。

《办法》提出,中央和省级党的机关、人大机关、行政机关、政协机关、监察机关、审判机关、检察机关等党政机关和群团机关,市县级党委和政府,经批准可以开展创建示范活动。市县级其他党政机关和群团机关以及乡镇(街道)不得开展创建示范活动。社会组织可以受中央或者省级业务主管单位、行业管理部门委托承办或者受邀参与相关行业领域的创建示范活动。要严格控制创建示范活动数量,特别是以城市、乡镇(街道)、村(社区)和企业为对象的创建示范活动的数量。不得以任何形式向创建对象收取费用。对脱离中心任务、推动工作不力、群众反映强烈、社会影响恶劣的创建示范活动,由全国评比达标表彰工作协调小组或者各省(自治区、直辖市)承担评比达标表彰工作协调职能的机构按照程序报批后予以撤销。任何组织和个人,未经批准,不得开展包含"国家"、"中国"、"中华"、"全国"、"亚洲"、"全球"、"世界"以及类似含义字样的创建示范活动,不得开展未冠以上述字样但实质是上述范围的创建示范活动。

《办法》为各类创建示范活动包括乡村振兴示范创建工作提供了管理规则。

（二）落实乡村振兴示范创建管理基本原则

规划先行。这是示范创建的基础和前提。示范创建村应在完成"多规合一"实用性村庄规划编制的基础上，做到先规划后建设。

因地制宜。乡村示范创建要依山就势、错落有致、因地制宜，注重保护传统村落，保留乡村风貌、形态、肌理。不搞大拆大建、不修楼堂馆所、不造景观假山，把农村建设得更像农村。

农民主体。贯彻落实"乡村振兴为农民而兴、乡村建设为农民而建"理念，尊重农民的意愿和首创精神，把农民能干的事尽量交给农民干，尽可能让农民在创建中实现务工增收。

依法合规。特别是项目用地要符合国土空间规划和村庄整体功能布局，相关手续要完善齐备，项目开工要落实法人责任制、工程监理制、招投标制和项目合同制"四制管理"，村庄闲置房屋、坍塌房屋、废弃房屋要得到合理有效处置，依法合规解决示范创建的难点问题。

稳中求进。做到数量服从质量、进度服从实效、求好不求快，既尽力而为，又量力而行，不能违背客观实际和发展阶段盲目融资、乱铺摊子，绝不允许给村集体和农民增加债务负担。

各具特色。依托村庄基础，围绕乡村发展、乡村建设、乡村治理，着力在产业就业、生态宜居、党建引领、乡村文明、居家养老等方面打造亮点，避免千村一面、千篇一律，示范创建要体现普遍性特点和鲜明特色相统一。

（三）强化乡村振兴示范创建活动全过程管理

摆在突出位置。示范创建工作是聚焦乡村振兴重点任务和薄弱环节，发挥示范引领和要素集聚作用，以点带面推动乡村振兴工作全面展开的重大举措，中央和省委、省政府都提出了明确要求。各地各级乡村振兴部门要把示范创建作为首要的政治任务，摆上重要日程、放在突出位置，真正以示范创建为统领，继续做好扎实推进巩固拓展脱贫攻坚成果、扎实推进乡村振兴各项工作。

加强组织实施。县级作为示范创建的实施主体，要切实增强对示范创建谋划和实施的责任感、使命感、紧迫感，主要领导要亲自挂帅、亲自谋划，分管领导要一线指挥、定村包联。要制定创建实施方案，敢于采取超常举措，定期研判分析创建成效及进度，加强资金使用管理和绩效评价，及时解决项目实施过程中的难点堵点，绝不能半途而废，更不能出现烂尾工程。

压实责任主体。各有关方面要真正把示范创建责任扛起来。省一级要真正做到认识到位、组织到位、责任到位、措施到位。市一级要履行督导责任，县一级要履行主体责任，乡镇要履行推进落实责任，村"两委"和驻村工作队要履行动员农户积极参与和创建项目建设监管责任。各级要统筹协调农业农村、发改、财政、旅游、网信、乡村振兴等部门成立工作专班专项推进。

落实配套资金。按照2022年中央一号文件，乡村振兴示范创建采取先创建后认定方式。各地为了推进示范创建，都对示范创建安排专项资金支持，并要求有关市、县安排相应配套资金支持。比如山西省2022年开展示范创建活动，相关文件明确：乡村振兴示范村，省级衔接补助资金支持500万元；乡村旅游振兴示范村，省级衔接补助资金支持400万元；数字乡村建设示范村，省级衔接补助资金支持300万元。按照先行示范县1∶2，整体推进县1∶1.5，重点帮扶县1∶1的比例，市县要切实将配套资金保障到位，并把落实配套资金作为示范创建的入选条件。

优化项目管理。要求示范创建项目及资金需求尽快纳入乡村振兴项目库，各市县要倒排工期，明确时间表、路线图、任务书，抓紧完成实体性规划，办结前期手续。按照准备、实施、加速、验收四个阶段推进工作，强化现场推动。

严格奖惩激励。把示范创建列入乡村振兴考核的重要内容，作为项目安排和资金分配优先考虑的重要因素。对示范创建组织不力、进度迟缓的市县，给予通报批评。

（四）建立示范创建活动日常监测机制

及时、精准、动态的监测是任何项目成功的关键。探索建立乡村振兴示范创建活动日常监测机制具有基础性、工具性的作用。以下以"中央专项彩票公益金支持欠发达革命老区乡村振兴示范区建设日常监测工作探索"为例，为乡村振兴示范创建建立日常监测机制提供借鉴参考。

为深入贯彻落实党中央、国务院关于加快革命老区振兴发展和全面推进乡村振兴的决策部署，财政部、国家乡村振兴局在"十三五"开展中央专项彩票公益金支持贫困革命老区县扶贫项目的基础上，继续联合支持"十四五"时期革命老区发展，结合乡村振兴战略，实施中央专项彩票公益金支持欠发达革命老区乡村振兴示范区建设工作。按照职能分工，中国扶贫发展中心（以下称"发展中心"）承担彩票公益金项目的具体管理工作，日常监测是彩票项目管理过程中的重要手段。结合"十四五"期间巩固拓展脱贫攻坚成果、全面推进乡村振兴的要求，中央专项彩票公益金由支持贫困革命老区县村内小型公益性基础设施建设调整为支持欠发达革命老区乡村振兴示范区建设，从支持范围、支持内容到资金分配都有了全新改变。顶层设计上也在不断地进行文件要求的调整和政策措施的完善。为此，国家有关部门印发了《中央专项彩票公益金支持欠发达革命老区乡村振兴项目资金管理办法》《关于做好2021年中央专项彩票公益金支持欠发达革命老区乡村振兴工作的通知》等政策文件，明确要求切实抓好示范区建设，而且在日常监测工作上实现三个转变：一是推动实现从补短板到出经验的转变，二是推动实现从单一项目到整体项目的转变，三是推动实现从自己单干到合力推进的转变，真正以指导促规范，以监督促行动，以过程促结果，充分推动支持革命老区发展的同时，探索助力乡村振兴的有效经验。

彩票公益金项目的实施包括有效开展项目建设、规范使用项目资金等基本目标，以及推动乡村振兴创新引领的示范目标。但从项目设计规范要求和实现最终效益角度来看，主要存在两个方面问题：一是监管手段落后，监测体系运转滞后，难以及时掌握和解决出现的问题。传统的监测方法效率低、成本高、不及时，在有限的人力和技术水平下，难以实现快速发现问题，及时督导解决。二是示范区建设思路不清晰，偏离项目设计初衷现象明显。在项目建设过程中，要做到规划先行。通过文本分析和实地调研发现，彩票项目示范区建设多数停留在建设规划层面，较多项目存在定位不清、方向不明问题，缺乏创新思维和实施思路，导致偏离示范区探索经验目标。

针对以上问题，发展中心紧扣彩票公益金支持乡村振兴示范区建设发展系列政策文件要求，编制彩票项目实施指南，提前谋划监测工作思路，为下一步规范实施示范区建设日常监测路径奠定基础。一是明确日常监测预期目标，主要是示范区建设规范顺利开展、跟踪督导推动创新亮点。二是确定日常监测核心要素，包括资金使用安全、项目顺利推进、有效探索创新。三是建立日常监测工作体系，主要是：加强实地调研监测指导，细化日常监测重点内容（如申报书评审意见修改情况、项目规划书报备情况、可行性研究报告、项目实施规划方案、项目实施进展情况、项目实施资金拨付情况、整合资金和社会资本到位情况、项目确权情况、示范区建设管理机构设定情况），建立日常监测工作机制（在静态监测方面，通过项目台账进行监测；在动态监测方面，通过实地调研进行监测；在实时监测方面，通过监测预警平台进行监测），同时筹划日常监测线上平台，协同技术专家团队设计研发日常监测数字化管理系统。

建立示范区日常监测工作机制取得了初步成果。一是建立日常监测项目库，将40个示范区建设申报书核心数据内容录入形成项目库，依据产业振兴、人才振兴、文化振兴、生态振兴和组织振兴五个维度进行分类，初步分析同类维度中的不同点和不同维度之间的关联点，总体把握40个示范区建设的要点和方向，分类别、有重点地进行日常监督指导和动态管理，为后续实现建设目标要求，开展经验总结推广提供参考。二是构建日常监测工作体系，以日常监测工作为核心，在项目资金管理办法、示范区建设实施意见等相关文件指引下，以示范区建设目标为核心，梳理日常监测的重点内容、监测工作开展方法以及项目产出明细，构建初步的监测工作体系，形成整个日常监测工作的总体框架和要求。三是培育线上监测系统雏形，以线上项目数据库为基础进行日常监测与管理，包括对项目实施进度、资金拨付使用等进行管理，形成动态监测、静态监测、实时监测并定期形成各类监测报告；县级通过系统提交项目过程资料，省级审核后生成项目全过程档案；构建项目考核指标，对项目进行绩效考核评价。通过系统对项目全过程进行动态监测，提升了项目日常监测管理的数字化、科学化、智慧化、动态化能力和工作效率。四是拟定监测报告撰写模板，以定量与定性相结合的方式形成季度和年度监测报告，其中定量数据以监测系统平台统计数据情况为主，定性内容以资料收集和实地调研获取为主，从示范区建设总体情况、进展情况、亮点创新探索进展情况和主要经验启示等四个方面呈现示范区阶段性的监测报告模板，依据示范区的具体情况进行内容填充，以全面、高效地形成可横向分析、可纵向对比的系列监测报告。

> **链接**

创建示范活动管理办法（试行）

**（2022年4月20日中共中央批准
2022年4月20日中共中央办公厅、国务院办公厅发布）**

第一条 为了规范和加强创建示范活动管理，深入改进作风，力戒形式主义，切实为基层减负，充分发挥创建示范引领作用，根据有关规定，制定本办法。

第二条 创建示范活动管理工作坚持和加强党的领导，提高政治站位，增强"四个意识"、坚定"四个自信"、做到"两个维护"；坚持以人民为中心的发展思想，围绕中心、服务大局，立足新发展阶段，完整、准确、全面贯彻新发展理念，服务和融入新发展格局，推动高质量发展；坚持统筹管理、合理设置、严格审批、动态调整、注重实效的原则，严格按照规定的条件、权限和程序进行。

第三条 本办法所称创建示范活动，是指各地区各部门为提高政策落实水平，推动高质量发展，对某项工作设置科学合理的考评指标体系，采取必要的推动措施，动员组织相关地方或者单位开展创建，通过评估、验收等方式，对符合标准的对象以通报、命名、授牌等形式予以认定，总结推广经验做法，发挥示范引领作用的活动。

年度考核、绩效考核、目标考核、责任制考核，属于业务性质的资质评定、等级评定、技术考核，技术示范、改革试点工作，以及以本单位内设机构为对象开展的创建示范活动，不属于本办法规范的创建示范活动。

第四条 中央和省级党的机关、人大机关、行政机关、政协机关、监察机关、审判机关、检察机关等党政机关和群团机关，市县级党委和政府，经批准可以开展创建示范活动。市县级其他党政机关和群团机关以及乡镇（街道）不得开展创建示范活动。

社会组织可以受中央或者省级业务主管单位、行业管理部门委托承办或者受邀参与相关行业领域的创建示范活动。情况特殊的，可以由中央或者省级业务主管单位、行业管理部门按照程序报批后，以社会组织的名义开展创建示范活动。

第五条　创建示范活动实行中央和省（自治区、直辖市）两级审批制度。

中央一级党政机关和群团机关、各省（自治区、直辖市）党委和政府的创建示范活动（以下简称省级以上创建示范活动），由党中央、国务院审批。

省级其他党政机关和群团机关、市县级党委和政府的创建示范活动（以下简称省级以下创建示范活动），由各省（自治区、直辖市）党委和政府审批。

第六条　全国评比达标表彰工作协调小组负责全国创建示范活动的政策指导、统筹协调、审核备案、监督检查。全国评比达标表彰工作协调小组办公室设在人力资源和社会保障部，负责日常工作。

各省（自治区、直辖市）承担评比达标表彰工作协调职能的机构负责本地区省级以下创建示范活动的审核和管理，及时将省级以下创建示范活动设立、调整、变更情况报送全国评比达标表彰工作协调小组备案，日常管理工作由省级人力资源社会保障部门承担。

第七条　创建示范活动实行目录管理，根据情况变化及时调整，实施动态管理。严格控制创建示范活动数量，特别是以城市、乡镇（街道）、村（社区）和企业为对象的创建示范活动的数量。不得在目录范围以外开展创建示范活动。

第八条　申请设立创建示范活动，应当符合下列要求：

（一）对推进经济建设、政治建设、文化建设、社会建设、生态文明建设和党的建设具有积极作用和重要意义；

（二）对推动重大战略实施、重要政策落实、重点工作开展具有示范引领作用和宣传推广意义；

（三）活动内容与主办单位职责一致，活动名称与创建示范活动内容相符合，不与已有创建示范活动重复；

（四）考评指标体系设置科学合理、标准明确、操作性强；

（五）提出推动创建、培育引导和示范推广措施，深入参与创建过程；

（六）原则上应当安排一定的政策支持，经费来源和预算符合有关规定。

第九条 省级以上创建示范活动的设立、调整或者变更，在每年3月底前按照归口分别向党中央、国务院提出申请。

省级以下创建示范活动按照归口分别向各省（自治区、直辖市）党委和政府提出申请。

第十条 申请设立创建示范活动应当提出工作方案，内容包括活动名称、理由依据、主办单位、创建对象或者范围、活动设置、创建数量、考评指标、评估周期、活动时限、具体措施、认定形式、监督管理、退出机制、经费来源等。

已经批准保留的创建示范活动，调整或者变更活动名称、主办单位、创建对象或者范围、活动设置、创建数量等，应当提出调整变更申请。

按照有关规定可以开展创建示范活动但未经批准的，应当按照本办法提出申请。

创建示范活动原则上不再开展表彰活动，确需开展的，应当按照规定程序报批。

第十一条 省级以上创建示范活动审批，一般按照下列程序进行：

（一）中央办公厅、国务院办公厅分别将各地区各部门的请示转全国评比达标表彰工作协调小组办公室办理；

（二）全国评比达标表彰工作协调小组办公室研究提出初审意见；

（三）全国评比达标表彰工作协调小组审核提出拟批复意见，并向社会公示；

（四）全国评比达标表彰工作协调小组将拟批复意见报党中央、国务院批准后，由全国评比达标表彰工作协调小组批复申报单位；

（五）全国评比达标表彰工作协调小组办公室向社会公布。

省级以下创建示范活动的审批，可以参照以上程序进行。情况特殊的，可以简化程序。

第十二条 创建示范活动一般按照下列程序开展：

（一）发布通知。公开发布创建示范活动通知，提出创建示范活动工作方案。

（二）动员组织。动员组织创建对象积极参与，结合实际制定创建工作方案，自愿申报参加创建工作。

（三）推动创建。采取必要的措施，对符合资格的创建对象加强政策指导和培育引导，推动其在评估周期内达到考评指标要求。

（四）评估验收。成立领导小组或者评审委员会，按照科学规范的程序开展评估验收，确保评估结果公平、公正。

（五）组织公示。向社会公示评估验收结果，主动接受社会监督。

（六）认定公布。对达标或者验收合格的对象予以认定，并向社会公布。

（七）总结推广。及时总结创建示范经验做法，组织宣传推广，充分发挥创建示范引领作用。

第十三条 建立健全综合考评机制，统筹设置考评指标体系。积极运用信息化技术优化考评方法，注重采取明察暗访等多种方式开展考评，加强常态化管理，形成长效机制。

对已认定的创建示范对象，复查结果不合格或者不符合标准的，及时取消资格，予以摘牌。

第十四条 创建示范活动主办单位应当切实履行主体责任，通过对创建对象给予政策支持、工作指导、培育引导等措施，深入参与和指导监督，帮助和引导创建对象解决创建过程中的问题和困难，加强经验总结和宣传推广，发挥创建示范引领作用。

第十五条 开展创建示范活动应当坚持厉行节约、反对浪费，严守财经纪律和财务规定。所需经费由各地区各部门通过现有资金渠道统筹解决，不得额外追加预算安排，不得以任何形式向创建对象收取费用。

第十六条 开展创建示范活动，应当主动公开活动开展情况，接受群众监督、社会监督、舆论监督。评比达标表彰工作协调机构应当搭建查询和公示平台，鼓励群众通过电话、来信、网络等形式举报违规开展的创建示范活动以及创建示范活动中的违规违纪违法行为。

第十七条 全国评比达标表彰工作协调小组加强对省级以上创建示范活动的监督检查和评估，采取随机抽查、网上巡查、专项检查等方式，适时开展监督检查和评估工作。各地区各部门适时开展对本地区本系统创建示范活动的监督检查和评估。

纪检监察机关应当将创建示范活动开展情况纳入纪检监察的内容。宣传、网信部门应当加强对创建示范活动新闻宣传工作的监督管理。审计部门应当加强对创建示范活动经费管理使用等情况的审计监督。

第十八条 各地区各部门对已完成创建任务且不再开展的创建示范活动,应当及时进行总结并报送全国评比达标表彰工作协调小组或者各省(自治区、直辖市)承担评比达标表彰工作协调职能的机构,同时提出撤销申请,由全国评比达标表彰工作协调小组或者各省(自治区、直辖市)承担评比达标表彰工作协调职能的机构按照程序报批后予以撤销。

根据新形势、新要求需要进行调整或者变更的创建示范活动,应当按照本办法第九条规定申请报批后实施。

对脱离中心任务、推动工作不力、群众反映强烈、社会影响恶劣的创建示范活动,由全国评比达标表彰工作协调小组或者各省(自治区、直辖市)承担评比达标表彰工作协调职能的机构按照程序报批后予以撤销。

第十九条 任何组织和个人,未经批准,不得开展包含"国家"、"中国"、"中华"、"全国"、"亚洲"、"全球"、"世界"以及类似含义字样的创建示范活动,不得开展未冠以上述字样但实质是上述范围的创建示范活动。

对违反前款规定的组织和个人,宣传、网信、发展改革、公安、民政、人力资源社会保障、人民银行、国资、税务、市场监管等部门,按照有关规定和各自职责,采取责令停止开展活动、消除影响、约谈、公开曝光批评、纳入信用记录等方式予以处理;违反法律法规的,依法予以处罚处理;构成犯罪的,依法追究刑事责任。

第二十条 有下列情形之一的,根据情节轻重,由有关主管部门对单位主要负责人和直接责任人等给予批评教育、责令检查、诫勉、组织处理,或者依规依纪依法给予处分;构成犯罪的,依法追究刑事责任:

(一)未经批准擅自开展创建示范活动;

（二）对未经批准的创建示范活动进行宣传报道；

（三）在创建示范活动中借机收费、变相收费或者存在徇私舞弊、弄虚作假等违规违纪违法行为；

（四）严重扰乱市场秩序，影响公平竞争；

（五）引发严重社会不良影响，加重基层负担，造成恶劣后果；

（六）参与违规开展的创建示范活动；

（七）在创建示范活动管理中存在违规审批、滥用职权、敷衍塞责等违规违纪违法行为；

（八）其他违规违纪违法的情形。

第二十一条　对开展创建示范活动中存在违规违纪违法行为的单位，由主管机关给予通报批评；情节严重的，责令立即停止或者撤销创建示范活动。

第二十二条　各级党组织面向党员和基层党组织开展的创建示范活动，按照党内有关规定执行。

第二十三条　本办法由全国评比达标表彰工作协调小组办公室负责解释。

第二十四条　本办法自发布之日起施行。

（本文件来源：《人民日报》2022年4月29日第1版）

第八章
改革创新开新局

全面推进乡村振兴，必须用好改革这一法宝。习近平总书记指出："要加快推进农村重点领域和关键环节改革，激发农村资源要素活力。第二轮土地承包即将陆续到期，要抓好再延长30年试点，保持农村土地承包关系稳定并长久不变。农村宅基地改革要稳慎推进。要完成农村集体产权制度改革阶段性任务，用好改革成果，发展壮大新型农村集体经济。要完善农业支持保护制度，继续把农业农村作为一般公共预算优先保障领域。"①本章以总书记这些重要论述为指引，梳理了深化农村改革的根本遵循和政策部署，分析了深化农村改革的理论实践议题，在总结新时代深化农村改革进展、存在问题的基础上，阐述了深化农村改革、推进乡村振兴开新局的对策建议。

---

① 习近平：《坚持把解决好"三农"问题作为全党工作重中之重 举全党全社会之力推动乡村振兴》，《求是》2022年第7期。

深化改革是解决"三农"发展各种矛盾和问题的根本举措，是全面推进乡村振兴的重要法宝。党的十八大以来，中央围绕农村产权制度改革部署了一批重大改革任务，取得显著成效，盘活了农村各类资源要素，进一步激发了农村发展活力，有力推动了乡村振兴开新局。

一、深化农村改革的根本遵循与政策部署

党的十八大以来，习近平总书记站在统筹中华民族伟大复兴战略全局和世界百年未有之大变局的高度，就做好"三农"工作发表一系列重要讲话、提出一系列重要论述、作出一系列重大部署，指引农业农村发展取得历史性成就、发生历史性变革。农村改革"四梁八柱"基本构建，就是重要的历史性成就、历史性变革，集中体现在：先后出台《深化农村改革综合性实施方案》等20多个文件，新一轮农村改革"四梁八柱"的政策和制度框架基本建立；承包地确权登记颁证工作顺利完成，"三权"分置体系初步确立，第二轮土地承包到期后再延长30年，农民群众吃了"定心丸"；城乡融合发展的体制机制和政策体系不断健全，新型工农城乡关系加快形成。[①]新时代"三农"工作的历史性成就、历史性变革，对开新局、应变局、稳大局发挥了重要作用，也充分印证了习近平总书记关于"三农"工作的重要论述的科学性、真理性。

（一）深化农村改革的根本遵循

习近平总书记关于"三农"工作的重要论述为推进新一轮农村改革提供了根本遵循。

---

① 《做好新发展阶段"三农"工作的行动纲领》，《求是》2022年第7期。

深刻阐述了新时代深化农村改革的前进方向。习近平总书记指出："全面推进乡村振兴,必须用好改革这一法宝。要加快推进农村重点领域和关键环节改革,激发农村资源要素活力。"① "我国农村改革是从调整农民和土地的关系开启的。新形势下深化农村改革,主线仍然是处理好农民和土地的关系。最大的政策就是必须坚持和完善农村基本经营制度,决不能动摇。这不是一句空口号,而是有实实在在的政策要求,就是要坚持农村土地集体所有,坚持家庭经营基础性地位,坚持稳定土地承包关系。"② "现阶段深化农村土地制度改革,要更多考虑推进中国农业现代化问题,既要解决好农业问题,也要解决好农民问题,走出一条中国特色农业现代化道路。"③ "土地流转和多种形式规模经营,是发展现代农业的必由之路,也是农村改革的基本方向。"④ "巩固和完善农村基本经营制度,走共同富裕之路。"⑤习近平总书记的重要论述,始终从党和国家事业全局的高度看待"三农"问题,始终把深化改革作为解决"三农"问题、推进乡村振兴的重要法宝,深化农村改革的主线就是处理好农民和土地的关系,这蕴含着丰富的改革智慧和科学的思想方法,突出问题导向和目标导向,这实际上就是为新时代深化农村改革、实现乡村振兴指明了前进方向。

深刻阐述了新时代农村改革的目标任务。习近平总书记指出:"要

---

① 习近平:《坚持把解决好"三农"问题作为全党工作重中之重　举全党全社会之力推动乡村振兴》,《求是》2022年第7期。

② 中共中央党史和文献研究院编:《习近平关于"三农"工作论述摘编》,中央文献出版社2019年版,第58页。

③ 中共中央党史和文献研究院编:《习近平关于"三农"工作论述摘编》,中央文献出版社2019年版,第56页。

④ 中共中央党史和文献研究院编:《习近平关于"三农"工作论述摘编》,中央文献出版社2019年版,第57页。

⑤ 中共中央党史和文献研究院编:《习近平关于"三农"工作论述摘编》,中央文献出版社2019年版,第60页。

用好深化改革这个法宝。推动人才、土地、资本等要素在城乡间双向流动和平等交换，激活乡村振兴内生活力，巩固和完善农村基本经营制度，完善农村承包地'三权分置'办法，发展多种形式农业适度规模经营，突出抓好家庭农场和农民合作社两类农业经营主体发展，支持小农户和现代农业发展有机衔接，建立健全集体资产各项管理制度，完善农村集体产权权能，发展壮大新型集体经济，赋予双层经营体制新的内涵。"①"农村基本经营制度是乡村振兴的制度基础。要坚持农村土地集体所有，坚持家庭经营基础性地位，坚持稳定土地承包关系，完善农村产权制度，健全农村要素市场化配置机制，实现小农户和现代农业发展有机衔接。"②"第二轮土地承包即将陆续到期，要抓好再延长30年试点，保持农村土地承包关系稳定并长久不变。农村宅基地改革要稳慎推进。要完成农村集体产权制度改革阶段性任务，用好改革成果，发展壮大新型农村集体经济。要完善农业支持保护制度，继续把农业农村作为一般公共预算优先保障领域。要深化供销合作社综合改革，完善体制、优化职能、转变作风，更好为'三农'服务。"③习近平总书记的重要论述明确了深化农村改革的目标就是要激活乡村振兴内生活力，抓住了乡村振兴的关键，只有激发人才、土地、资本等城乡发展要素的活力，乡村才能实现振兴。新时代农村改革的主要任务就是要保持农村土地承包关系稳定并长久不变，稳慎推进农村宅基地改革，完成农村集体产权制度改革阶段性任务，发展壮大新型农村集体经济，完善农业支持保护制度以及其他改革任务，根本目的就是要调动和保护亿万农民的积极性。

---

① 中共中央党史和文献研究院编：《习近平关于"三农"工作论述摘编》，中央文献出版社2019年版，第64页。

② 中共中央党史和文献研究院编：《习近平关于"三农"工作论述摘编》，中央文献出版社2019年版，第60页。

③ 习近平：《坚持把解决好"三农"问题作为全党工作重中之重 举全党全社会之力推动乡村振兴》，《求是》2022年第7期。

深刻阐述了新时代深化农村改革的根本要求。习近平总书记指出："我多次强调，农村改革不论怎么改，不能把农村土地集体所有制改垮了，不能把耕地改少了，不能把粮食生产能力改弱了，不能把农民利益损害了，这些底线必须坚守，决不能犯颠覆性错误。"① "农村基本经营制度是党的农村政策的基石。坚持党的农村政策，首要的就是坚持农村基本经营制度。坚持农村基本经营制度，不是一句空口号，而是有实实在在的政策要求。"② 这些重要论述，明确要求推进新一轮农村改革，就是要始终处理好农民和土地的关系，保护好农民的利益。农村土地制度改革，必须重点把握好"实实在在的政策要求"。一是坚持农村土地农民集体所有。这是坚持农村基本经营制度的"魂"。农村土地集体所有权是承包权和经营权的基础和本位，不能被虚置，必须得到充分体现和保障，切实维护集体成员的知情权、监督权、决策权。二是坚持家庭经营基础性地位。这是农民土地承包经营权的根本，也是农村基本经营制度的根本。要推动家庭经营、集体经营、合作经营、企业经营等多种经营方式共同发展，赋予双层经营体制新的内涵，不断提高农业经营效率。三是坚持稳定土地承包关系。这是维护农民土地承包经营权的关键。要坚持以稳定为基础，赋予农民更加充分而有保障的土地承包经营权，在此基础上不断探索农村土地集体所有制的有效实现形式，使农村基本经营制度更加充满持久的制度活力。四是坚持市场化改革方向。这是我国农村改革的鲜明特征和基本方向。要以市场为导向配置土地等资源要素，发展多种形式适度规模经营，同时强化政府指导和服务，促进资源要素保护有力、流动有序、配置有效。

深刻阐述了新时代深化农村改革的方法路径。习近平总书记指出：

---

① 中共中央党史和文献研究院编：《习近平关于"三农"工作论述摘编》，中央文献出版社2019年版，第63页。

② 中共中央党史和文献研究院编：《习近平关于"三农"工作论述摘编》，中央文献出版社2019年版，第50页。

"家家包地、户户务农,是农村基本经营制度的基本实现形式。家庭承包、专业大户经营,家庭承包、家庭农场经营,家庭承包、集体经营,家庭承包、合作经营,家庭承包、企业经营,是农村基本经营制度新的实现形式。说到底,要以不变应万变,以农村土地集体所有、家庭经营基础性地位、现有土地承包关系的不变,来适应土地经营权流转、农业经营方式的多样化,推动提高农业生产经营集约化、专业化、组织化、社会化,使农村基本经营制度更加充满持久的制度活力。要在实践基础上,加强农村土地集体所有的组织形式、实现方式、发展趋势等理论研究,为农村基本经营制度改革创造更广阔的空间。"[1] "要把握好土地经营权流转、集中、规模经营的度,要与城镇化进程和农村劳动力转移规模相适应,与农业科技进步和生产手段改进程度相适应,与农业社会化服务水平提高相适应,不能片面追求快和大,不能单纯为了追求土地经营规模强制农民流转土地,更不能人为垒大户。"[2] "要完善农民闲置宅基地和闲置农房的政策,探索宅基地所有权、资格权、使用权'三权分置',落实宅基地集体所有权,保障宅基地农户资格权和农民房屋财产权,适度放活宅基地和农民房屋使用权。"[3] "推进农业供给侧结构性改革。要坚持质量兴农、绿色兴农,农业政策要从增产导向转向提质导向。"[4] 这些重要论述表明,新时代深化农村改革、全面推进乡村振兴,一是要加强研究,既要从理论上解决好顶层设计中涉及的理论问题,更要注重从基层探索中总结成功的做法,转化为经验,为顶层设计提供实

---

[1] 中共中央党史和文献研究院编:《习近平关于"三农"工作论述摘编》,中央文献出版社2019年版,第53—54页。

[2] 中共中央党史和文献研究院编:《习近平关于"三农"工作论述摘编》,中央文献出版社2019年版,第54页。

[3] 中共中央党史和文献研究院编:《习近平关于"三农"工作论述摘编》,中央文献出版社2019年版,第63页。

[4] 中共中央党史和文献研究院编:《习近平关于"三农"工作论述摘编》,中央文献出版社2019年版,第96页。

践支撑。改革要采取试点探索、投石问路的方法,取得了经验,形成了共识,看得很准了,感觉到推开很稳当了,再推开,积小胜为大胜。改革没有现成经验,在有条件的地方先行开展试点,再结合实践探索创设和完善政策制度,这是过去40多年来我国农村改革的一个制胜法宝。党的十八届三中全会以后,农村改革的领域不断拓宽,三中全会明确的336项改革任务中有70多项涉及农村改革。中央部署了一系列农村改革试点试验任务,比如承包地确权登记颁证、集体产权制度改革、农村土地征收、集体经营性建设用地入市、宅基地制度改革等,既整体谋划,把握方向,又试点先行,由点及面,取得了很好的改革成果。另外,在历史问题处理上,要保持历史耐心,把握好分寸,国家层面制定好原则,具体问题的解决应交给基层因地制宜探索、灵活多样处置,确保既不出现政策性偏差,又不会激化矛盾、影响农村社会稳定。二是要"尊重农民意愿和维护农民权益""由农民选择而不是代替农民选择"农村宅基地是保障农民安居乐业的重要基础,又是可以通过扩权赋能盘活利用的最有潜力的农村资源,但是由于涉及千家万户,在顶层设计上,要在深化农村宅基地制度改革试点中充分尊重农民主体地位,在具体推进的方法和路径上,要把空间留给基层,鼓励地方结合实际开展试点,进行差别化探索,充分调动农民和基层的积极性、主动性和创造性,激发亿万农民的内生动力和发展活力。三是要处理好整体推进与重点突破的关系。党的十八届三中全会以后,中央组织编制了深化农村改革综合性实施方案,目的就是突出改革的整体性、系统性,明确各项具体改革间的关联性、协同性,确保各项改革不偏离整体目标。比如,推进农村集体产权制度改革,是深化农村改革的一项复杂的系统工程,重点和难点在集体资产清产核资、集体成员身份确认、折股量化确权到户。必须按照先行先试、重点突破、整体推进的思路稳妥推进。四是要处理好立足当前与长远发展的关系。"大国小农"是我国的基本国情农情,发展多种形式适度规模经营,培育新型农业经营主体,是建设现代农业的前进方向和必由之路。今后,我国农业的从业主体,从组织形态看有家庭农场、合作社、龙头企业、社会化服务组织等,未来小农户和新型经营主体将长期共存。因此,既要立足于当前生产力发展水平和现代农业建设的现实需要,不能超越阶段、急于求成,要通过完善针对小农户的扶持政策,引导小农户加强联合与合作,加强面向小农户的社会化服务,促进小农户和现代农业发展有机衔接;又要着眼于长远实现乡村振兴和农业农村现代化的目标要求,适应城镇化进程和农村劳动力转移规模,适应农业科技进步和生产手段改进程度,适应农业社会化服务水平提高,稳步培育壮大各类新型经营主体。

(二)深化农村改革的政策部署

党的十九大提出实施乡村振兴战略以来,在习近平总书记关于"三农"工作重要论述指引下,中央连续印发了5个中央一号文件进行部署。每年的中央一号文件都对深化农村改革工作进行安排。

2018年中央一号文件《中共中央 国务院关于实施乡村振兴战略的意见》用第九部分"推进体制机制创新,强化乡村振兴制度性供给"明确,实施乡村振兴战略,必须把制度建设贯穿其中。要以完善产权制度和要素市场化配置为重点,激活主体、激活要素、激活市场,着力增强改革的系统性、整体性、协同性。一是巩固和完善农村基本经营制度。落实农村土地承包关系稳定并长久不变政策,全面完成土地承包经营权确权登记颁证工作,完善农村承包地"三权分置"制度,实施新型农业经营主体培育工程,发展多种形式适度规模经营。二是深化农村土地制度改革。系统总结农村土地征收、集体经营性建设用地入市、宅基地制度改革试点经验,逐步扩大试点,扎实推进房地一体的农村集体建设用地和宅基地使用权确权登记颁证,落实宅基地集体所有权,保障宅基地农户资格权和农民房屋财产权,进一步完善设施农用地政策。三是深入推进农村集体产权制度改革。推动资源变资产、资金变股金、农民变股东,探索农村集体经济新的实现形式和运行机制。维护进城落户农民土地承包权、宅基地使用权、集体收益分配权，引导进城落户农民依法自愿有偿转让上述权益。四是完善农业支持保护制度，创新完善政策工具和手段。

2019年中央一号文件《中共中央 国务院关于坚持农业农村优先发展做好"三农"工作的若干意见》在第五部分"全面深化农村改革，激发乡村发展活力"中进一步强化2018年中央一号文件关于农村改革的相关要求。一是要巩固和完善农村基本经营制度。坚持家庭经营基础性地位，赋予双层经营体制新的内涵。二是要深化农村土地制度改革。保持农村土地承包关系稳定并长久不变，研究出台配套政策，指导各地明确第二轮土地承包到期后延包的具体办法，确保政策衔接平稳过渡。完善落实集体所有权、稳定农户承包权、放活土地经营权的法律法规和政策体系，总结好农村土地制度三项改革试点经验，抓紧制定加强农村宅基地管理指导意见，研究起草农村宅基地使用条例，开展闲置宅基地复垦试点，等等。三是要深入推进农村集体产权制度改革。建立健全集体资产各项管理制度，加快推进农村集体经营性资产股份合作制改革，继续扩大试点范围。健全农村产权流转交易市场，推动农村各类产权流转交易公开规范运行。研究完善适合农村集体经济组织特点的税收优惠政策。四是要完善农业支持保护制度。加快构建新型农业补贴政策体系，抓紧研究制定完善农业支持保护政策的意见。

2020年中央一号文件《中共中央 国务院关于抓好"三农"领域重点工作 确保如期实现全面小康的意见》的第（二十七）条"抓好农村重点改革任务"明确，完善农村基本经营制度，开展第二轮土地承包到期后再延长30年试点，健全面向小农户的农业社会化服务体系，制定农村集体经营性建设用地入市配套制度，严格农村宅基地管理，进一步深化农村宅基地制度改革试点，全面推开农村集体产权制度改革试点，探索拓宽农村集体经济发展路径，继续深化供销合作社综合改革，等等。

2021年中央一号文件《中共中央 国务院关于全面推进乡村振

兴　加快农业农村现代化的意见》中的第（二十一）条"深入推进农村改革"明确，完善农村产权制度和要素市场化配置机制，充分激发农村发展内生动力。坚持农村土地农民集体所有制不动摇，坚持家庭承包经营基础性地位不动摇，保持农村土地承包关系稳定并长久不变。积极探索实施农村集体经营性建设用地入市制度，完善盘活农村存量建设用地政策，探索灵活多样的供地新方式，稳慎探索宅基地所有权、资格权、使用权分置有效实现形式，继续深化农村集体林权制度改革，等等。

2022年中央一号文件《中共中央　国务院关于做好2022年全面推进乡村振兴重点工作的意见》第（三十二）条"抓好农村改革重点任务落实"要求，开展第二轮土地承包到期后再延长30年整县试点，巩固提升农村集体产权制度改革成果，稳慎推进农村宅基地制度改革试点，稳妥有序推进农村集体经营性建设用地入市。推动开展集体经营性建设用地使用权抵押融资。依法依规有序开展全域土地综合整治试点。深化集体林权制度改革。开展农村产权流转交易市场规范化建设试点。制定新阶段深化农村改革实施方案。

二、乡村振兴领域改革创新的理论实践议题

随着乡村振兴战略的深入实施，乡村振兴面临诸多新问题新挑战。经验表明，解决这些问题困难，改革创新是唯一的办法。以改革创新推动推进乡村振兴战略实施，就是通过改革解决阻碍乡村振兴进程的各种体制机制、制度政策要素，创新工作思路、方式方法、路径模式，由此决定了需要从理论实践结合的维度，全面、深入理解和把握全面推进乡村振兴的前沿问题，以提高乡村振兴领域改革创新的针对性和有效性。

（一）理论层面需要加强研究和把握的改革议题

第一，关于牢牢守住保障国家粮食安全底线问题。粮食事关国运民

生，粮食安全是国家安全的重要基础。我国是有着14亿人口的大国，解决好吃饭问题，始终是治国理政的头等大事。粮食绝不仅是单纯的经济问题，更是重大的民生问题、战略问题、政治问题，牵一发而动全身。保障粮食安全，需要做到中国人的饭碗任何时候都要牢牢端在自己手中，要保障重要农产品的供给，大力发展农产品全产业链，落实好"长牙齿"的耕地保护硬措施，采取多种措施支持农民合作社多种粮、种好粮，加快发展农业社会化服务促进种粮综合效益提高。

第二，关于确保不出现规模性返贫问题。脱贫摘帽不是终点，而是新生活、新奋斗的起点。脱贫攻坚任务完成后，相当一部分脱贫户收入水平仍然不高，脱贫基础还比较脆弱；一些边缘户本来就晃晃悠悠，稍遇到点风险变故马上就可能致贫；脱贫地区产业的技术、资金、人才、市场等支撑还不强，有的地方甚至帮扶干部一撤，产业就可能垮掉。因此，要做好巩固拓展脱贫攻坚成果同乡村振兴有效衔接，工作不留空档，政策不留空白，绝不能出现这边宣布全面脱贫，那边又出现规模性返贫。要完善监测帮扶机制，推动脱贫地区更多依靠发展来巩固拓展脱贫攻坚成果，加快易地搬迁集中安置区的社会融入，创新过渡期帮扶机制的政策体系，稳步提高兜底保障水平。

第三，关于推动农业农村高质量发展问题。产业兴旺是乡村振兴的重要基础，是解决农村一切问题的前提。2022年中央一号文件明确要求，持续推进农村一二三产业融合发展。鼓励各地拓展农业多种功能、挖掘乡村多元价值，重点发展农产品加工、乡村休闲旅游、农村电商等产业。推动农业农村高质量发展，就要有效防范应对农业重大灾害，促进一二三产业融合发展，推进现代农业产业园建设，大力发展农村电商，有力有效促进农民就地就近就业创业，走乡村绿色发展之路。

第四，关于实施乡村建设行动问题。全面建设社会主义现代化国家，既要建设繁荣的城市，也要建设繁荣的农村。建设什么样的乡村、怎样建设乡村，是摆在我们面前的一个重要课题。习近平总书记从三个方面提出要求：一是强调加强农村基础设施建设，二是强调遵循城乡发展建设规律，三是强调乡村建设要抓紧干起来，稳扎稳打、久久为功，加强分类指导。为此，特别需要研究和准确把握以下要求：乡村建设如何做到先规划后建设，乡村建设如何注重保护传统村落，开展农村人居环境整治如何更加有效，如何大力推进数字乡村建设，如何强化基础设施和公共事业县乡村统筹。

第五，关于加强和改进乡村治理问题。治理有效，是乡村振兴的重要保障。首先要提高农村基层组织建设质量，健全自治、法治、德治相结合的乡村治理体系。其次要加强农村精神文明建设，乡村不仅要塑形，更要铸魂。要加强农村思想道德建设，开展形式多样的群众文化活动，推进农村移风易俗，注重农村青少年教育问题和精神文化生活。再次要推进更高水平的平安法治乡村建设，健全矛盾纠纷多元化解机制。

第六，关于加强党对"三农"工作的全面领导问题。党管农村工作是我们的传统，也是最大的政治优势。全面推进乡村振兴是一项长期而艰巨的任务，必须坚持不懈加强党对农村工作的领导。2019年印发的《中国共产党农村工作条例》对坚持和加强党对农村工作的全面领导作出了系统规定，是新时代党管农村工作的总依据，充分体现了以习近平同志为核心的党中央对农村工作的高度重视。加强党对"三农"工作的全面领导，要强化五级书记抓乡村振兴的工作机制，压实全面推进乡村振兴责任。建强党的农村工作机构，抓点带面推进乡村振兴全面展开。总的来说，必须健全党领导农村工作的组织体系、制度体系、工作机制，提高新时代党全面领导农村工作的能力和水平。

第七，关于促进农民农村共同富裕问题。促进共同富裕，最艰巨最繁重的任务仍然在农村。乡村振兴是持续夯实共同富裕基础的必然要求，乡村振兴是实现高质量发展扎实推动共同富裕的战略选择，乡村振兴是缩小发展差距扎实推动共同富裕的必由之路。实现共同富裕，就必须以乡村振兴促进农民农村共同富裕，使更多农村居民勤劳致富。大力发展壮大新型农村集体经济，促进人民精神生活共同富裕。

（二）实践层面需要着力推进的改革议题

第一，关于农村集体产权制度改革方面。一是"三块地"（承包地、集体经营性建设用地、宅基地）改革。依据《乡村振兴促进法》《民法典》重点探索农村地区的"农用地""农村集体经营性建设用地""宅基地"集中交易市场和平台的建立与农村土地征收、集体经营性建设用地入市、宅基地管理制度改革。二是集体经济发展壮大。将村集体资产、资金、资源纳入统一管理，推动集体经营性资产股份合作制改造，夯实乡村自我发展的经济基础，增强村级集体经济投入乡村公益性设施建设的资金实力，通过入股农业产业化龙头企业、村企共建等方式发展集体经济。

第二，关于乡村振兴的体制机制方面。乡村振兴的指标体系和考评指标体系（办法），明确乡村振兴不同发展阶段当中需要达到的目标。体制机制和制度体系的探索。如何理顺乡村振兴进程中政府和市场的关系，习近平总书记在《关于〈中共中央关于全面深化改革若干重大问题的决定〉的说明》中指出，使市场在资源配置中起决定性作用和更好发挥政府作用，是这次全会决定提出的一个重大理论观点。经济体制改革仍然是全面深化改革的重点，经济体制改革的核心问题仍然是处理好政府和市场关系。

第三，关于城乡融合发展推进乡村振兴方面。一是新型工农关系的建立，如何做好"以工补农、以城带乡"。党的十九届五中全会提出要全面推进乡村振兴，强化"以工补农、以城带乡，推动形成工农互促、城乡互补、协调发展、共同繁荣的新型工农城乡关系"。着重探索农村新产业，农业产品工业化、品级化。二是县城，乡镇镇区、示范村基础设施及公共服务均等化，提质增效，"四好"公路建设连城带乡穿村，形成城乡融合基本框架。

第四，关于乡村治理体系和治理能力方面。主要是乡村治理体系和治理能力现代化。四治并进，探索推进"智治"与"自治""法治""德治"有效融合，促进组织振兴、人才振兴、文化振兴，形成乡风文明、治理有效的治理体系。

第五，关于乡村建设行动方面。一是县域、乡域农村垃圾收运（改厕、污水处理）及管理（处理）办法的探索与研究（环境综合治理、"四美乡村"建设）。二是乡村住房设计与村落规划、建设及工匠培训，农村村居与传统村落保护（危旧房屋改造，修订、编制具有本地豫南民居特色、能满足农村生产生活需求且易于为村民接受的建筑设计标准，加强对农村工匠培训师资力量和技术骨干队伍建设）。三是建设数字乡村。结合大数据信息处理、互联网+电商平台助力乡村振兴，实现农村电商产业的发展，健全县乡村三级物流共同配送体系、加强农村电商主体培育。

第六，关于人才、文化振兴方面。主要是全面加强乡村振兴人才培训，教育资源整合，建立健全综合培训平台，建立健全乡村振兴人才培训体制机制，开展各类培训，有效解决部门条块分割、项目资金分散、培训场地不足、师资力量匮乏、培训效益不明显问题。推进全域旅游，把休闲养生经济、游客经济、后备箱经济做成乡村振兴系统化的产业链。促进多文化融合发展。

三、深化改革推进乡村振兴

全面推进乡村振兴背景下的农村改革，要把实现好、维护好、发展好广大农民的根本利益作为出发点和落脚点，习近平总书记指出："凡是涉及农民基本权益、牵一发而动全身的事情，必须看准了再改，保持历史耐心。要尊重基层和群众创造，鼓励地方积极地试、大胆地闯，用好试点试验手段，推动改革不断取得新突破。"①新时代深化农村改革，就是以处理好农民和土地的关系为主线，聚焦巩固和完善农村基本经营制度、深化农村土地制度改革、深入推进农村集体产权制度改革、完善农业支持保护制度等方面，不断巩固和完善中国特色社会主义农村基本经济制度，为推进乡村全面振兴提供更有力的制度支撑。

（一）巩固和完善农村基本经营制度

农村基本经营制度是中国共产党各项农村政策的基石，是乡村振兴的制度基础。新时代深化农村改革，最大的政策就是必须坚持和完善农村基本经营制度。党的十八大以来，以习近平同志为核心的党中央坚持把解决"三农"问题作为全党工作重中之重，全面深化农村改革，对稳定和完善农村基本经营制度提出一系列方针政策，在承包地确权登记颁证工作、农村土地"三权分置"制度建设、农村集体产权制度改革、培育新型农业经营主体、农业社会化服务组织发展等方面均取得显著进展与成效。农村基本经营制度改革中面临的主要问题，一是还存在证书未发放到户、土地暂缓确权、漏人漏地、确权信息不准、台账信息更新滞后等问题，一些已完成的地方还存在工作质量不高、易引发新的矛盾等问题。二是农业经营体制在"统"的层面缺乏可操作性的产权制度方案，阻碍了农地产权设置在"分"的层面发挥出较高的制度效能。三是农业生产社会化服务不够完善，有效供给能力还比较低，不能完全匹配各农业生产主体对农业生产社会化服务的需求。四是新型农业经营主体发展质量有待提高。此外，还存在新型农业经营主体获得的信息服务、保险服务和销售服务比较有限，正规金融机构对新型农业经营主体的金融支持尚待完善等制约因素。进一步巩固和完善农村基本经营制度的路

---

① 习近平：《坚持把解决好"三农"问题作为全党工作重中之重 举全党全社会之力推动乡村振兴》，《求是》2022年第7期。

径主要是：坚持稳定土地承包关系，开展确权登记颁证"回头看"；稳步推进农村承包地"三权分置"改革；健全农业专业化社会化服务体系；培育壮大新型农业经营主体。

（二）深化农村土地制度改革

土地是农民的命根子，如何处理好农民和土地的关系，始终是我国农村改革的核心问题，也是新形势下深化农村改革的主线。党的十八大以来，按照党中央、国务院要求，各地各部门围绕改革完善农村土地制度进行了探索，积累了经验。土地征收制度改革试点扎实推进，集体经营性建设用地入市积极稳妥推进，农村宅基地改革稳慎推进。农村土地制度改革已经站在新起点上，改革成效初步显现。但是，从完善土地制度的角度来看，随着实践发展和改革深入，农村土地制度依然存在一些与社会主义市场经济体制不相适应的问题，必须通过深化改革来破解。在土地征收制度改革方面，一是试点地区缺乏改革的动力，二是补偿政策仍有待进一步完善，目前仍然是由政府直接配置土地资源而非市场在土地资源配置中起决定性作用。在农村集体经营性建设用地制度改革方面，一是缺乏对入市地块的管理规划制度，二是集体经营性建设用地入市的金融融资与社会融资渠道不畅，三是利益分配机制不够完善。在宅基地制度改革方面，主要问题是进展相对缓慢，原因主要是：农民宅基地权益难以充分保障，宅基地管理中问题日益突出，以宅基地作为抵押和担保品存在着制度障碍。解决上述问题，一是要深化土地征收制度改革。"十四五"规划中明确指出，建立土地征收公共利益用地认定机制，缩小土地征收范围。探索宅基地所有权、资格权、使用权分置实现形式。保障进城落户农民土地承包权、宅基地使用权、集体收益分配权，鼓励依法自愿有偿转让上述权利。二是要深化集体经营性建设用地入市改革。建立健全农村集体经营性建设用地入市的参与机制；做好规划管理工作，农村建设用地与城镇土地统筹安排、统一规划；构建农村集体经营性建设用地入市收益分配机制。三是要深化农村宅基地制度改革。重点是改革完善宅基地权益保障和取得方式，探索宅基地有偿使用制度，完善宅基地管理制度。

（三）深入推进农村集体产权制度改革

农村集体产权制度改革，是涉及农村基本经营制度和我国基本经济制度的一件大事，是实施乡村振兴战略的重要制度供给。党的十九大报告强调，深化农村集体产权制度改革，保障农民财产权益，壮大集体经济。推进这项改革，对于推动农村发展、完善农村治理、保障农民权益，探索形成农村集体经济新的实现形式和运行机制，都具有十分重要的意义。农村集体产权制度改革是管长远、管根本、管全局的重大制度安排，是具有"四梁八柱"性质的改革。这项改革的目标是逐步构建权属清晰、权能完整、流转顺畅、保护严格的中国特色社会主义农村集体产权制度，具体体现在三个方面：发展新型农村集体经济，建立符合市场经济要求的农村集体经济运行新机制，形成有效维护农村集体经济组织成员权利的治理体系。推进农村集体产权制度改革需要把握三条原则：一是坚持正确的改革方向，二是坚守法律政策底线，三是尊重农民群众意愿。这项改革的政策要求包括六个方面：全面开展农村集体资产清产核资，全面确认农村集体经济组织成员身份，推进集体经营性资产股份合作制改革，赋予农民集体资产股份权能，发挥农村集体经济组织功能作用，多种形式发展农村集体经济。

（四）完善农业支持保护制度

农业是弱质产业，加上农业发展遇到的风险复杂、多元，不仅有自然风险、市场风险，还有社会风险、道德风险等，因此，完善农业支持保护制度，防范农业系统性风险，加强现代农业产业体系、生产体系、经营体系的安全，成为实现乡村振兴、推动农业现代化的重要手段及途径选择。党的十八大以来，中央坚持在宏观调控中加强对农业的支持，农业支持保护制度改革扎实有序推进，中国特色农业支持保护制度逐步形成。体现在：农业支持保护政策不断完善；农业补贴力度不断加大（比如2021年，耕地地力保护补贴达到1204.85亿元，全部直补到户，有效提高农业补贴的针对性、精准性）；多层次农业风险保障机制基本构建；金融服务"三农"工作取得明显成效。但是，近年我国国内农业生产成本快速攀升，大宗农产品价格普遍高于国际市场，农业比较效益偏低，农业支持保护制度还存在不少短板弱项，主要是：农村集体资产管理薄弱，缺乏投资资金安全有效使用的长效管理体制机制，农村居民和农村小微企业融资难、贵、慢的困境仍未得到有效化解，农产品多元化国际市场还有待拓展。完善农业支持保护制度是深化农村改革的迫切任务和重要内容，是现代化国家农业政策的核心。一是要建立健全农村集体资产管理制度，探索建立以集体经济组织成员权为基础，统筹管理农村土地承包权、宅基地使用权、集体收益分配权等农民财产权利的有效机制。强化集体资产监督管理，完善农村集体经济发展扶持政策，拓宽新型集体经济发展路径，健全农村集体经济收益分配制度，探索推动农村集体经济组织、各类经营主体抱团发展、合作共赢的有效组织形式和引领农民实现共同富裕的利益联结机制。二是要完善农业投资管理机制，要结合实际情况，研究制定农业投资管理工作规程及项目管理办法、绩效管理制度等配套规定，逐步形成覆盖农业投资管理全过程的制度体系，切实规范农业投资管理，推动乡村振兴战略顺利实施。三是要创新农村金融服务，继续深化涉农金融服务机构改革，依法完善乡村资产抵押担保权能，改进、加强乡村振兴的金融支持和服务，因地制宜探索"金融+大数据"发展模式，以金融科技创新赋能乡村振兴。四是要创造良好的农产品国际贸易环境，建立健全我国农业贸易政策体系，构建农业对外开放新格局。

贵州省遵义市湄潭县的农村改革试验

1987年9月，湄潭县正式成为全国首批14个农村改革试验区之一。湄潭县农村改革试验区成立以来，一直受到贵州省委和省政府、遵义市委和市政府、湄潭县委和县政府的高度重视。在第一轮农村改革中，成立了以时任省委常委、省委农村工作部部长乔学珩为组长的贵州湄潭农村改革试验区工作领导小组。湄潭设立县农村改革试验区办公室，为正科级行政机构，统筹实施全县农村改革试验工作。2019年机构改革时，保留机构牌子，在中共湄潭县委办公室加挂"县农村改革试验区办公室"牌子。根据需要设置县农村改革试验工作中心，为副科级事业单位，具体负责农村改革试验工作。

湄潭县农村改革试验区自成立以来，先后承担了农村土地制度建设及农产品商品基地建设、农村税费改革、新型城镇化、农村集体经营性建设用地入市、农村集体产权制度改革、"两权"抵押、农村土地承包经营权流转、农村宅基地改革等18项国家级改革试验课题。截至2022年年初有12项已结题，深化集体林权制度改革、财政资金股权化、农业设施登记抵押融资方式、脱贫攻坚与乡村振兴有效衔接机制、农民专业合作社质量提升整县推进、深化农村宅基地制度改革试点试验正在有序推进之中。

一、湄潭农村改革试验区作出的四大历史性贡献

一是"增人不增地、减人不减地"促进全国农村土地承包关系保持稳定并长久不变。在1987年至1993年承担的土地制度建设和农产品商品基地建设课题中，探索形成"增人不增地、减人不减地"试验成果，主要解决因人口变动导致农村土地承包不稳定所带来的诸多问题，得到党中央、国务院的肯定与推广，为农村土地承包关系保持稳

定并长久不变提供重要依据。从1993年至今，国家先后出台了一系列文件、法律和法规吸纳了此项改革成果。2003年实施的《中华人民共和国农村土地承包法》吸收了湄潭试验成果，党的十九大再次明确二轮土地承包到期后，再延长30年。

二是"均衡减负、户户减负"推进全国全面免除农业税，减轻了农民的负担。在1994年至2000年承担的农村税费制度改革中，湄潭探索的"一道税、一次清"得到农业部的肯定，认为"湄潭试验区为中央制定全国性的税费改革试点方案起了重要参考作用"。2001年探索的"均衡减负、户户减负"改革成果，成为2003年国务院《关于全面推进农村税费改革试点工作的意见》中"村村减负，户户受益"的政策依据，为推进全国全面免除农业税进行了前期探索。

三是"四确五定"推进全国农村集体产权制度改革。在2015年至2017年承担农村集体产权制度改革中，湄潭首创了"四确一建"改革路径，形成了确员定股东、确权定资产、确股定归属、确管定经营、平台定市场的"四确五定"改革成果。《中共中央 国务院关于稳步推进农村集体产权制度改革的意见》中有十四个条款吸收了湄潭"四确五定"经验，为"资源变资产、资金变股金、农民变股东"奠定了实践基础。湄潭县进行农村集体产权制度改革时，明确村党支部书记兼任村股份经济合作社董事长。2019年8月，中共中央印发的《中国共产党农村工作条例》也吸收了湄潭改革经验，条例规定："村党组织书记应当通过法定程序担任村民委员会主任和村级集体经济组织、合作经济组织负责人，推行村'两委'班子成员交叉任职"。全国300多个县（市、区）到湄潭学习考察，遵义全市行文推广。

四是率先敲响全国农村集体经营性建设用地入市拍卖"第一槌"。在2015年至2019年承担的农村集体经营性建设用地入市改革中，形成了"明成员定主体、明地块定权属、明途径定方式、明比例定分配、明平台定市场"的"五明五定"改革成果。2015年8月27日,湄潭县茅坪镇土槽村率先敲响全国农村集体经营性建设用地入市拍卖"第一槌"。2017年12月,湄潭县兴隆镇率先完成全国首例农村宅基地分割登记入市,实现了农村集体经营性建设用地与国有建设用地同等入市、同权同价的改革目标。试点为《中华人民共和国土地管理法》修改提供了地方实践佐证和经验,破除集体经营性建设用地入市的法律阻碍。

二、正在推进的重点试验课题中存在的问题

(一)深化农村集体林权制度改革试验方面

一是林下产业发展不够。湄潭县在林下经济方面以个体(农户)发展的较多且规模较小,企业发展有一定规模的较少,林下产业发展不突出。二是金融机构积极性不高。由于生态公益林管理规定制约和用材林见效时间慢、产出价值较低,而林权涉及林地、林木等多个方面的产权,金融机构在开发金融产品时积极性不高,严重制约了林业资源有效开发和利用。三是过去发生的流转仍须规范。湄潭县开展深化农村集体林权制度改革试验工作以前,已存在大量的林权流转事实,由于流转不规范,有的私下签订合同时将流转期限约定为长期,导致对部分流转事实进行规范时流转期限难以登载。由于之前已流转的林权未到县林业局备案,导致管理难度大,一定程度上影响了湄潭县林业产业的健康发展。

(二)农业设施登记抵押担保融资方式试验方面

一是登记机构归属不明。农业设施属于附着于土地上的生产经营设施,其产生来源复杂,登记属性多样化,管理相对困难,各登记部门登记备案在技术业务、权责范围上均存在限制条件。二是金融机构积极性不高。农业设施完成登记颁证后,受金融机构政策制约,融资授信额度较低,有的难以抵押融资。如县水务局登记颁证的1000余宗

小型农田水利设施，金融机构与上级主管部门的沟通协调长期无果。三是农业设施抗风险能力弱。部分农业设施因自然、人为因素影响，其折旧率较高，甚至在理论使用期限内损毁灭失，导致金融机构对其放贷信心不足。四是农业设施未能颁发不动产权证。由于部分农业设施在前期规划上未按照不动产登记的规划进行建设，导致不动产办理的手续不齐全，不能颁发不动产权证。

（三）财政资金股权化试点试验方面

一是财政资金有效退出难。因新型农业经营主体面临市场风险、自然风险等因素，存在财政资金有效退出难。二是部分项目选择不精准。因项目选择原因，造成项目建成后发挥效益不明显，分红难。三是对经营主体的经营监测难。因部分经营主体在经营过程中，相关持股主体没有全程参与，资金管理部门点多面广，无法对新型农业经营主体的经营状况、资金使用等进行有效监测。

（四）农民专业合作社质量提升整县推进试点试验方面

一是利益联结差。合作社"有组织无合作"现象突出，利益联结差，凝聚力不强。二是管理不规范、效率低。主要表现在合作社基础设施落后，缺乏管理人才，特别是财务管理人才，没有有效财务核算与管理。三是合作社抗风险能力弱。绝大多数合作社小而弱，自身资金投入有限，从事农业的风险很大，抗市场与自然风险的能力弱，持续发展困难。

针对存在的上述问题，湄潭县采取以下解决措施：

在深化集体林权制度改革方面。一是加大扶持力度。出台扶持政策推动林下种养业、康养产业、低污染旅游产业等林下经济方式的发展，逐步提高生态公益林的利用效率。二是加大宣传力度。针对近年来改革后新出现的林权、土地经营权以及农业设施相关权属等新型产权进行政策宣传，提高金融机构对新型产权的认知度和认可度，进一步为创新金融服务助推乡村振兴存在的瓶颈问题解套。三是加大探索力度。针对流转程序不规范、流转期限不合理等历史遗留问题，加大调研力度，制定出台既能符合各方意愿，又能带动经济发展的政策制度，逐步拔除历史遗留的隐患。

在农业设施登记抵押担保融资试点试验方面。一是建立完善的农业设施登记管理制度。修改完善《湄潭县农业设施登记暂行管理办法》，进一步理清农业设施的产生来源、产权权属及归口管理部门，属于不动产的，按照不动产统一登记要求，由不动产登记机构确权登记，核发不动产登记证书。属于其他农业设施的，由相应部门审核，由县农业农村局统一登记颁证。二是建立农业设施产权抵押担保融资机制。修改完善《湄潭县农业设施登记抵押担保贷款办法》，制定《湄潭县农业设施抵押贷款风险防范机制》，继续开展农业设施产权融资抵押担保试点，探索农业设施产权抵押担保融资的方式、途径及风险防控措施等。三是建立并规范农业设施评估、交易、处置机制。制定出台农业设施评估、交易、处置管理办法，探索农业设施登记证审核注销制度，指导农业设施规范运作。

在财政资金股权化试点试验方面。一是制定《财政资金股权收益分配办法》，总结评估前期"固定"分红方式、兑现方式的利弊，提出改进方案。探索农村集体经济组织持有股份分红收益主要用途。二是制定《财政资金股权退出管理办法》，探索财政资金退出机制。明确财政资金退出的主要情形和农业企业按持股比例返还农村集体经济组织的价值计算方式，对到期无法正常退出是否设立容忍期限的问题，探索设立展期制度。

在农民专业合作社质量提升整县推进试点试验方面。一是持续对挂牌社等问题社开展专项清理。对挂牌社、僵尸社、被列入异常名录社等问题社精准甄别，依法清理。对正常经营名录内的合作社进行动态管理。二是推进盈余科学分配，指导合作社认真执行财务会计制度，建立成员账户和档案台账，明晰合作社与领办主体的产权关系。三是加强示范引领。深入推进示范社建设行动，开展示范社评定和动态监测，完善示范社名录，把示范社作为政策支持重点。四是引导合作社按照"公司+合作社+农户"的经营模式与利益联结机制，增强龙头企业带动能力。五是加强联席会议。通过联席会议加强对农民专业合作社的指导、扶持与服务，加强监管和示范社监测工作。

三、湄潭持续深化农村改革试验的主要对策

（一）全面激活农村宅基地和农房价值

在摸清农村宅基地底数、科学编制村庄规划、妥善处置历史遗留问题的基础上，全面推广湄潭县"收、分、腾、转"宅基地制度改革试点经验，继续探索完善宅基地分配、流转、退出、使用、收益等制度的方法路径，探索宅基地所有权、资格权、使用权分置有效实现形式，探索由农村集体经济组织主导实施的宅基地有偿使用制度，探索宅基地依法依规转为集体经营性建设用地入市的方法路径，全面激活宅基地和农房价值，为乡村振兴提供土地等要素保障，为集体经济组织增加积累，不断增加集体成员财政性收入并长期分享宅基地增值收益。

（二）推动金融创新助力乡村振兴

推进农村基础金融服务体系建设，推动普惠型涉农贷款持续增长。支持银行业金融机构建立服务乡村振兴的内设机构。加快金融产品和服务方式创新，拓宽农业农村项目融资渠道，科学设计支持乡村振兴的信贷产品，改革创新信贷抵押担保模式。推广"两权"抵押贷款试点经验，推进农业设施登记抵押担保融资方式试点，规范发展农户小额信用贷款、保单质押贷款、农机具和大棚设施抵押贷款等业务。稳步扩大涉农抵质押品准入范围，鼓励金融机构开发个性化、差

异化、定制化涉农金融产品，支持新型农业经营主体和农村新产业新业态，提升首贷、信用贷占比。推进农村集体经济组织信用评价机制试点，探索适合集体经济组织发展的资产、股份和信用融资方式。探索开展农业大灾保险、完全成本保险、收入保险试点。深化政府性融资担保体系改革，提高农业信贷担保规模。

（三）推进县域内城乡融合发展试点

强化统筹谋划和顶层设计，破除城乡分割，加快打通城乡要素平等交换、双向流动的制度性通道。探索建立城乡有序流动的人口迁徙制度，进城落户农民依法自愿有偿退出农村权益制度，城市工商资本、科技和人才"上山下乡"体制机制，促进城乡公共设施联动发展体制机制，促进城乡公共服务共建共享机制等，着力破解城乡融合发展重点难点问题，突破政策瓶颈，推进城市资本下乡、生产要素向农村流动集聚，促进城乡人才双向流动，提升农民创新创业发展能力，推动农业全面升级、农村全面进步、农民全面发展。

（四）统筹推进农村综合改革

积极推进集体产权制度改革、承包地流转管理改革、农村集体经营性建设用地入市等改革试验成果转化运用。加强农村产权流转交易和管理信息网络平台建设，提供综合性交易服务。健全农村集体经济组织运行管理机制，通过推动股份经济合作社与企业合作，使其成为农村产业革命的主力军。拓宽盘活农村集体资源资产路径，创新集体资产运营机制和模式，实施集体经济"消薄"和"倍增"计划，发展壮大新型农村集体经济。加快供销合作社系统基层组织体系建设，完善供销合作社经营服务体系改革。开展小型水利工程产权制度和小型水库管理体制改革，深化水价、供水及灌排用电电价等改革，落实管护机制、管护主体、管护责任、管护制度，确保工程长期发挥效益。深入推进农村"三变"改革，引导和鼓励农民、村集体用土地经营权、集体林权、建设用地等资源资产入股经营主体，采取"龙头企业+合作社+农户"的经营模式，让农民以股东身份参与产业发展，激活农村发展内生动力。

第九章
党建引领开新局

习近平总书记强调:"各级党委要扛起政治责任,落实农业农村优先发展的方针,以更大力度推动乡村振兴。"①坚持党建引领脱贫攻坚与乡村振兴,是由中国共产党的初心使命决定的。本章全面总结了中国共产党领导脱贫攻坚取得全面胜利形成的六个方面历史经验,系统阐述了习近平总书记关于党建引领乡村振兴重要论述的思想内涵和实践要求。在习近平总书记党建引领重要论述指引下,在继承发扬党建引领脱贫攻坚经验的基础上,在巩固拓展脱贫攻坚成果同乡村振兴有效衔接、推动乡村振兴和共同富裕的进程中,切实加强党建引领乡村振兴工作,需要从强化理论武装、强化班子建设、强化基层基础、强化人才作用、强化完善治理、强化责任落实等六个方面的发展方向精准发力。

---

① 习近平:《坚持把解决好"三农"问题作为全党工作重中之重 举全党全社会之力推动乡村振兴》,《求是》2022年第7期。

习近平总书记强调："党政军民学，东西南北中，党是领导一切的。"①中国共产党领导是中国特色社会主义最本质的特征，党建引领是脱贫攻坚取得全面胜利的最根本的原因。从脱贫攻坚到乡村振兴，坚持党建引领是中国共产党初心使命的必然要求。中国共产党自成立之日起，就把为中国人民谋幸福、为中华民族谋复兴作为初心使命，无论是脱贫攻坚，还是乡村振兴，都是中国共产党初心使命的生动体现。在新民主主义革命时期，党团结带领广大农民"打土豪、分田地"，实行"耕者有其田"，帮助穷苦人翻身得解放，赢得了最广大人民广泛支持和拥护，夺取了革命胜利，成立了新中国，为摆脱贫困创造了根本政治条件。新中国成立后，党团结带领人民完成社会主义革命，确立社会主义基本制度，推进社会主义建设，组织人民自力更生、发愤图强、重整山河，为摆脱贫困、改善人民生活打下了坚实基础。改革开放以来，党团结带领人民实施了大规模、有计划、有组织的扶贫开发，着力解放和发展社会生产力，着力保障和改善民生，取得了前所未有的伟大成就。党的十八大以来，党中央提出，全面建成小康社会最艰巨最繁重的任务在农村特别是在贫困地区；强调贫穷不是社会主义，必须时不我待地抓好脱贫攻坚工作。在脱贫攻坚取得全面胜利后，党中央作出了"三农"工作重心实现从脱贫攻坚到乡村振兴的历史性转移，并向共同富裕迈进的重大决策部署。

可见，坚持党建引领脱贫攻坚与乡村振兴，是由中国共产党的初心使命决定的。不同的历史时期，中国共产党的初心使命从未改变过，就是带领广大人民群众过上美好生活。中国共产党百年反贫困历程实质上

---

① 习近平：《决胜全面建成小康社会　夺取新时代中国特色社会主义伟大胜利——在中国共产党第十九次全国代表大会上的报告》，人民出版社2017年版，第20页。

就是带领全国人民实现发展的过程，尽管在不同的发展阶段需要解决的突出问题有所不同，但是贯穿始终的就是向贫困宣战。因此，无论是打赢脱贫攻坚战、全面实施乡村振兴战略，还是扎实推进共同富裕，都必须始终坚持党建引领。

一、党建引领脱贫攻坚全面胜利的基本经验

党领导脱贫攻坚的历程，深刻凝练着我们党治国理政的重大理论成果和宝贵实践经验。党建引领贯穿脱贫攻坚全过程、各方面。脱贫攻坚取得全面胜利最根本的原因就在于习近平总书记的亲自指挥，在于中国共产党的坚强领导。中国共产党领导脱贫攻坚取得全面胜利，积累的丰富历史经验集中体现在以下六个方面。

（一）坚持党中央对脱贫攻坚的集中统一领导

党的十八大以来，以习近平同志为核心的党中央把脱贫攻坚纳入"五位一体"总体布局、"四个全面"战略布局，摆到治国理政的重要位置，统筹谋划，强力推进。党的领导是中国特色社会主义最本质的特征和最大的制度优势，也是夺取脱贫攻坚战最终胜利的根本政治保证。集中统一领导是党在百年奋斗历程中积累的最宝贵经验，是打赢脱贫攻坚战的根本制度保障。

（二）强化中央统筹、省负总责、市县抓落实的工作机制

党的十八大以来，以习近平同志为核心的党中央通过强化中央统筹、省负总责、市县抓落实、省市县乡村五级书记一起抓等机制，形成了一级抓一级、层层抓落实、层层压实责任的强大合力，形成了全党动员促攻坚的局面，真正做到了分工明确、责任清晰、任务到人、考核到位，为打赢脱贫攻坚战提供了坚强的组织保证。

（三）实行脱贫攻坚一把手负责制

中西部22个省份党政主要负责同志向中央签署脱贫攻坚责任书、立下"军令状"。脱贫攻坚期内保持贫困县党政正职稳定。脱贫攻坚取得全面胜利，一个很重要的原因在于各级党政主要负责同志切实把脱贫攻坚作为重大政治任务来抓，坚决贯彻落实党中央关于脱贫攻坚的决策部署，五级书记抓扶贫，全面落实一把手负责制，每一个层级都把脱贫攻坚作为重点工作。

（四）抓好以村党组织为核心的村级组织配套建设

把基层党组织建设成为带领群众脱贫致富的坚强战斗堡垒。把党组织建设和脱贫攻坚有机结合起来，并贯穿于脱贫攻坚全过程。脱贫攻坚对农村基层党组织建设提出了新要求。抓好农村基层党组织建设，提升领导和服务脱贫攻坚工作的能力，为筑牢基层党组织战斗堡垒奠定基础，同时也为打赢脱贫攻坚战奠定坚实基础。

（五）集中精锐力量投向脱贫攻坚主战场

全国累计选派25.5万个驻村工作队、300多万名第一书记和驻村干部，同近200万名乡镇干部和数百万名村干部一道奋战在扶贫一线，鲜红党旗始终在脱贫攻坚主战场上高高飘扬。在扶贫一线的党员干部无私奉献、苦干实干，充分发挥先锋模范作用，为共同打赢脱贫攻坚战作出了重大贡献。

（六）把全面从严治党落实到全过程各环节

较真碰硬，真扶贫、扶真贫，把全面从严治党落到实处，坚持不懈反对和克服形式主义、官僚主义。始终坚持中国共产党的根本政治立场，也就是人民至上，这是马克思主义政党区别于其他政党的显著标志。还有从切实加强作风建设、夯实党的执政基础，落实脱贫攻坚主体责任，确保一切工作落实到为贫困群众解决实际困难上。

经过实践检验的党建引领脱贫攻坚的基本经验，为乡村振兴提供了重要借鉴。这些经验需要在乡村振兴实践中进一步发扬、扩展和创新。坚持党中央对乡村振兴工作的集中统一领导是一篇必须做好的大文章。脱贫攻坚任务完成后，中央决定，乡村振兴战略由中央农办牵头实施、农业农村部统筹实施、国家乡村振兴局具体实施，旨在把脱贫攻坚和乡村振兴纳入经济社会发展全局和社会主义现代化国家建设的全局，有助于把脱贫攻坚中形成的有效做法充分运用到乡村振兴战略的实施中，以尽快建立健全上下贯通、一抓到底的乡村振兴工作体系。

二、党建引领乡村振兴的根本遵循

习近平总书记关于党建引领乡村振兴的重要论述是抓好党建引领乡村振兴工作的根本遵循。认真学习、深刻领会、准确把握习近平总书记关于党建引领乡村振兴的重要论述，是完善顶层设计、推动党建引领乡村振兴的前提。党建引领乡村振兴的根本遵循集中体现在以下六个方面。

（一）确保党领导的根本方向

习近平总书记指出，办好农村的事情，实现乡村振兴，关键在党。必须提高党把方向、谋大局、定政策、促改革的能力和定力，确保党始终总揽全局、协调各方，提高新时代党全面领导农村工作能力和水平。[①] 这要求我们，必须充分发挥党的领导和社会主义制度的政治优势，全面加强党对"三农"工作的集中统一领导。厘清"三农"工作和乡村振兴

[①] 中共中央党史和文献研究院编：《习近平关于"三农"工作论述摘编》，中央文献出版社2019年版，第190页。

的关系，把乡村振兴战略作为新时代"三农"工作总抓手。做好"三农"工作关键在于干部队伍的配备和能力。每个层级干部都要提高做好"三农"工作的能力，包括省市县乡村各级机构的能力，各级干部、驻村帮扶工作队、农户的能力等。最根本是要提高政治能力，要始终把学懂弄通做实习近平新时代中国特色社会主义思想摆在最突出位置。只有理论上的清醒，才能做到行动上的自觉。

（二）完善党领导的体制机制

习近平总书记指出，各级党委和政府要坚持工业农业一起抓、坚持城市农村一起抓，并把农业农村优先发展的要求落到实处，在干部配备上优先考虑，在要素配置上优先满足，在资金投入上优先保障，在公共服务上优先安排。要健全党委统一领导、政府负责、党委农村工作部门统筹协调的农村工作领导体制。[①]这一重要论述要求我们，要完善党领导的体制机制，就是要把农业农村优先发展的要求落到实处，体现在干部配备、要素配置、资金投入、公共服务等方面的优先。只有不断完善党领导的体制机制，才能够加强党的领导。习近平总书记强调各级党委和政府要坚持工业农业一起抓、城市农村一起抓，指明了乡村要在城乡融合发展中振兴的方向。没有农村与城市的互动，就不可能完善城乡融合发展体制机制。没有资源要素配置的优化、要素流动渠道的通畅，就不可能激发乡村振兴的内在活力。

（三）建立实施乡村振兴战略领导责任制

习近平总书记指出，要建立实施乡村振兴战略领导责任制，实行中央统筹、省负总责、市县抓落实的工作机制。党委和政府一把手是第一责

---

① 中共中央党史和文献研究院编：《习近平关于"三农"工作论述摘编》，中央文献出版社2019年版，第191页。

任人，五级书记抓乡村振兴。①由于乡村振兴战略的实施是一项复杂的系统工程，而脱贫攻坚的成功实践证明，中央统筹、省负总责、市县抓落实的工作机制是充分发挥我们党独特政治制度优势的重要经验，因此，实施乡村振兴战略，一方面要建立和实行中央统筹、省负总责、市县抓落实的工作机制，另一方面各部门要按照职责，加强工作指导，强化资源要素支持和制度供给，做好协同配合，形成乡村振兴工作合力。党委和政府一把手是第一责任人，只有一把手把责任扛在肩上、抓在手上，落实好五级书记抓乡村振兴的责任制，才能推动形成一级抓一级、层层抓落实的工作格局，确保中央关于乡村振兴的决策部署贯彻落实到位。

（四）强化各级党委和政府的责任

习近平总书记指出，要加强党对"三农"工作的全面领导。各级党委要扛起政治责任，落实农业农村优先发展的方针，以更大力度推动乡村振兴。特别是县委书记要把主要精力放在"三农"工作上，当好乡村振兴的"一线总指挥"。选优配强乡镇领导班子、村"两委"成员特别是村党组织书记。②这一重要论述明确指出，强化各级党委和政府责任，是以习近平同志为核心的党中央赋予各级党委和政府的政治责任。在实践中乡村振兴抓得好的地方，都是实事求是把习近平总书记重要论述落到实处，并一以贯之、接续奋斗的结果。坚持党建引领全面推进乡村振兴，必须不断加深对习近平总书记有关重要论述的领悟，自觉实践笃行。

（五）落实各级相关部门责任

习近平总书记指出，要结合机构改革，理顺涉农部门的职责分工。

---

① 中共中央党史和文献研究院编：《习近平关于"三农"工作论述摘编》，中央文献出版社2019年版，第192页。

② 习近平：《坚持把解决好"三农"问题作为全党工作重中之重 举全党全社会之力推动乡村振兴》，《求是》2022年第7期。

各部门要结合自身职能定位，明确工作思路，细化政策举措，主动对表、积极作为。①这一重要论述要求，涉农部门要结合自身的职能定位，明确工作思路，细化政策落实。中央各部门要各司其职、各尽其责，主动对表，积极探索，切忌等待观望。要深入学习习近平总书记关于党建引领乡村振兴重要论述，切实增强做好乡村振兴工作的思想自觉、政治自觉和行动自觉，贯彻好落实好中央的部署决策。

（六）加强基层党组织建设

习近平总书记指出，乡村振兴不是坐享其成，等不来，也送不来，要靠广大农民奋斗。村党支部要成为帮助农民致富、维护农村稳定、推进乡村振兴的坚强战斗堡垒。②农村基层党组织建设是推动乡村全面振兴的坚强保障。党的十八大以来，以习近平同志为核心的党中央高度重视加强基层党组织建设，始终把抓好农村党建工作摆在突出重要位置。村党支部是党在农村最基层的组织。坚持党对农村工作的领导，就是要加强基层党组织建设，发挥党组织战斗堡垒和党员先锋模范作用，激发和调动农民群众积极性主动性，加快实现农业农村现代化。

三、党建引领乡村振兴的工作重点

深刻理解习近平总书记关于党建引领乡村振兴的重要论述是做好党建引领乡村振兴工作的根本前提。在习近平总书记党建引领乡村振兴重要论述指引下，在继承发扬党建引领脱贫攻坚经验的基础上，在巩固拓展脱贫攻坚成果同乡村振兴有效衔接、推动乡村振兴和共同富裕的进程

---

① 中共中央党史和文献研究院编：《习近平关于"三农"工作论述摘编》，中央文献出版社2019年版，第192页。

② 中共中央党史和文献研究院编：《习近平关于"三农"工作论述摘编》，中央文献出版社2019年版，第193页。

中，加强党建引领乡村振兴的工作，其着力点和发展方向集中体现在以下六个方面。

（一）强化理论武装

以习近平新时代中国特色社会主义思想武装头脑、指导实践、推动工作，这是高质量推动乡村振兴的根本前提。要学习领会习近平总书记关于巩固拓展脱贫攻坚成果同乡村振兴有效衔接的重要论述、关于乡村振兴的重要论述、关于共同富裕的重要论述。这三个方面的论述是习近平新时代中国特色社会主义思想的重要组成部分。习近平总书记关于党建引领乡村振兴的重要论述，蕴含在这三个方面的重要论述中。对这三方面重要论述的学习领会，就是为乡村振兴有关方面和人员坚持党建引领乡村振兴提供思想武装。而能否准确理解和把握党建引领乡村振兴的重要论述，会影响参与乡村振兴有关方面和人员思想理论上的清醒和政治上的坚定，从而影响推进乡村振兴的具体行动。

要把学习贯彻习近平总书记在庆祝中国共产党成立100周年大会上的重要讲话精神和党的十九届六中全会精神作为重中之重，作为党史学习教育的核心内容，引导广大党员、干部从党的光辉历程、伟大成就、历史经验中汲取智慧和力量，弘扬伟大建党精神、全面推进乡村振兴。同时，要发动农村基层党组织以群众喜闻乐见的方式开展广泛深入宣传，使习近平新时代中国特色社会主义思想和党的惠农政策进入千家万户，引导广大群众树立主人翁意识，增强内生动力，积极投身乡村振兴。

（二）强化班子建设

习近平总书记指出，乡村振兴，关键在人、关键在干。

选优配强县级领导班子是基础。对于党建引领乡村振兴，从努力方向看，强化班子建设主要是选优配强县级领导班子，配强党政的正职，保持县级党政正职任期内相对稳定。县委书记能否当好乡村振兴"一线总指挥"要作为考核的重要内容。挂职干部也是乡村振兴的重要力量，要发挥好这方面的作用。

增强乡镇领导班子的整体功能。要配好党政正职、加强乡镇工作力量、完善激励机制、落实"三个区分开来"（即把干部在推进改革中因缺乏经验、先行先试出现的失误和错误，同明知故犯的违纪违法行为区分开来；把上级尚无明确限制的探索性试验中的失误和错误，同上级明令禁止后依然我行我素的违纪违法行为区分开来；把为推动发展的无意过失，同为谋取私利的违纪违法行为区分开来）。乡镇一级各个职能部门虽然有分工，但在实践中却往往是分工不分家，要注意甄别干部，并注意保护干部的积极性主动性。

充实乡镇工作力量。通过公务员考录、事业编制人员招聘、干部交流等途径切实解决乡镇工作力量不足问题。对招人难、留人难的艰苦边远乡镇，公务员考录、事业编制人员招聘可适当降低报考门槛和开考比例，加大选调生选派力度。规范从乡镇借调人员工作，防止随意抽人影响乡镇工作力量和乡镇干部队伍稳定。坚持正确用人导向，注重提拔使用在乡村振兴中做出突出实绩的干部。真情关怀、真心爱护、真诚帮助基层干部，在政策、待遇等方面向基层一线和艰苦边远地区干部倾斜，确保乡镇机关工作人员收入，注意改善乡镇干部工作和生活条件，大力表彰宣传先进典型，激励干部在乡村振兴中奋勇争先、建功立业。

（三）强化基层基础

乡村振兴各项政策，最终要靠农村基层党组织来落实。脱贫攻坚战的伟大胜利充分证明，"帮钱帮物，不如帮助建个好支部"。选优配强村"两委"班子，特别是抓住村党组织书记，是确保政策落得实、落得好的关键。在巩固拓展脱贫攻坚成果同乡村振兴有效衔接的过渡期，中央持续整顿软弱涣散村党组织，出台《关于向重点乡村持续选派驻村第一书记和工作队的意见》，继续向乡村振兴任务重的村选派第一书记或工作队，努力把基层党组织建设成带领群众走向振兴的坚强战斗堡垒。

加强村"两委"建设和创业致富带头人培育。五级书记抓乡村振兴，最基层要靠基层党组织。基层党组织的建设要着力于村"两委"建设和创业致富带头人培育，从而达到强化基层基础的目的。治理有效就要有一个强有力的基层党组织。选准了村党组织书记和致富带头人，这个村必然能够发展得比较快、比较好。选准党员致富带头人，这是实现产业振兴的前提条件。在实践中，从来没有一个村没有带头人也能够自己发展起来的。

大力发展村级集体经济。发展村集体经济需要在县域统筹、集聚发展、政策扶持、改革创新方面着力。发展村集体经济是一篇大文章，涉及方方面面。从党建引领角度看，主要从以下方面着力。一是村级集体经济是整个县域经济社会发展中的重要部分，因此县级层面需要统筹发展县域内各村的集体经济，而不是一个村一个村孤立地发展。二是需要在党建引领的框架下集聚发展村集体经济，实现统筹，形成集聚效应、规模效应。政策要集聚才能更好发挥作用，特别是在各种产业融合发展、数字经济发展的基础前提下，集聚发展的必要性就更加凸显。三是发展村级集体经济必然需要相应的政策扶持，要加强政策供给。四是发展过程中面临的困难需要通过深化改革来解决，比如资产管理、所有权等方面的体制机制的改革创新等。

（四）强化人才作用

推动人才下乡与本土人才回引。人才振兴是"五大振兴"的重要内容，人才是乡村振兴的支撑与保障，也是乡村振兴中的短板。乡村振兴战略实施面临的突出问题就是人才不足。推动人才下乡和振兴人才是党建引领乡村振兴的重要着力点。要推动城镇的人才下乡，继续选派好科技特派员，探索市场激励的途径。加强本土人才的回引，积极总结地方回引人才的成功实践，特别是在受疫情影响和经济下行压力加大的宏观背景下，回引一批优秀人才到本土发展特别必要和有意义。本土人才，不仅要引进，更重要的是要培养。人才培养不是简单的培训，而是要有计划通过各种方式让其真正成才。

注意抓好农村党员群众技能培训。要推动乡镇党委和村党组织深入摸清农民群众培训需求，精准对接有关培训项目，重点组织党员骨干、种养大户、家庭农场经营者参加培训；经常组织各类专家和技术人员到田间地头示范讲解，手把手帮助农民群众提高生产技能。

加强人才培训培育。包括创业致富带头人培训、参与乡村振兴各类人才培训等。培训和培育要同时并进，各自担负不同职责。培训就是以解决存在的问题为目标，通过培训改变观念、提高技能，形成解决问题的能力。培育必须通过一定时期、多种培训方式的集聚才能够实现。各类人才的培训培育都要有计划、有着力点，在加强党建引领的框架下，统筹推进乡村振兴各类人才队伍建设。

切实提高干部群众培训的精准性、有效性。乡村振兴培训包括省市县党政正职和分管负责同志、乡村振兴系统干部、参与乡村振兴各类干部、农村党员群众的培训等。开展大规模的培训工作，首先要解决好培训工作中的精准性、有效性不足的问题。对省市县党政正职和分管负责同志的培训，着力点在于强化政治责任、提高宏观管理和政策执行能力，使之转变为推动乡村振兴的强大动力。对乡村振兴系统干部的培训，着力点在于提高培训的精准性和有效性。要加大对参与乡村振兴的各类干部或各界人士的培训工作，尤其是乡镇干部能力的高低直接决定着乡村振兴工作推进的顺利与否。培训的根本目的就是要统一思想、统一意志、统一行动。还要加强农村党员群众的培训。有效的培训工作及效果，是从上到下把党建引领的理念贯穿乡村振兴全过程的保障。

加快乡村人才振兴制度建设和政策创新。人才工作最终要落脚到激发人才创新活力、充分发挥人才作用上。要推动建立城市医生、教师及科技、文化等人才定期服务乡村制度，支持和鼓励符合条件的事业单位科研人员按照国家有关规定到乡村和涉农企业创新创业。健全鼓励人才向艰苦地区和基层一线流动激励制度，适当放宽在基层一线工作的专业技术人才职称评审条件，落实完善工资待遇倾斜政策。探索建立县域专业人才统筹使用制度，改进编制管理方式，发挥编制在招才引智和留才用才中的保障作用。

（五）强化完善治理

坚持党对乡村治理体系的领导。强化完善治理，实际上就是加强乡村治理。党建引领和乡村治理密不可分，党建引领本身就是为了实现完善乡村治理。乡村治理和管理这两个概念的内涵有着本质的区别，乡村治理是各种主体平等地共同管理乡村公共事务，从而调动一切积极因素促进乡村发展，政府、社会、个人都是治理主体，而管理则是偏重政府作为管理主体对乡村进行管理，有明显的单方面自上而下的特征。在党建引领乡村振兴中，党本身就处于领导的地位，党建引领下的乡村治理需要进一步研究和理清边界。坚持党对乡村治理体系的领导是党建引领乡村振兴的根本。全党上下要强化农村基层党组织的领导作用。村级党组织居于领导地位，村民委员会和农村集体经济组织都是在党组织领导下开展工作。强化乡镇和村党组织的领导地位，是村党组织书记和村民委员会主任一肩挑的理论依据。村民小组、村级集体经济组织、合作经济组织等都必须置于村级党组织领导之下，才能够体现党建引领群众自我管理，这既是党建引领乡村振兴的重要方面，也是党对乡村治理体系领导的重要方面。要实行党务、村务、财务公开和群众监督。

构建"三治"融合的乡村治理体系。乡村治理体系现代化是国家治理体系和治理能力现代化的基础。不断完善健全党组织领导下的自治、法治、德治相融合的乡村治理体系，是乡村振兴的重要保障。自治是村民自治，强调以村民为主体。法治是以法律明确自治的政策法律边界，《乡村振兴促进法》的出台是实施乡村振兴的法制保障。德治是发挥道德引领和规范约束的内在作用，如村规民约、红白理事会等。自治、法治、德治各有侧重，三者有机融合，构建形成乡村社会治理体系，共同发挥作用，目的是实现乡村社会的善治。

发挥基层党组织在防范化解农村社会矛盾中的重要作用。坚持和发展新时代"枫桥经验"，推动农村基层党组织站在防范化解矛盾纠纷第一线，做到"小事不出村、大事不出乡、矛盾不上交"。总结运用疫情防控、抢险救灾等经验，构建常态化管理和应急管理动态衔接机制，有效防范和应对自然灾害、公共卫生、安全隐患等风险。围绕平安乡村建设，从组织上推动形成防范和整治"村霸"问题长效机制，为乡村振兴创造安全稳定的社会环境。

（六）强化责任落实

落实一把手负责制。建立实施乡村振兴战略领导责任制，健全中央统筹、省负总责、市县乡抓落实的农村工作体制，层层落实五级书记抓乡村振兴责任。按照习近平总书记关于党建引领乡村振兴重要论述的要求，强化领导责任、部门责任、各级责任。

弘扬脱贫攻坚精神。伟大的脱贫攻坚精神不仅在脱贫攻坚期间发挥作用，在社会主义现代化国家建设进程中依然发挥激励作用，激励全国各族人民为实现中华民族的伟大复兴而继续奋斗。在伟大的脱贫攻坚战中锻造形成的脱贫攻坚精神，凝聚了脱贫攻坚英模的感人事迹和崇高精神。脱贫攻坚精神也是中国共产党精神在新时代的体现。脱贫攻坚精神的弘扬，将伴随着乡村振兴的全过程。党建的引领就是要用党的精神引领，脱贫攻坚精神是中国共产党建党精神的重要组成部分，是对伟大建党精神的践行与阐释。发扬脱贫攻坚精神、强化实干精神，这些都是脱贫攻坚的基本经验，严格考核评估也是基本经验。在党建引领乡村振兴中，要弘扬脱贫攻坚精神、创新评估体系，强化责任落实。

进一步强化真抓实干。要继续深入推进党史学习教育，激励引导广大党员干部大力弘扬党的光荣传统和优良作风，在全面推进乡村振兴中真抓实干、埋头苦干。结合"我为群众办实事"实践活动，推动党员领导干部到乡村一线了解掌握实情，同基层干部群众一道谋发展、理思路、出实招，着力解决群众急难愁盼问题。坚决纠治基层反映强烈的形式主义、官僚主义等突出问题，持续推动为基层松绑减负，精简会议、台账和材料填报，清理规范村级组织机构牌子和证明事项，让村干部有更多时间和精力推进乡村振兴。

脱贫攻坚取得胜利后，要全面推进乡村振兴，这是"三农"工作重心的历史性转移。脱贫攻坚到乡村振兴是一个发展过程，脱贫攻坚积累的做法经验必然有其延续性。总结推广脱贫攻坚战中积累的行之有效的经验做法，运用到促进乡村振兴中去，这是中国共产党治国理政的重要方法论。我们要在习近平总书记关于党建引领乡村振兴的重要论述指引下，总结好党建引领脱贫攻坚的宝贵经验，始终坚持党中央对乡村振兴工作的集中统一领导，在立足新发展阶段、贯彻新发展理念、构建新发展格局中坚持党建引领乡村振兴，扎实推动共同富裕。

案例 1

山东省青岛市西海岸新区宝山镇：
支部领办"德育银行"　群众争当"文明储户"

为深入贯彻习近平总书记重要指示精神，落实农业农村部关于在乡村治理中推广运用积分制的工作要求，青岛西海岸新区宝山镇创新实施党支部领办"德育银行"项目，建立了"党建引领、体系支撑、积分牵引、科技赋能"的运行机制，将乡村治理进行数字化呈现，蹚出了一条"党建强、乡村美、风气新"的有效路径，具有较强的操作性、实效性和示范性。全镇44个网格村，3万余人参与，奖励兑换金额达21万元，化解矛盾纠纷及历史遗留问题164起，尤其是党支部领办"德育银行"

首个试点村大陡崖村,从经济薄弱村蝶变成为乡风文明、治理有方、远近闻名的山东省乡村振兴示范村。

一、主要做法

(一)党建引领、体系支撑,夯实项目发展根基

基层党支部是乡村治理的核心,党组织的领导是"德育银行"顺利实施的坚强保障,使其沿着正确的方向前进、规范有序开展。同时,在党组织领导下,"德育银行"又将各类村级事务和农民行为量化,推动了乡村治理由"村里事"变为"家家事",村民参与乡村治理由"要我参与"变成"我要参与"。

1. 党组织领办抓好"方向盘"。坚持基层党组织在乡村治理中的主体地位,将支部领办作为"德育银行"项目实施的核心要义。宝山镇在"德育银行"实施过程中,成立镇、村两级党组织主导的项目领导小组,由党组织书记任组长,成员任副组长。领导小组成员逐户与村民签订"德育银行"项目实施明白纸,打通基层"神经末梢",同时对照村民的建议和诉求,动态完善"德育银行"的运行机制、标准体系,主导项目实施各个流程,解决遇到的关键性难点问题,全面统领项目开展。

2. 党员模范带动争创"先锋岗"。设立"党员模范带动作用"专项指标,将党员日常表现纳入考核体系,制定并严格落实党员积分标准,实行党员户双倍扣分模式,强化结果运用,将党员年度积分情况作为党员年度星级评定的重要依据,强化党员的服务意识和责任意识。在严格管理、双倍扣分的情况下,党员户平均月度积分较全镇非党员户高出31.6%,党员"头雁"作用发挥突出。在党组织的领导下,在党员模范带动下,在群众的积极参与下,"尚善爱美、志愿奉献"的宝山精神日渐形成。

3. 党群互动筑牢干群"连心桥"。党支部领办"德育银行"充

分发挥群众主体作用，激发了群众参与乡村治理的积极性、主动性和创造性，架起村党组织与群众联系互动的桥梁。对年龄较大的老人和困难群众，实行党员联户帮扶制度，党员在做好工作"联络员"，提供积分操作帮助的同时，做好政策"宣传员"和生活"服务员"，进行力所能及的照料。全镇已有783名中青年党员参与联户，占试点村60岁以下党员总数的96.9%，中青年党员为困难群众免费进行房屋修缮、家具维修、卫生清扫、春耕秋收等事迹比比皆是，党员先锋模范作用愈发突出，党群干群关系越发密切。

（二）体系支撑、科学可行，规范项目运作模式

乡村治理是一项系统工程，需要坚持系统观念。健全完善的工作体系，是党支部领办"德育银行"项目这一系统工程并顺利实施的重要保障，宝山镇在组织开展党支部领办"德育银行"项目过程中，既建立了强有力的组织体系，从全镇面上整体推进工作，又优化了指标和流程体系，突出工作重点、系统谋划任务。

1. **健全组织运行体系**。镇党委成立由党政主要领导任组长的党支部领办"德育银行"推广实施工作领导小组，负责项目的全面统筹、推广实施。各村成立以党支部书记任主任、党支部成员任副主任、党员和户代表为成员的村"德育银行"运行评价委员会，进行流程的优化及分数的评定，为百姓答疑解惑、提供服务，同时以两级领导小组为核心，建立项目积分审核小组，全程监督积分管理运行情况，保障"德育银行"公平规范有序运行，进一步提升基层治理效能。

2. **完善指标评价体系**。建立"1+5+N"开放性德育指标评价体系，"1"即维护支持村党支部领导；"5"是每月根据群众在践行和参与环境保护、睦邻和家、乡村发展、公益奉献、自治守法等5个方面的表现情况进行量化积分；"N"是将村民获得镇级以上荣誉称号表彰或其他经党支部认定的应该给予奖励的事项通过"一事一议"

全面纳入赋分系统，"N"为开放性指标，在"德育银行"运行过程中，可即时研讨，同步增加。根据实际情况已充分吸纳群众建议，新增16条合理指标，德育评价体系愈加完善。

3. **优化流程操作体系**。宝山镇经过多方民主调研和论证优化，探索出"小组提报和个人申报—小组评审—积分汇总—积分公示—积分兑换和结果运用"的项目运行流程，项目实施按照"试点先行—重点培育—达标推进"的过程进行推广，操作流程涵盖前期软硬件准备、中期会议程序、后期维护管理等各个方面和各个环节，形成了试点村引领，先行推广村提升，再到全部村竞争加入的良好局面。一系列流程在宝山镇"德育银行"项目运行推广过程中不断优化，形成了较为完善的体系，简便、可行、易操作，为全区党支部领办"德育银行"项目推广实施提供参考，充分保障项目的切实可行。

（三）积分牵引、正向激励，增强项目生命活力

农业农村部要求，要在乡村治理中推广运用积分制，推进乡村治理理论创新、实践创新、政策创新，进一步推动乡村治理水平提升。乡村治理德育积分制，将乡村重要事务量化为积分指标，并根据积分给予相应的精神鼓励、物质奖励，切合农村实际，简单易行，让乡村治理由无形变有形，使软约束有了硬抓手，以"小积分"解决了"大问题"。

1. **福利引导养成良好习惯**。积分经审核公示后，录入群众家庭"德育银行"积分账户，村民每月可按照1积分等价1元钱的方式，在"公益超市"兑换日常用品或其他社会化服务，让德者有"得"，使"干好事、赚积分、得实惠"变为村民日常习惯；年底对全年积分高的"十大道德家庭"进行年终一次性奖励，张榜公布并颁发奖章，树立文明典型和样板。积分制还引导村民养成文明守法、志愿奉献、崇俭尚德的良好习惯。在宝山镇，比积分已经成了百姓茶余饭后最主要

的谈资，农村常见的"三大堆"早已消失得无影无踪，公益绿化养护从无人问津变成了"紧俏货"，长期执行效果不明显的"村规民约"也从"墙上"落到了"地上"，"好事有人夸、坏事有人管、弘扬文明乡风有回报"成了新风尚，真正实现了以"小积分"撬动"大治理"。

2. **荣誉激励提升文明水准**。每月进行积分统计并予以排名，对排名靠前的村民，在村务公开栏和"德育银行"系统主页进行公示表彰。统一制作了德育积分二维码展示牌，于每家每户门前悬挂，通过微信扫码即可获知该户积分情况，充分激发大家的荣誉意识。每季度召开村民代表大会进行通报，每年组织全体村民举行表彰仪式，对年度排名靠前的户授予"德育之星"荣誉称号并进行张榜公示，引导村民主动参与村庄文明建设。"德育银行"开办后，全镇百姓热情高涨，已有超过400名在外务工村民或在校大学生咨询，询问自己在学校、单位或假期返乡期间的优秀表现是否可纳入家庭德育积分账户，百姓的荣誉感、自豪感、归属感有了质的加强，德育积分在文明乡风培育上发挥了实实在在的作用。

3. **比学赶超营造和谐氛围**。充分发挥"1+5+N"指标评价体系作用，将"干好事、赚积分、得实惠"理念深植于村民内心。通过德育积分引导，村民一改"村情村貌事不关己"的态度，参与村庄治理的主动性明显提高。"德育银行"在试行推广期间，除12个"德育银行"试点村外的32个村积极申请加入，各村通过村庄集体经济发展、人居环境整治、信访矛盾化解、护林防火等重点工作中的考核争先，竞争优先加入"德育银行"，在全镇营造了浓厚的比学赶超氛围。

（四）科技赋能、三位一体，构建数字化、智能化乡村治理体系

建设数字化、智能化、信息化智慧平台，实现群众与各类惠农政

策"指屏"零距离对接，能够畅通政策宣传渠道，为乡村治理提供信息化支撑，推动乡村治理能力现代化建设。

1. 开发智能化操作平台。宝山镇联合青岛卓越创新教育科技集团与青岛城市大脑投资开发股份有限公司共同打造线上平台，以打造区、镇、新村、网格村四级架构为最终目标，开发实用性强、便于操作、群众接受程度高的数字化工具。通过一家一账号、一村一后台的方式，实现数据管理、标准建立、任务派发、积分申请、审核公示、积分兑换等多项功能整合，利用平台的电子计算能力管理积分账户，村民可通过微信小程序在"德育银行"智慧平台申报和查询积分，可通过电子刷卡的方式进行积分兑换；通过系统进行数据统计与分析，可出具区、镇、新村、网格村社会治理运行报告，为分析基层社会治理工作方面的问题点、需求点提供科学有效的数据支撑，未来将通过数据开展行为方向分析，对社会情绪和社会风险点进行科学分析研判，形成有效预警信息，服务政府决策，提升数字治理能力。

2. 提供数字化信息保障。宝山镇与中国电信签订战略合作协议，充分依托其在信息技术和广电集成播控方面的资源和优势，为"德育银行"数字化提供保障。将5G、云网、大数据等现代化技术与项目融合，打造特色化、差异化"德育频道"，即通过中国电信5G的网络传输基础，以村域为界限，在电视上展示每个村的特色内容，实现一村一品、一村一策，让村民在家理村意、炕上明村情，保障了农村党务、政务、村务公开。同时通过"德育频道"，可以按村庄产业需求，提供专属化技术、技能培训，也可随时发布资讯通知、农产品价格指数、行业动态、扶持政策、招聘启事等信息，为村民的生产生活提供了便利服务，为村庄产业振兴提供了信息保障。

3. 实现网格化助农服务。促成青岛卓越创新教育科技集团联合青岛西海岸供销联合社集团共同成立合资公司，同时与公司建立深度合作关系，充分发挥区供销社经营服务网络优势，统筹农村助老大食堂、助老驿站等资源，建设农村供销中心，作为福利兑换点，在为群众提供质优价廉的日用品、农产品、农业生产资料和农业社会化服务的同时，畅通了"德育银行"物资供给渠道，打通农村流通体系，进一步促进"农产品进城，日用品下乡"，实现了城乡产品互联互通，充分发挥供销社为农服务的作用，实现了党支部领办"德育银行"项目的闭环。

4. 构建"德育积分+"体系。 建立"德育积分+金融服务"体系，与中国银行胶南支行签订了合作协议，在镇驻地建设金融助农点，将"德育银行"积分与金融信用积分关联，建立德育信贷激励机制，解决农民缺少抵押担保等问题，同时为各村德育积分前5名的村民提供住房、农资、农用设施的贷款优惠，为乡村振兴注入金融活水。实施"德育积分+电商直播"。由青岛卓越创新教育科技集团联合青岛高级职业技术学校等共建"电商直播校外实训基地"，成立乡村"直播合作社"，吸纳学生参与，为德育积分较高的群众提供公益性的产品策划、品牌设计、电商直播带货等服务，推动以直播电商为代表的第三产业发展。

二、主要成效

优化治理、服务群众，增强百姓获得感。党支部领办"德育银行"项目通过"试点先行—重点培育—达标推进"的方式，依托组织统领、体系支撑、科技赋能、积分牵引等手段，形成群众广泛参与乡村振兴工作的良好局面。项目已在宝山镇、六汪镇全面试点实施，在泊里镇、张家楼街道等9个镇街陆续推广实施。在最初试点的宝山镇，44个村已全部建立"德育银行"，数万名村民参与，奖励兑换金额达21万元，化解矛盾纠纷及历史遗留问题164起，化解率95%以上，群众自觉参与村庄治理，形成共建、共治、共享的乡村治理新局面。

一是推动开展便民服务。将便民服务事项纳入"德育银行"手机小程序，实现了政务"网上办""掌上办""自助办"，让群众少跑腿甚至不跑腿。在党支部领办"德育银行"推广实施工作领导小组的领导下，组建以网格员、新村工作专员，新村、网格村党组织成员为成员，涵盖党建群建、产业发展、社会治理、乡风文明和便民服务等内容的五大服务团队，向村级下放21项民生服务事项，同时建立"村居代办"服务机制，确定44名兼职代办员，印发2万余份便民手册，提供预约服务100余人次，办理业务265项，使群众在家门口即可办理业务，享受服务，有效提高群众满意度。

二是提升社会治理效能。镇社会治理中心及各村在"德育银行"服务点设立民生热线，24小时受理群众来电，已受理的498个群众来电全部办结回复，群众满意率超95%。整合覆盖全镇44个网格村的公共安全视频监控平台，将各村公共视频监控、综合执法视频监控、护林防火视频监控等，一并优化应用至镇社会治理联动指挥中心，镇社会治理联动指挥中心安排专人负责，将相关动态、安全警示、紧急资讯等信息及时在"德育银行"小程序发布，实现信息资源的全镇范围内共享，为镇域的平安稳定提供保障。

三是有效规范村级事务。通过"德育银行"积分激励机制，落实《宝山镇农村财务管理办法》《宝山镇关于村级重大决策事项的意见》，在全镇开展农村"三资"工作，收回集体陈欠款1161万元，化解农村债务1200万元，有效解决了影响村庄稳定的大部分矛盾，盘活了闲置多年的集体资产，充分激活了村集体经济内生动力，为带动集体和村民双增收创造了条件。创新开展"三务"公开"e"点通，在"德育银行"小程序设立专门板块，制定发布《宝山镇村级小微权力清单》，全镇居民可对照清单实施监督，切实保证农村党务、政务、村务、财务公开及规范。

三、经验启示

无论是基层治理还是乡村振兴，工作的中心都是百姓，成果的好坏也皆取决于百姓，"德育银行"就是从百姓最关心、最迫切的身边事入手，将百姓心中所感、眼中所见、手头所需进行量化与承接，同时把纷繁复杂的村级事务标准化、具象化，实现村级事务公开透明，让村民利益得到充分保障。

一是实现党组织全方位嵌入乡村振兴事业，党员联户实现动态监测全覆盖，村民积极参与巩固拓展脱贫攻坚成果和衔接乡村振兴，打造自上而下和自下而上相结合的动态监测体系，打通联系服务群众的"最后一厘米"，形成以党建统领乡村振兴向纵深发展的良好态势。

二是通过项目激励作用，村民逐渐改变"村情不关己"的冷漠态度，主动参与、相互监督，使得群众参与乡村振兴工作由被动"等靠"变成主动"作为"。

三是积分指标体系兼容涵盖乡村振兴各领域，且不断拓展和细化，可复制推广，适应性强、操作性强。

（本案例素材由山东省乡村振兴局提供）

> 案例 2

党支部引领产业发展案例
——江西省吉安市吉安县永阳镇江南村的实践与启示

江西省吉安县永阳镇江南村距县城约30千米，辖松山、戴家、溪南、里陂、艾野、彭瓦、富雅等8个自然村。全村耕地面积1230亩，人口351户1520人，有党员22名。江南村是"十二五"贫困村，由于人多地少、产业单一，村民主要收入来源为种植水稻和外出务工，2014年全村人均纯收入仅为4453元，是远近闻名的贫困村。

近年来，江南村发挥党员干部的带头作用，以"党建+"工作理念大力巩固脱贫成效，围绕"核心是精准、关键在落实、确保可持续"三大关键，以发展产业为抓手，以扶贫扶志为本，以创新机制为要，依托本地资源和政策，充分发挥党支部核心引领作用和党员干部、致富能人的带头作用，探索出了村干部领办、党员主动参与、村民自愿参与、贫困户统筹参与的"一领办三参与"产业扶贫新模式。成立井冈蜜柚专业合作社，着力推进巩固拓展脱贫攻坚成果同乡村振兴有效衔接。

一、主要做法

（一）发挥支部示范引领作用，让干部群众发展产业热情高起来

一是支部领办示范。"火车跑得快，全靠车头带"。通过党支部带头领办合作社，起到"做给群众看、带着群众干、帮助群众富"的示范引领作用，充分激发群众发展产业的热情。2012年，结合江南村特点，在对资源、投资、销售、效益、风险等方面反复比较、充分论证的基础上，在村党支部书记的带领下，江南村成立江南村井冈蜜柚专业合作社，在溪南、戴家建成第一期面积300亩的井冈蜜柚基地。

2015年第一期蜜柚挂果，让第一批进入合作社的农户都尝到了甜头，也让全村其他群众看到了蜜柚种植带来的效益，村民发展井冈蜜柚的热情被点燃，全村群众争相要求加入合作社发展井冈蜜柚产业。

二是党员先行先试。"村看村、户看户、社员看干部"。江南村党员干部发挥"传帮带"作风，利用技术、信息、资金资源，主动破解井冈蜜柚产业发展难题，当好产业富民的"扛旗人"。村"两委"党员干部发挥表率作用，风险先扛，注册成立江南村井冈蜜柚专业合作社。党支部书记胡乾元自己带头，投资23.2万元，5名村干部投资63万元，10名村支部党员主动参与投入资金81.6万元，总共投入167.8万元，给大家吃下定心丸，让干部群众看到了胡乾元和其他党员干部的决心，看到了村里是真正想为群众办实事的。为做好井冈蜜柚栽种管理，江南村党员干部分批次组织种植能手到外地学习先进的栽培技术和管理经验，成立技术服务队，向每个种植户传授栽种技术，确保每个种植户都有1个技术明白人，实现技术队员与果农无缝对接，以良种良法提升村民信心。

三是民心广泛凝聚。为有效激发村民的积极性和参与度，江南村实行多种形式入股方式，确保户户参与。在股份分配中，按照"上有封顶（20股）、下有托底（1股）"的原则，坚持贫困户优先入股基地，村"两委"干部最后认领股份，村民除资金入股外，还可用土地租金、投工投劳作价入股。针对群众大多怕没技术种不好、怕种多了没人要、怕没时间管理种植等"三怕"心理，江南村党支部结合实际，探索出了"统一流转、统一规划、统一种植、统一管理"的管理模式，切实解决了群众的后顾之忧。全村351户村民中有158户投资132.8万元，入股井冈蜜柚合作社，1100亩井冈蜜柚基地全部采用滴灌设施，安排懂栽培技术和日常管理专业技术的人员全天候进行管护和经营。

四是贫困户统筹发展。统筹利用县政府给予每户贫困户5000元的产业发展扶持资金，统一入股合作社获取稳定分红收益。对有劳动力、有耕地、有技能又有积极性的贫困户，县财政通过产业差异化奖补引导贫困户自主发展井冈蜜柚产业。井冈蜜柚产业贫困户所占股份按每亩400元标准进行差异化奖补，获得产业奖补资金约10万元，奖补资金全部转入贫困户一卡通账户。充分利用好产业小额信贷政策，为每户贫困户提供不超过10万元的贷款支持，并予以全额贴息，有效解决了贫困户入股资金难的问题。脱贫户肖正辉和妻子都是残疾人，他通过产业贷款加入合作社，并在基地中学习蜜柚种植和栽培技术。现在，肖正辉已经是蜜柚基地的"土专家"，合作社聘请他为蜜柚基地的技术人员，除了产业分红，还有劳务收入，靠着蜜柚产业，年收入已经超过5万元，实现了稳定脱贫。

（二）创新产业建设思路，让贫困群众通过产业增收富起来

一是配强班子优队伍，鼓足干群精气神。建立一支能带头致富、能带领群众致富的村"两委"干部队伍，脱贫攻坚工作有了坚强的领导核心。"一定要选个能带我们挣到钱的书记！"这是广大村民一致的呼声。吉安县按照"脱贫致富带头人、服务群众贴心人"标准，优先配强村党组织带头人，选拔出党性强、有能力、作风好、威信高的"花生书记"胡乾元。江南村"两委"干部共有6名成员，班子结构合理，梯队分明，书记、主任是"60后"，其他4名干部都是"80后"。同时，县、乡两级先后下派3位驻村第一书记，选派2名优秀大学生村官（选调生）到村工作。

二是因地制宜选产业，瞄准穷根施良策。"因地制宜发展产业，形成稳固的产业链，不让一户贫困户掉队。"这是吉安县委、县政府的初心，也是江南村党支部脱贫攻坚的使命。2012年，江南村借着全市推广井冈蜜柚"千村万户老乡工程"的东风，经过多方考察，决定发展井

冈蜜柚产业。但万事开头难，资金、土地、技术、管理等摆在江南村面前的问题数不胜数，这是一个全新的开始，单解决种植井冈蜜柚土地流转问题，村党支部就组织召开支委会、党员群众大会20多次。通过逐步摸索实践，江南村组建了井冈蜜柚合作社及其党支部，打响了脱贫致富"第一枪"，在全县探索出了统一流转、统一规划、统一种植、统一管理，按股分红，贫困户全覆盖的"四统一分全覆盖"产业发展模式，并逐步总结形成村干部领办、党员主动参与、村民自愿参与、贫困户统筹参与的"一领办三参与"产业模式。

三是扶贫扶志增动力，精神物质双丰收。"扶贫先扶志""小康不小康，关键看老乡"，要彻底打赢脱贫攻坚战，实现乡村振兴，关键是要激发村民们的内生动力。为此，江南村大力践行"志智双扶"帮扶行动，深入开展"三讲一评"颂党恩活动，注重用脱贫成效和脱贫典型教育贫困群众树立勤劳致富、脱贫光荣的思想，让更多的群众投身到产业发展中去，解决贫困群众"被动干"的问题，积极引导贫困群众听党话、感党恩、跟党走。

（三）多方筹集帮扶资金，让合作社发展前景亮起来

一是干部群众自筹。江南村最开始运作合作社时，启动资金成为重要问题。党支部书记胡乾元发动村党员干部风险先扛，自投资金先行试种，带头入股产业合作社。在合作社172万元的启动资金中，有86.2万元来自村干部，占比达到了50.12%。正是有了村干部的带头，许多群众也逐渐加入进来，形成了广泛的群众参与基础。江南村井冈蜜柚专业合作社有村干部入股6名、86.2万元，党员入股10名、81.6万元，吸纳农户入股158户、132.8万元，贫困户统筹入股72户、36万元。

二是政策精准扶持。充分利用"四轮驱动"金融帮扶政策，为每个贫困户提供不超过10万元的贷款支持，予以全额贴息，实行产业免费

参保，全村23个贫困户和农户贷款产业发展资金190万元；对贫困户所占股份按每亩400元标准，其他部分按每亩200元标准进行差异化奖补；对井冈蜜柚基地所有苗木购买产业保险，县财政按每株2元标准给予保费补贴。按照县级"一领办三参与"奖补政策，江南村井冈蜜柚产业基地可获得投资总额30%的产业资金奖励，其中奖励资金的70%计入村级集体经济股份，30%用于"一领办三参与"合作社产业发展。2019年江南村井冈蜜柚专业合作社获得县级"一领办三参与"产业奖补资金49.4万元，其中村集体入股资金奖补34.6万元、合作社奖补14.8万元。

三是多方倾力扶持。为解决乡村产业发展基础薄弱、资金不足的问题，江南村充分利用吉安市委办和江燕公司定点帮扶契机，积极争取井冈蜜柚产业项目资金和政策扶持，争取农业、水利、交通、扶贫等涉农项目资金近200万元，整合用于井冈蜜柚产业发展中的土地整治、水电路配套等，其中整地、道路等基础设施投入58万余元，水利滴灌配套和渠道投入140余万元。按照井冈蜜柚"千村万户老乡工程"政策，所有井冈蜜柚苗木都是免费提供。争取江西中烟公司扶持资金765万元，投入江南村美丽乡村建设和井冈蜜柚产业发展，完善了产业基地环境，实现水肥一体化滴灌设施全覆盖。争取中国人保集团帮扶资金30万元，建立江南蜜柚基地冷库，极大延长蜜柚储存期和销售期。争取中国扶贫基金会帮扶资金130万元，建立江南村蜜柚分拣中心，通过现代化流水作业分级筛选，进一步提高果品品牌形象和销售单价，延长产业链条。

二、显著成效

江南村作为"十二五"贫困村，经过多年的实践和探索，大力发展井冈蜜柚"一领办三参与"产业，构建了稳定的利益联结机制，实现了贫困户增收、合作社增效、村集体收益增长的目标，产业发展取得显著成效，为深入推进乡村振兴奠定坚实基础。

一是党建引领深入人心。江南村牢固树立"党建+"理念，注重发挥党员干部示范作用，将党支部建在产业合作社、致富产业链上，探索建立了"一领办三参与"产业模式，得到群众一致认可。通过领办或者深度参与到产业发展中，将社会力量、普通党员、群众以及贫困户等各方力量团结到一起，心往一处想、劲往一处使，以实打实的富民增收成效，增加了党组织和村干部的号召力，村党支部的战斗力和凝聚力得到进一步增强。江南村党支部连续5年被评为全县先进基层党组织。村党支部书记胡乾元荣获省劳动模范、省优秀共产党员、省脱贫攻坚作为奖、市井冈蜜柚带头人、县优秀党务工作者等称号。

二是蜜柚产业增收致富。江南村井冈蜜柚种植已发展到1100多亩，建有6个蜜柚基地，建成了吉安县井冈蜜柚集散中心、分拣车间、冷库、水肥一体化等基础配套设施，实行产品采摘、分拣、保存、包装、运输、销售的一条龙服务，与商超签订了长期供货协定，做到线上线下同步销售，实现蜜柚产业可持续发展。2020年，合作社蜜柚产量突破50万斤，销售收入116万元，建档立卡贫困户72户272人实现脱贫，贫困户年人均纯收入由2014年的2653元增长到2020年的1.31万元，村集体收入50万元。江南村荣获全省脱贫攻坚组织创新奖。江南蜜柚荣获第二届江西生态鄱阳湖绿色农产品博览会金奖。

三是江南品牌逐步打响。为提升井冈蜜柚产业市场影响力，江南村创立"柚江南""柚忆江南"井冈蜜柚品牌，井冈蜜柚产品成功申请食品绿标，合作社成为全市井冈蜜柚的出口基地之一，生产的蜜柚远销欧洲、东南亚、非洲等地。如今的江南村，每年向全国输出两样东西：一样是井冈蜜柚，另一样是"一领办三参与"产业形式。2018年11月，国务院扶贫办向全国推荐《江西产业扶贫运行机制管理办法》，对江南村"一领办三参与"产业扶贫模式给予了充分肯定，该模式先后得到《人民日报》、新华社的大力宣传，2020年又正式登上"习近平扶贫时间"

栏目。江西省扶贫办也多次在全国会议上作经验介绍。

三、经验启示

"一领办三参与"模式，不仅仅是改变了产业扶贫方式，更是在贫困户、合作社、村集体之间建立了稳定的利益联结机制，实现了农业的产业化发展、现代化管理、规模化经营，具有很强的生命力。

稳固利益联结是根本。针对贫困户想发展缺资金、想种植怕风险、有技术愁销路的问题，"一领办三参与"产业模式，通过干部示范领办，让农户、贫困户和合作社形成稳定的利益联结共同体，使农户成为脱贫攻坚的主体，让农户有了自己的产业，激发了贫困户主人翁意识。

选准领办人是前提。火车跑得快，全靠车头带，合作社能不能发展起来，选人是第一位。"一领办三参与"产业模式，坚持以村党支部为引领，动员和引导村干部主动带头领办产业，真正发挥"做给群众看、带着群众干、帮助群众富"的示范带动效应。

发展主导产业是关键。井冈蜜柚是吉安县"四个一"产业扶贫品牌之一。江南村借助脱贫攻坚、井冈蜜柚"千村万户老乡工程"的政策东风，以"一村一品"产业发展为主线，立足资源禀赋优势，把蜜柚产业作为农业增效、农民增收的优势主导产业来发展，不断推进蜜柚产业的特色化、规模化和产业化种植，打破了传统农业产业发展格局。

政策精准扶持是保障。农村脱贫不仅要每户农户增收、每户贫困户摘帽，也要有集体经济收入来源。江南村统筹贫困户入股优质、可持续的产业，让贫困户有了可持续的、稳定的、可观的产业收入。"一领办三参与"产业奖补政策，给予村集体70%奖补资金的股份，壮大了村级集体经济，增强了村级组织的服务能力，实现了从"输血式"扶贫到"造血式"扶贫的转变，推动了脱贫攻坚和乡村振兴有效衔接。

（本案例基础材料由江西省乡村振兴局提供）

后 记

  2020年12月28日,习近平总书记在出席中央农村工作会议发表重要讲话时指出:"在向第二个百年奋斗目标迈进的历史关口,在脱贫攻坚目标任务已经完成的形势下,在新冠肺炎疫情加剧世界动荡变革的特殊时刻,巩固拓展脱贫攻坚成果,全面推进乡村振兴,加快农业农村现代化,是需要全党高度重视的一个关系大局的重大问题。"这段重要论述深刻阐明了"全面推进乡村振兴"是"关系大局的重大问题"的战略定位,深刻阐明了"全面推进乡村振兴"面临"历史关口""特殊时刻"的时代背景,深刻阐明了"全面推进乡村振兴"的前提基础是"巩固拓展脱贫攻坚成果",目标任务是"加快农业农村现代化"。在现场聆听总书记这篇重要讲话后,我就一直在思考:历时八年的脱贫攻坚战,主战场集中在832个贫困县和集中连片深度贫困地区,聚焦的是不到1亿人口的"两不愁三保障"和安全饮水等具体且清晰的脱贫目标,贯彻落实的精准扶贫方略科学实用,脱贫攻坚的制度体系、政策体系和工作体系健全完善,以习近平反贫困理论武装起来的全国全党全社会凝心聚力、攻坚克难,脱贫攻坚取得全面胜利是必然的。可是现在,"三农"工作重心历史性转到以"巩固拓展脱贫攻坚成果"为前提基础、以"加快农业农村现代化"为目标任务的"全面推进乡村振兴",从脱贫攻坚到乡村振兴,无论是工作对象、工作任务还是工作举措都需要发生系统性转移。而从历史经验看，能否顺利实现系统性转移的关键在于广大干部群众的思想认识、观念思路、方式方法等能否实现全方位的转变。而其中，实现认识观念转变的一个重要方面，就是各地各级干部群众能否充分运用脱贫攻坚成就经验，能否以习近平总书记关于乡村振兴的重要论述武装头脑、指导乡村振兴实践、全面推进乡村振兴。从那时起，写一本能够清晰讲述如何从脱贫攻坚转向乡村振兴、客观认识实现"在乡村振兴上开新局"的通俗理论读物的想法就一直存在心间。于是，当2021年底，广东人民出版社的钟永宁总编辑、卢雪华主任、曾玉寒编辑找我讨论能否写这样一本主题读物时，我欣然答应了。

写这样一本书的难度是显而易见的。**第一，政治上要体现高度。**乡村振兴战略是党的十九大提出的国家战略，当时正是脱贫攻坚战向纵深推进阶段，既要打赢脱贫攻坚战，又要实施乡村振兴战略，因此党的十九届五中全会作出实现巩固拓展脱贫攻坚成果同乡村振兴有效衔接的部署。如何以习近平总书记关于乡村振兴重要论述为指导，深刻阐述乡村振兴的战略地位和现实价值，阐述用底线思维理解乡村振兴在新的发展阶段、实现第二个百年奋斗目标、中华民族伟大复兴进程中的重大意义，这是对本书需要体现的基本要求。**第二，理论上要体现深度。**马克思说过，理论在一个国家实现的程度，总是决定于理论满足这个国家的需要的程度。习近平总书记关于乡村振兴战略实施的一系列重要讲话、重要论述、重要指示，是满足我国推进新时代"三农"工作、巩固拓展脱贫攻坚成果、加快农业农村现代化、扎实推进共同富裕、实现中华民族伟大复兴需要的科学理论，系统回答了全面推进乡村振兴的战略目标、根本立场、根本保障、战略重点、发展路径、动力之源等重大问题，为我国全面推进乡村振兴指明了前进方向、提供了根本遵循。这就需要本书从学理化角度，深入阐释乡村振兴理论内涵及其对顶层设计、基层实践的指引，使其更好为广大人民群众所掌握，转化为推进乡村振兴的强大物质力量。**第三，实践上要体现广度。**脱贫攻坚是一项复杂的系统工程，乡村振兴是一项更复杂的系统工程，从脱贫攻坚到乡村振兴的历史性转移是两大系统工程的相互交织、影响并构成更高一级的系统工程。从实践上看，乡村振兴是产业振兴、人才振兴、文化振兴、生态振兴、组织振兴"五大振兴"的统筹推进，是新型城乡融合发展关系的重塑。在系统推进中，涉及巩固拓展脱贫攻坚成果、有效衔接乡村振兴、全面推进乡村振兴、扎实推动共同富裕的系统互动，是新型城乡关系的形塑，需要深化改革创新推动，需要示范创建"以点带面"推动。上述方方面面，包括大、小系统中丰富而相互影响的内容，国家层面也制定了许多政策，如何以系统观念、用系统思维理解和把握各项政策、举措，就需要提供系统理解和把握的理念、思维和方法。这就是本书的写作要体现的实践广度之意。**第四，实际工作上体现难度。**不少基层同志认为，乡村振兴就是"三农"工作，一直在做，脱贫攻坚战都能打赢了，乡村发展、建设、治理还有什么工作做不好的。特别是在全国扶贫系统整建制改组为全国乡村振兴系统后，由于中央关于国家乡村振兴局的"三定"规定没有印发，因此，2021年至今相当部分各级乡村振兴部门的重点还主要放在巩固脱贫成果上。实际上，全面推进乡村振兴是乡村发展、乡村建设、乡村治理的统筹发展，是"五大振兴"同步推进，是一二三产业融合发展，是新型城乡关系的融合重塑，这是一场极其复杂的社会变革。如何帮助广大干部群众特别是各级领导乡村振兴、具体推进乡村振兴的领导干部深化这些认识，正是对本书的特点要求。

第五，发展方式上要体现温度。乡村振兴为农民而兴，乡村建设为农民而建，这是乡村振兴的根本问题，是我们党初心使命、以人民为中心的发展思想在乡村振兴上的体现。乡村振兴最根本的目的是要缩小城乡发展差距、缩小区域发展差距、缩小群体之间的发展差距，实现绿色发展，这就决定了乡村振兴的所有政策必然是各类政策中最能体现对不平等的关注、对老弱病残的关怀、对发展中处于底层人群获得感幸福感安全感的守护。总的是，各类振兴政策、工作举措都需要体现出发展成果共享的目标指向，体现出发展方式上的人文温度，这也是本书写作中要考虑的重要原则。

在思考、创作过程中，我始终力求把以上五个维度的要求体现在每章每节中，从政治、理论维度，深入阐释了中国特色反贫困理论、习近平总书记关于乡村振兴重要论述的理论内涵及其对实践的指导，专门阐述了党建引领如何为乡村振兴提供根本政治保障。在每个章节中都充分体现这样的逻辑：总书记是怎样论述的？顶层政策设计是如何体现的？实践中存在哪些问题困难？如何精准有效解决？在阐述这些问题时，把学理性和实践操作性结合起来，既说清政策要求，更说清这样做的道理。从理论指引开新局、完善设计开新局、巩固拓展开新局、有效衔接开新局到"五大振兴"开新局等章，都尽可能体现理论深度、实践广度、发展方式温度的并重。融合发展开新局、示范创建开新局、改革创新开新局这三章是最能体现工作难度的方面，如何解决好这些问题，是乡村振兴开新局的难点，是提高乡村振兴发展方式温度的关键点，也是本书的重要着力点。

在写作本书过程中，我在认真学习习近平新时代中国特色社会主义思想，认真学习《论"三农"工作》《习近平扶贫论述摘编》《习近平关于"三农"工作论述摘编》以及习近平总书记关于"三农"工作系列重要讲话重要指示的同时，认真研读了《中华人民共和国乡村振兴促进法》、2018—2022年五个中央一号文件、国家和省有关数十个政策文件，认真学习了中央领导同志和农业农村部、国家乡村振兴局主要负责同志的讲话精神，参阅了中国扶贫发展中心近三年组织开展乡村振兴理论学习研究、案例总结、智库建设的部分成果和一些地方的总结材料及典型案例素材。借此机会，向为本书创作完成提供支持帮助的领导、同事、亲朋好友表示最崇高的敬意，对广东人民出版社精心组织本书出版发行表示最衷心的感谢！

不妥之处，敬请批评指正。

黄承伟
2022年5月于北京